何怀宏学术作品集

何怀宏 著

世袭社会

西周至春秋
社会形态研究

北京大学出版社
PEKING UNIVERSITY PRESS

图书在版编目（CIP）数据

世袭社会：西周至春秋社会形态研究/何怀宏著. —北京：北京大学出版社，2017.10

ISBN 978-7-301-28694-4

Ⅰ.①世… Ⅱ.①何… Ⅲ.①社会形态—研究—中国—西周时代—春秋时代 Ⅳ.①K220.7

中国版本图书馆CIP数据核字（2017）第214127号

书　　名	世袭社会：西周至春秋社会形态研究 SHIXI SHEHUI: XIZHOU ZHI CHUNQIU SHEHUI XINGTAI YANJIU
著作责任者	何怀宏 著
责任编辑	邹 震　于海冰
标准书号	ISBN 978-7-301-28694-4
出版发行	北京大学出版社
地　　址	北京市海淀区成府路205号　100871
网　　址	http://www.pup.cn 新浪微博：@北京大学出版社
电子信箱	pkuwsz@126.com
电　　话	邮购部 62752015　发行部 62750672　编辑部 62750883
印 刷 者	三河市腾飞印务有限公司
经 销 者	新华书店
	660毫米×960毫米　16开本　18.125印张　232千字 2017年10月第1版　2017年10月第1次印刷
定　　价	66.00元

未经许可，不得以任何方式复制或抄袭本书之部分或全部内容。
版权所有，侵权必究
举报电话：010-62752024 电子信箱：fd@pup.pku.edu.cn
图书如有印装质量问题，请与出版部联系，电话：010-62756370

序　言

　　《世袭社会》与《选举社会》两书是为一连贯的研究，所以，我把我写这两本书的简略回顾和要表达的感谢一并放在这里。

　　我对中国历史的浓厚兴趣或可说是肇始于1974年的"批林批孔"运动，那是1966至1976年的"文化大革命"这一"大运动"中所套的一个"小运动"，其实从规模上说倒也不小，照例是全国上下轰轰烈烈的全民动员。那时我在军队当兵，被调到了理论组，要完成宣讲"评法批儒"的任务，有了一些读书的时间和书的来源，就开始比较系统地阅读《论语》《史记》等古籍。此前像我这样20世纪50年代出生的人大致都是属于"文化断代"的一代，而我却是从将孔子及以其为标志的中国历史文化作为"反面教员"的运动中开始直接阅读古代原典的。其时报纸上充满了像《柳下跖痛骂孔老二》这样的批判文章，连小学生也被动员起来在群众大会上用"孔老二要复礼，林彪要复辟"一类话语发言批判。我不敢说我当时对这场政治运动的性质就有多深的怀疑，但日后是慢慢地认识到了：这类将孔子陪绑的政治批判话语并不代表历史的真实，如果有可能，我还应该努力去探寻历史的真相。

到20世纪80年代，中国实行改革开放，学界乃至一般文化界开始几乎是一致地引领向西。而我想，我在这期间所接触到的一些西方思想家，尤其是罗尔斯、韦伯、托克维尔等，对我后来探讨中国社会历史的视角、方法和概念还是很有影响的。他们对社会结构和制度的重视，对主要社会资源的分配与社会分层结构关系的阐释，对分配正义、平等及其作为现代性标志的意义的分析，对我后来解释中国社会历史的演变启发良多。

但是，要写有关中国历史的书，最好还是要自己"亲历"历史。在1989年之后到小平南巡的三年里，知识界经历了一个大洗牌的过程：有些人出去了，更多的人留下来，而留下的又有一些人下海了。还在埋头读书的人也是各有所志，各有所获。而我在那三年多里，则是几乎完全沉浸到中国的古代典籍中去了。

那几年的阅读有两个和我以前读书相当不同的特点：一是相当的非目的性，不仅没有其他的目的，甚至也没有学术研究的计划。或者说，我是抱着要获得作为一个中国知识者所应具有的文化修养的愿望来读这些书的，是要满足我探究古人心灵及制度的渴望。所以，这一段时间的历史阅读读得相当从容，也相当投入。二是严格的时间次序。我是"顺读"而非"逆读"，"广读"而非"窄读"，相当严格地按照历史顺序读过来，且不分科：文史哲不分，或者说经史子集不分。这样，或就避免了"逆读"容易导致的只是透过近现代（往往是西方）的眼镜来看待中国漫长而独特的历史的偏颇；也不易患"窄读"容易造成的只是张扬传统的某一方面——比如仅仅重视思想或理想化的思想——的"褊狭症"。我其实更关心制度，尤其是作为社会结构的制度，当然，也希望不偏废思想理念。我也比想获得历史的知识更想获得一种恰如其分的历史的位置感和分寸感。

尽管当时的阅读不带任何具体和直接的学术目的，但作为一个学者，这样一种长期集中投入的阅读日后大概总是会有一种学术产出的"发酵"的，只是我没想到后来是在西方而非本土"发酵"。我在 1993 年夏完成有关传统良知的社会转化的《良心论》一书之后，本来打算接着做的是一种对传统正义理论和观念进行现代引申和阐释的工作，但自我 1993 年秋到哈佛大学访学之后，由于较多地接触到国外的社会理论与文化研究，也能读到一些当时在国内还接触不到的中国历史的研究著作，我开始考虑对社会正义的研究工作换一种作法，即先不取一种哲学伦理学的作法，而取一种历史社会学或社会理论的做法，亦即首先考察古代中国在社会基本制度及结构的层面上，历史正义究竟实际地展现为何种正义。

当然，这一工作的意义和范围又必然还要超越于此，它不会仅仅只是一种道德理论或政治哲学的工作，由于对流行的解释中国社会历史发展的"五阶段论"固定模式早已感觉到的不满意（这种不满意我想显然不只是我个人的），我也想借此提出一种新的比较连贯的对于中国社会历史形态的解释。这样，按照我在《良心论》"跋"中对学术著作的分类，这两本书就与《良心论》不同，不是属于第二类，而大致是属于第三类了：即一种虽然依据了某些思想观念，但其主旨是想说明其对象的真实历史的著作。所以，它们于我在方法上也是一个新的尝试，读者一定可以感觉到这两本书与《良心论》在学术风格上的明显不同，本来我想仿《良心论》的"跋"，在方法上也对读者有所交代，但限于心力，大概只能付之阙如了。

我想在此表达在我酝酿和写作这两本书过程中给过我各种帮助的人们的感谢之情。我不打算在此追溯得太远，而就从我决定要进行这一研究的海外访学时期开始。我首先要感谢当时在普林斯顿的苏炜等朋友，他们对我最初实地接触和认识美国社会提供了帮助和方便，另外，在访美的近一年时光里，数次和余英时先生的见面和交谈使我受益匪浅，尤其有两次是到他家拜访，使我感受到一种史学的氛围和睿智，并承蒙他惠赠著作数种。我的这两本书可以说从他及其老师钱穆先生的著述中获得了一种最初的思想学术的契机。

我在1993至1994年逗留哈佛期间，哈佛大学的杜维明先生作为我的东道主，我从参加他主持的儒学讨论会和交谈中，得到不少教益，他提供的不计短期功效的资助，其泽也惠及我回国之后，帮助改善了我的工作和研究条件。我还要感谢时正在哈佛读博士的於兴中兄，他与我的多次长谈使我相当受益。回国后一年，应刘梦溪先生多次热情诚邀，我终于如愿调入他主持的中国文化研究所，并迁居到了颐和园边一个乡村的小四合院，这一变迁使我获得了宝贵的专心致志进行研究的条件和心仪已久的生活环境，否则，我想，我是难以胜任在三年多的时间里写完这两本书这一相当繁重的工作的。

本书的一部分研究还得到过《中国社会科学季刊》学术基金的资助；阎步克兄在看过《世袭社会及其解体》一书后，提出了认真而富于启发性的书面意见；我的这一研究还曾于1997年春在中国文化研究所的一次学术讨论会上专门做过介绍，得到了刘梦溪、梁治平等同仁的批评指教；又其中部分内容曾在《战略与管理》、《东方》（北京）、《中国社会科学季刊》（香港）、《二十一世纪》（香港）等杂志发表，得到了一些学者的支持和关注，尤其是刘青峰和金观涛教授。另外，我还怀念和感谢季羡林先生以八五高龄不辞辛劳地接连为《三联·哈佛燕京学术丛书》审读这两部书的书稿，我后来读到封底所载他写的意见，深为其奖掖和鼓励感动。当年先生身体还相当健朗，如今却已驾鹤西归，在此谨祝先生在天安宁。最后我还要感谢初版的三联书店责编、也是我的老朋友的许医农女士，以及这次出修订本的北京大学出版社的新知高秀芹与于海冰为这两本书付出的辛勤劳动。

这次的修订本除了在通读两书时随手增补、删削和改正之外，还增加了一些附录，并更改了书名。《世袭社会及其解体——中国历史上的春秋时代》，原由三联书店 1996 年出版，现将书名易为"世袭社会——西周至春秋社会形态研究"，并增加了一篇较长的附录：《权与名——对六朝士族社会的一个初步观察》，这样或可使我对中国社会的历史观察和描述更趋连贯与完整。《选举社会及其终结——秦汉至晚清历史的一种社会学阐释》原由三联书店 1998 年出版，这次更名为"选举社会——秦汉至晚清社会形态研究"，并增加了三篇附录：《中国的儒学与太学》、《1905：终结的一年》和《不仅是科举，不仅是教育制度》。总之，我希望这次增加和修订的内容能够补充以前的一些缺失，这两本书新的题名也能比以前更为简明扼要（最后的"解体"或"终结"本就是任何一种社会形态的题中应有之义，故索性略去），同时也更为准确地概括全书的内容和主旨。我还希望本书的读者能够继续不吝指正，共同促进对于中国社会历史的探讨。

何怀宏

2010 年 5 月 12 日于褐石园

目 录

序　言 I

引　言　解释中国社会历史的另一种可能性 001

第一章　中国古代的封建 009

　　一、西周的封建 010

　　二、有关"封建"与"郡县"的历史争论 023

第二章　"封建社会"的概念 036

　　一、"封建社会"概念在中国的由来 036

　　二、各期"封建社会"说的理论依据 055

　　三、西方"封建社会"的概念 068

　　四、西方学者论"中国的封建社会" 078

第三章　世袭社会的等级 085

　　一、初步的划分 085

　　二、贵族等级与非贵族等级 089

　　三、小　结 101

第四章　春秋社会的世族......105

一、世族的由来......106

二、春秋世族的一般情形......115

三、公族的世袭：以鲁国季孙氏为例......124

四、非公族的世袭：以晋国赵氏为例......137

五、世族的文化......147

第五章　世袭社会的解体......164

一、社会流动的结构性改变......164

二、世袭社会解体的诸原因......172

三、承前启后的孔子......181

四、解体之后......198

附　录　权与名......207

——对六朝士族社会的一个初步观察

一、划分社会形态的标准......208

二、士族的兴起......210

三、名望的分析......220

四、权名关系......233

五、士族的延续……245

　　六、六朝社会的性质……264

索　引……270

Contents

Preface I

Introduction: Another Possible Explanation about Chinese Social History 001

Chapter One Feudality of Ancient China 009

1 Feudality of Western Zhou Dynasty 010

2 Historical Argues about "Feudality" and "the System of Prefectures and Counties" 023

Chapter Two The Concept of "Feudal Society" 036

1 The Origin of The Concept of "Feudal Society" in China 036

2 The Theoretical Basis of "Feudal Society" During Different Periods of Chinese History 055

3 Western Concept of "Feudal Society" 068

4 "Chinese Feudal Society" in the Eyes of Western Scholars 078

Chapter Three   The Grades of Hereditary Society 085

1 Preliminary Classification 085

2 Noble Classes and Non-noble Classes 089

3 A Summary 101

Chapter Four   Aristocracy of Hereditary Society 105

1 The Origin of Aristocracy 106

2 The Survey of Aristocracy of the Spring and Autumn Period 115

3 The Aristocracy of Royal Blood: Jisun Family as an Example 124

4 The Aristocracy of Non-royal Blood: Zhao Family as an Example 137

5 The Culture of Aristocracy 147

Chapter Five   The Disintegration of Hereditary Society 164

1 The Structural Change of Social Mobility 164

2 The Causes of the Disintegration of Hereditary Society 172

3 Confucius: Inheriting the Past and Creating the Future 181

4 After Disintegration 198

Appendix: Power and Fame 207

—An Observation of Society from Wei-Jin to Southern Dynasties

1 Standards of Dividing Social Structures......208

2 The Rising of Gentry Families 210

3 An Analysis about Fame......220

4 The Relationship between Power and Fame......233

5 The Continuation of Gentry Families......245

6 The Nature of Society from Wei-Jin to Southern Dynasties......264

Index......270

引 言
解释中国社会历史的另一种可能性

在历史资料使我们所能确知的范围内,能与近代以来中国所发生的巨变约略等量齐观的,大概只有春秋战国时期发生的那一场社会变动,古人以"封建废而郡县行"来描述那一场社会变动,当代中国占优势的看法则至少字面上与此相反,认为中国由此进入了"封建社会"。

笔者无意于在久争不下的中国古史分期讨论中再添一说,而是想首先重新考察并质疑各期"封建社会"说的共同前提或范式(paradigm),弄清这一范式的来龙去脉,并暗示理解历史的另一些可能性及其带来的新问题,例如,如果中国不是相当早地进入,而是相当早地脱离了"封建社会",就有一个并非"中国封建社会为何如此之长"而是"为何如此之短"(或者说"中国为何如此早地进入,又如此早地退出封建社会")的问题,以及远为重要的:如何解释中国此后两千多年自成一个格局的社会,等等。

所以,甚至对上述流行范式的考察也只是一个起点,本书还希望对西周至春秋时代中国社会的结构及其变迁提出另一种观察角度、另一个解释框架。笔者无意于完全否定和抛弃既有的解释框架,但却赞成历史解释的丰富性和多样性,赞成社会历史向新的解释开放,尤其在今天中国学者有可能摆脱西方观点的笼罩性影响,而开始尝试从自己的历史文化和现实问题中引申出自己的社会理论的时候。

"世袭社会"(hereditary society)即为本书提出的一个试图用来描述和分析中国从西周(或可上溯到更早)到春秋时代的社会形态的解释性范畴。划分社会结构的历史形态可以有种种标准,有生产力或经济发展水平的标准,例如马克思有时说到的"手工磨社会"和"蒸气磨社会";贝尔等人所说的农业社会、工业社会、后工业社会(或信息社会);伦斯基等人所说的采集社会、游牧社会、园林社会、工业社会,等等。有生产关系或经济基础的标准,如斯大林明确提出的原始社会、奴隶社会、封建社会、资本主义社会和共产主义社会五个社会形态。现代的划分往往有这样一个特点,即极其重视经济因素的作用,认为它对社会结构来说具有决定性的意义。马克思、恩格斯在《共产党宣言》中的名言是:"到目前为止的一切社会的历史都是阶级斗争的历史。"而阶级斗争又肇源于经济关系;韦伯不以阶级斗争和暴力革命为然,但他也认为迄今为止一切社会的历史都是经济发展的历史,韦伯研究的主要的问题从对象上说,明显也具经济的特征:即为什么西方产生出了资本主义,为什么中国没有产生资本主义,等等,虽然他在此重视的原因是精神和价值观念。

显然,这些都恰当地反映了解释历史者不能不具有的某种处境、立场和先见——而且是处在现代社会中的人们的先见,我们正身处其中,不能甚至也不宜摆脱它。但我们却应当对此种情况有一种自我反省,有一种足够清醒的自我意识和某种恰如其分的警惕:例如先前的人们对他们所亲历的历史显然会有自己的看法;作为后人的我们的处境也可能发生变化;即使同处现代社会,发展阶段和文明地域的差别也可能仍然很大。因而人们还是有可能质疑:如果把从某一特定时期和地域的现代社会的形态(即便是最典型的一种)引申出来的范畴,普遍地运用于古代社会(尤其是非西方的古代社会),究竟能在多大的范围内适用?因为在此首先涉及的毕竟还是对历史而非对现代的解释。人们可能怀疑:把这些范畴用来解释传统社会是否显得过于重视经济?是否过于强调社会结构而忽略了社会中生活的人?是否所述的发展趋势过于必然,所述的一般规律又过于普遍?而"进步"的观念在此是否又过于强烈,以致使前面的社会形态都只是趋赴最后的社会形态的手段,甚至都是黑暗和不幸而要被后面的光明否定?总之,这些质疑集中到一点,即这些范畴是否过于"现代"?

我们可以举西方学者中的一个质疑者为例。布赖恩·特纳(Bryan Turner)在《地位》(Status,慧民、王星译,台北:桂冠图书公司1991年版)一书中认为:在"纯粹的资本主义社会"中,社会的经济基础广泛地决定着市民社会内将个人联结在一起的政治、文化和法律的关系,个人的权利、财富和尊严要么由他们对生产资料的所有权来决定,要么按他们提供给市场的经济能力来决定。在这样的社会中,几乎是由经济来决定一切。然而,在一个"纯粹的传统社会"里,居统治地位的人们往往是借助于法律、文化、宗教仪式及其他一些手段掌握和控制着进入上流社会的途径,他们以荣誉和教养为个人价值的主导原则,凝聚他们的主要是传统和宗教。换言之,在一个建立在传统而非市场基础的社会里,个人的社会地位并不依赖于他们拥有多少财产或可供交换的资源,而是取决于他们被法律或文化术语定义的一切,取决于他与生俱来的身份、血统是否高贵,是不是特定家族的成员,有没有在相应的文化模式里受过教育,有无受尊重的气质。传统的社会分层形式趋向于封闭的社会等级或种姓。

特纳所言强调了传统社会有别于现代社会的特殊性,但他对传统社会的概括可能还是有所遗漏,还是没有充分考虑到中国的特殊情况,因为中国的传统社会并不仅呈现出封闭的社会等级这一种情况。不过，我们暂不涉此，而是注意特纳在社会分层方面所持的一种"三个面向"的观点所启发的解释社会历史的多种可能性，这三个方面：第一是"阶级"表示的经济差别；第二是"身份"或"地位"表示的政治法律差别；第三是生活方式、态度和文化气质表示的文化差别。他反对认为某一方面总是比其他两个方面重要，总是决定着其他两个方面的"化约论"立场，主张究竟由哪一个方面占支配地位，只能通过历史与经验的分析才能确定。

我仍然相信：从某种长远的眼光看，经济因素始终在社会基础或底层起着极其重要（在某种范围内仍可说是决定性）的作用。人们不断发展的需求与几乎总是显得有限的资源近乎是一个永恒的矛盾，而人们解决这问题的不同方式就常使社会呈现为一些不同的类型。但是，从更长远的眼光看，自然地理环境的作用可能要更为重要。在此，我们也许可以利用年鉴派史学家提出的"历史的不同时段"这一颇具启发性的概念。着眼于历史的最长时段，人类所由诞生的地球，对人类来说是自然，是最重要的，它基本上决定了人类的初始面貌和可能有的作为的大致范围，但是，这一最根本、最长远的决定因素，对于相形之下生命非常有限的一代代人来说，却常常并不在他们的视野之内，这样做一般也是有道理的。次之，则可能是不同人群、氏族、部落、民族国家所处的不同地理环境，它们常常在一开始决定着一个民族的生活方式和基本性格，但这一决定因素也常常由于其作用随着文明的发展趋于减弱和地域的越来越不可改变而不宜太多地被人们考虑。然后可能是社会的经济结构，立足于一个较长远的观点，它一般要比政治制度起着更为重要的作用，而政治制度又常常比看起来更为炫人眼目的战争、政变等事件起着更持久的作用。

然而，我们又不可简单地把自然环境、经济结构、政治制度及事件等种种因素和历史的不同时段两两对应而径直提出一种多层次、多时段的决定论,事实还远远要比这复杂得多。例如,同样立足于一个较长远的观点,与由社会经济及其人化了的环境所构成的"生态"相比,由人们稳定的思维方式和情感意志倾向所构成的"心态"也经常起着一种并不亚于前者的作用。另外,还有不同历史时代之间的差别,例如在前面我们所说到的"传统社会"的时代,经济因素所起的作用看来就没有在"现代社会"所起的作用这样大,同时,我们也不能全然拒绝考虑历史中的偶然性,有时一个事件甚至一个人物也可能改变时代的既定方向。而在某些转折或革命时期,有些此前只是在少数人那里存在的观念可能会突然产生巨大的作用,很快改变社会的"心态"和"生态"。总之,历史的因果性呈现出极其复杂的情况,不仅人们在实践中解决问题,甚至要做出理论概括,也许最终都还得依赖于对具体情况的具体分析,以及对范围、时段、条件的规定。

但概括、概述和分类也总是有必要的,哪怕目的是为了进一步分析。这样,我们或许可以将影响了人类及其社会的因素分成三类,它们又各分成两个方面:第一是自然因素,一是最基本的,即地球以及作为一个星球在太阳系中的位置;一是各个群体、民族所处的地理位置和环境;第二是制度因素,一是经济制度、生产和消费方式等,一是政治制度,也包括法律、军事乃至家庭制度等;第三是思想因素,一是较具创制性的思想、理论,一是社会流行或存在的观念、心态等。第一类是最根本的,但却也是人最难改变的;人能够比较有所作为的是在后两类,但也是在一种有时互相促进、有时互相抵消的合力中作为。

这样,我们或可同意,在以上这些因素中,经济因素既不是其中最基本的且几乎不变的因素;又不是其中最活跃的、变化较快的因素。而在传统社会,尤其在中国的传统社会里,经济因素实际上变化得相当缓慢,张光直曾指出夏、商、周三代在经济上差别不大,而20世纪中叶黄土高原上一个农民所使用的工具、生活方式乃至于他所介入的经济组织,都可能和一个两千多年前的农夫相差不多。经济的飞跃发展在中国只是近十几年或至多几十年的事情,在西方也只是近一二百年的事情。而在中国前此数千年的历史中,社会、政治、文化等许多层面都发生了大得多的变化。古代中国人,至少是那些左右形势的人们,看来并不把经济发展作为他们的首要目标,不把财富的不断和大量的增长作为人们幸福的主要成分和必具条件,所以他们在平时常要面对人口的压力,在近代遇到西方的挑战就更陷入了严重的困境。的确,人们只有吃饭才能生存。但同样真确的是,人们生存并不只是为了吃饭。在某个生存水平线之下,经济对任何社会和人们都是有决定性作用的,但超出这一水平线之上,有时甚至是稍稍超出,经济因素就可能不是决定性的了。这里还有一个价值观的问题,而由于支配性价值观的时代和民族差异,就出现了不同的文明和社会形态。而这些价值观的差异并不都是出于经济原因,还有其他,如宗教信仰、文化素质和政治架构等种种原因。

由于西方率先进入市场经济飞速发展的"现代",遂使世界各国也不能不进入"现代"(马克思、恩格斯在《共产党宣言》中,对这一世界化和加速化的进程有极精彩的分析),因此在"现代化"的话语中,不能不是西方的声音占支配地位。在前述是否"太现代"的质疑中,就还隐含着是否"太西化"的质疑。

而其他文明,尤其是中华文明,又确实表现出与西方文明相当不同的特点。法国杰出的史学家布洛赫1941年在《为历史学辩护》一书中写道:"今天,谁能否认存在着一个中国文明呢?谁又能否认中国文明与西方文明大不相同呢?"如果说西方的封建社会是一个相当"武化"的封建社会,而中国在春秋战国之前的封建社会就已经具有浓厚的"文化"色彩,那么在春秋战国之后的中国社会中,文化因素对社会等级分层的作用看来就更加重要和明显了。用一句通俗的话来说：社会实际上由一种"血而优则仕"转变成一种"学而优则仕"了，而由于"学"有文学和德行两方面的含义，德行又难于作为一种客观和普遍化的标准，所以到后期甚至变为一种"诗而优则仕"、"文而优则仕"了。由一些以诗文为"进阶"的人们来治理国家，这确实是世界史上一个相当奇特的现象。

这就回到了我为什么要提出"世袭社会"这一范畴的一些考虑，它意味着一种观察角度。在我看来，判断任何一个人类社会形态和结构是否公正合理，最终还是要看生活在其中的人们是否确实生活得好，他们是否对自己的生活满意，是否觉得快乐或幸福，这一考虑自然与作者所受的伦理学专业训练有关，但也包含了作者对社会理论的一种看法：社会结构不能脱离人，不仅不能脱离人们的行为，也不能脱离人们的生活。

简单地说，提出"世袭社会"这样一类范畴所依据的标准就是看社会提供给个人的上升渠道和发展条件，看在这个社会中生活的人们有多少实现和发展自己的机会。在此，我对社会结构的理解是实质性的，即社会的等级分层结构，注意的中心是社会分层与人的发展及幸福之间的关系。在某种意义上，这也是西方从柏拉图到马克思，中国从孔夫子到孙中山所悬的社会理想中的一个共同因素：社会要使人们各得其所，各尽所能。虽然他们对何为"各得其所"，如何"各尽所能"有相当不同的理解。"各得其所"、"各尽所能"也可以是相当形式化因而具有某种普遍性的，而我一直在寻求某种普遍性。但是，本书的性质又毕竟不是伦理学或价值论的，不是要支持、捍卫或推荐某种社会形态，而只是要尝试提出一种观察角度，并试着从这一角度对中国社会的历史形态进行一些新的描述和解释。

在马克思作为理想社会原则提出的"各尽所能，按劳分配"和"各尽所能，按需分配"中，人们往往更注意后者，更注意分配，而我则远为重视前者。我所理解的"各尽所能"，并不是要将其作为手段，通过它来达到"按劳分配"或"按需分配",而是认为"各尽所能"本身亦是目的,亦是幸福,甚至它可以作为一个包含后者的更广延的范畴。在中国几千年的传统社会中,由于有一种政治权力、经济财富与社会名望这三种主要价值资源联为一体的情况,而政治权力又是其中表现最突出的,所以"仕"成为主要的出路,就像现代社会"突出经济"、"经济弥漫一切"一样,传统社会也有"突出政治"、"政治弥漫一切"的色彩,但是,如何能够入"仕",或者说,传统中国如何联结上层与下层,如何联结国家与社会,如何联结大传统与小传统,生活在古代中国的人们,可以有何种冀盼与作为,在我看来,是更为关键和优先的问题,而在这方面,战国之后的中国显然摸索着走出了一条在世界文明中极为独特的道路。

但是,本书还不是探讨这一道路,这一历史,而宁可说是探讨这一道路转变的前夕。在这本书中,我想描述西周的封建,以及一种从古代的政治封建延伸而来的"社会封建",分析一种世袭等级制社会的成熟形态。它虽然可以和恰当界定的"封建社会"的概念并行不悖,但现在注意的目光主要不是投向政治或经济,而是投向社会与文化。本书尤其注意春秋时代那些在社会上居支配地位,最为活跃、世代沿袭的大夫家族,围绕它们描述和分析世袭社会的成因、运行以及文化、心态的各个方面,探讨为什么这一社会的鼎盛期同时也就是衰亡的开始,说明促使它解体的诸因素以及孔子在这一过程中所处的特殊地位。

第一章　中国古代的封建

"封建"是一个古老的词汇，[1] 在今天的社会中却仍然很流行。它在人们的书面和口头语中使用频率都相当高，而且，以"封建"一词为中心，还构成了一个可观的语词系列。[2] 这说明，"封建"一词及其衍生的系列，仍然有力地在我们的现实生活中起着作用，虽然常常是作为"众矢之的"的作用。

但是，"封建"的概念在中国虽然历史悠久，有关"封建"与"郡县"的争论在历史上也时有发生，今天我们所习惯使用的"封建社会"的概念却和古代的"封建"概念迥然有别。这种迥异是如何发生的？流行的"中国封建社会"的概念是如何在本世纪提出和论定的？这一概念和西方"封建社会"的概念又有何差别？这就是我想在具体考察西周至春秋时代社会

---

[1] "封"字的历史可追溯到商代的甲骨文，"建"字亦早见于金文，如获建鼎，参见徐中舒主编：《汉语大字典》，四川辞书出版社、湖北辞书出版社 1986 年版。"封建"一词的使用，据王国维、顾颉刚的考证，第一次是在《诗经·商颂》的《殷武》篇中。

[2] 比方说"封建制""封建主义""封建专制""封建地租""封建土地所有制""封建意识""封建思想""封建观念""封建把头""封建婚姻""封建宗法""封建大一统""封建迷信"以及俗语中的"封建脑瓜""封建头子""老封建"等。当然，这些使用主要是在大陆。

之前先行探讨的一些主要问题。但为此目的，首先有必要弄清何谓中国古代的封建，后来历史上的"封建与郡县之争"又意味着什么，从中还可以透出古人是如何理解春秋战国期间发生的那一场历史巨变的。

一、西周的封建

在"封建"一词中，起主要作用并需要说明的字看来是"封"字。"建"字的本义和今义没有太多差别，本义也是"立法"、"建国"之意。而之所以能"建国立法"，则在于"封"。"建"是由"封"而来。但是，"封"字的最初义却还不是后来组成固定的"封建"一词时"帝王以土地、人民、爵位、名号赐人"的意思，"封"字开始是与"丰"同字，在甲骨、金文中状如"植树于土堆"的样子，而植树在此是为了划界，"封"即表示"起土界"、"疆界"或者说"田界"的意思。[1] 这样看来，许慎《说文·土部》所训："封，爵诸侯之土也"只是引申义，而非本义，至于《说文》紧接着说"封"字"从之，从土，从寸，守其制度也。公侯百里，伯七十里，子男五十里，则显然还受了战国之后人追述的影响。[2]

我们想把有关文字的训诂尽量减到最少，而直接由事来观察，从古代的历史记录来看看古代的"封建"大致是件什么事，发生在什么时候。下面我们就把古人所记的有关西周封建的主要文字分类列表如下：

---

[1] 参见徐中舒主编《汉语大字典》，但是，《汉语大字典》以及新编《辞海》、《辞源》都只是解释"封"或"封建"为"帝王以土地、爵位、名号赐人"而未有"人民"，以下我将说明"授民"与"授土"同样重要，甚至最初更重要。

[2] 《孟子·万章》，以及《礼记·王制》。

书　名	说话人及场合	何时由何人封	起因或目的	分封大致情况
《尚书·康诰》	周公平定三监及武庚叛乱	周公代表成王		封周公弟康叔于东土
《诗经·鲁颂·閟宫》	成王	成王	为周室辅	封周公长子伯禽于鲁，"锡之山川，土田附庸"
《左传·僖公二十四年》	富辰谏周王以狄伐郑	周公	吊二叔之不咸，封建亲戚，以蕃屏周	管、蔡……文之昭也；邗、晋……武之穆也；凡、蒋……周公之胤也
《左传·昭公二十六年》	王子朝使告于诸侯	昔武王克殷，成王靖四方，康王息民	并建母弟，以蕃屏周	并建母弟
《左传·昭公二十八年》	成鱄谓魏献子	武王克商，光有天下		其兄弟之国者十有五人，姬姓之国者四十人
《左传·定公四年》	祝鮀谓苌弘	武王克商，成王定之	选建明德，以蕃屏周	分鲁公、康叔、唐叔以宝物、礼器、人民"土田陪敦"等
《荀子·儒效》		周公……兼制天下		立七十一国，姬姓独居五十三人焉
《史记·周本纪》		武王		1. 封商纣之子禄父 2. 封先圣王神农、黄帝、尧、舜、大禹之后 3. 封功臣谋士尚父、周公、召公、管叔、蔡叔等

以上所列，主要是先秦有关西周封建的历史记录，秦以后文献仅举

第一章　中国古代的封建

出《史记·周本纪》一条，以便与先秦文献比较；所选材料除年代较早的《尚书》、《诗经》中的两条只涉及个别封事外，其他都是较能反映全貌的材料。另外，《左传》中还有两条重要的涉及封建的一般原则的材料，兹附于下：

1.《左传·桓公二年》记载晋国大夫师服说："吾闻国家之立也，本大而末小，是以能固。故天子建国、诸侯立家、卿置侧室、大夫有贰宗、士有隶子弟、庶人、工、商各有分亲，皆有等衰。是以民服事其上，而下无觊觎。"这说的是从上到下的一系列封建及依存关系。"天子建国"即天子建诸侯，"诸侯立家"即诸侯立卿大夫，"卿置侧室"即卿立下级之卿或大夫，"大夫有贰宗"，即大夫立下级大夫或"属大夫"。

2.《左传·隐公八年》记载鲁国大夫众仲说："天子建德，因生以赐姓，胙之土而命之氏。诸侯以字为谥，因以为族，官有世功，则有官族，邑亦如之。"这里说的是天子建诸侯与姓氏的关系，也涉及大夫的宗法世族制。

综上所述，在古人看来，政治性的天子封建诸侯一事，主要发生在西周自武王至成、康这一段时间里，封建的目的是"以蕃屏周"，"为周室辅"，被分封者主要是同室姬姓及其亲戚，也有功臣、故旧、先圣之后等。

下面，我们对一些具体的问题分别述之：

1. 封建的时期

古代封建究竟从何时开始？其上限应该定于何处？由于资料的缺乏，这近乎是个无法回答的问题。后儒所说的三皇五帝以来的"封建"难有确证。我们可以将这个问题缩小为：在周代之前的商代是否就有了封建？据顾颉刚的看法，考之商朝遗下的甲骨文，至少在武丁之世已有了许多封国的事实。武丁把有功的武将封出去，封在什么地方的叫作"侯×"，像封在雀这个地方的就叫"侯雀"；封出去的儿子则叫"子×"，如封在郑的叫"子郑"，封在宋的叫"子宋"，那时还有分封出去的夫人，也都相应地依所封地叫"妇庞""妇邢"等；对一些承认商朝的宗主权的邻国，武丁也依着它们原有的国名给一个封号，如周国就受封为"周侯"，还有"井伯""虎侯"等。"侯""伯"是他所颁的爵位，"妇""子"本是他的家庭关系，也就当作了爵位。顾颉刚认为，在商的后期，已经有了很完备的封建制度。[1]

我们上面所列的材料谈的都是西周的封建，但由于所说的年代或者互相不尽符合，或者揆之其他经传有不合的地方，所以容易引起一些学者对这些材料本身是否可靠的怀疑。但这些矛盾似不难解决。

周之封建同姓，成鱄以为是在武王的时候，富辰以为是在周公的时候，究竟是在武王的时候还是周公的时候呢？上表中支持前说的有《史记》，支持后说的有《荀子·儒效》。但《史记》在这方面的记载颇多问题。如《史记·齐太公世家》说："武王已平商而王天下，封师尚父于齐营丘。"傅斯年对此提出质疑：当时殷地尚未大定，营丘在殷地之东，太公如何能越之而就其封国呢？又尚父、侯伋世历为周辅，又如何能离开王都而就国呢？[2] 又《史记·鲁周公世家》说："武王……封周公旦于少昊之虚曲阜，是为'鲁公'。周公不就封，留佐武王。……于是卒相成王，而使其子伯禽代就封于鲁。"这与上表中《诗经·鲁颂》和《左传·定公四年》的记

---

[1] 顾颉刚：《顾颉刚古史论文集》第二册，中华书局1988年版，第329—330页。

[2] 傅斯年：《大东小东说》，《中央研究院历史语言研究所集刊》第2本第1分。

载均不合，且周公封周，故曰"周公"，以"周公"为"鲁公"，亦谬。[1]所以，上两例的齐、鲁之封看来不是发生在武王的时候，而是发生在周公成王的时候。而《尚书·康诰》中的康叔之封也是在成王之世。

这并不是说要把西周封建之事都系于周公、成王之世，而只是说，西周封建诸侯看来主要是在这一时期。在这之前的武王之世和在这之后的康王之世亦有封建，只是比较起来较少罢了。所以，富辰之说要比成鱄之说要更接近事实一些，而祝驼说武王、成王"选建明德"，王子朝说武王、成王、康王"并建母弟"则更为全面。[2]崔述说封国乃"陆续所封"，不能"概谓之武王"，也不能"专属之周公"，是对的。[3]钱穆把周人的封建分为两期：第一期是武王克殷之后的分封；第二期是周公东征，平定武庚、三监之乱后的分封，并认为封建大业即于此完成。[4]许倬云则根据《左传·昭公二十六年》中"康王息民"，以及1976年新出土的史墙盘中说康王厘定了各处的疆土等材料认为：周人的封建大致在成、康之世完成，[5]把大规模的封建的下限再往后延伸到"康王之世"。杜正胜则更进一步认为，封建不止一次，两次，可能是多次。[6]

周王的封建诸侯究竟在何时完全结束？这也是一个不易准确判定的问题。许倬云认为：封建事业属于周初建国工作的一部分，并不是在后世仍继续推广进行的常制。[7]童书业也认为：天子建国，主要是周初的事情，其后天子的亲族越来越多，可分封的土地却越来越少，就无法再往外

---

[1] 童书业：《春秋史》，山东大学出版社1987年版，第26页。
[2] 又《左传·昭公九年》记詹桓伯的话说："文、武、成、康之建母弟，以蕃屏周。"
[3] 崔述：《崔东壁遗书》，上海古籍出版社1983年版，第340页。
[4] 钱穆：《国史大纲》，商务印书馆1994年版，第38—42页。
[5] 许倬云：《西周史》，联经出版事业公司1984年版，第139—140页。
[6] 杜正胜：《周代封建的建立》，《历史语言研究所集刊》第50本第3分，第486页。
[7] 杜正胜：《周代封建的建立》，《历史语言研究所集刊》第50本第3分，第140页。

分封,只能封为"内诸侯"、"王室大夫",有的甚至下降为"士"。[1]无论如何,即便后来仍有一些零星的封建,大规模的政治封建可以说在成康之世已经结束了。封建社会的持续和维护并不需要靠不断的封建来维持,恰恰相反,封建本身就意味着某种一次性,封建诸侯的生存要以至少在相当长一段时间里维护这种初始的一次性为条件。所以,政治封建仅仅发生在周代初期并不会影响整个西周以至春秋封建社会的性质。至于后来兴起的社会性的、下层的自我"封建"如何上升,乃至于最后成为政治封建以及整个封建社会解体的因素,则又另当别论。

2. 封建的起因和目的

上表所列周初封建诸侯的目的都是"以蕃屏周"、"为周室辅",《左传·定公四年》还说到"以尹天下,于周为睦"。《左传·昭公二十六年》接着"以蕃屏周"一语之后是:"亦曰:'吾王专享文、武之功,且为后人之迷败倾覆,而溺入于难,则振救之。'"崔述解释这段话的意思是:"文王始受命,而未得及身为天子。武王始克商,而未得及身见四方之靖。至成王,然后安享之,以为祖、父之德而吾独享之,于心不自安,故分其禄而与诸父兄弟共之。"[2]这一解释纯从成王个人内心的不安去解释封建成因,不仅太理想化,也低估了当时实际上四方仍然"未靖"的局势。

王国维在《殷周制度论》中从周革殷命后新创的立子立嫡制与宗法制去解释封建的产生,其思路大致是这样的:殷以前无嫡庶之制,王位一般是兄终弟及,商成汤至帝辛30帝,以弟继兄有14帝,而周代则确定了传子之制,并由传子之制而生嫡庶之制;即不以贤,而以嫡子中的长子继

---

[1] 童书业:《春秋左传研究》,上海人民出版社1980年版,第121页。
[2] 崔述:《崔东壁遗书》,上海古籍出版社1983年版,第340页。

位,此制的目的在于息争。因为贤由人定,嫡长则由天定,"任天者不争,任人者争,定之以天,争乃不生",由这一继统法就产生宗法制:以嫡长子资格继承王位的天子是大宗,嫡长子的同母弟与庶母兄弟则被封为诸侯,是小宗,诸侯在其国内对卿大夫亦是这种大宗对小宗的关系,小宗都要拱卫大宗,诸侯要拱卫天子。这样,封建制的产生就是"嫡庶制→宗法制→封建制"这样一种递进的关系。封建制可确立天子的尊严,君臣的名分,天子再也不只是诸侯之长而是诸侯之君,这就把"尊尊"与"亲亲"结合起来了,能使天下稳定,周室国运长久。天子、诸侯都是世袭,这是为了稳定,卿大夫、士则不世袭,这是为了"贤贤"。世卿是后世之乱制而非周初之定制。也就是说,这是使"尊尊"、"亲亲"与"贤贤"进一步结合起来。在王国维看来,周初立法圣人如周公等,并不是没有一姓福祚之念"存于其心",但他们深知"一姓之福祚与百姓之福祚是一非二",而"天下之大利莫如定,其大害莫如争",所以,周室的国运长久和天下的稳定太平是可以统一起来的目标。封建及所由生的宗法、嫡庶之制都是为此而设,周代新制度的目的就在于"纳上下于道德而合天子诸侯卿大夫士庶民以成一道德团体"[1]。

　　王国维此说虽然已经注意到促成封建之客观的方面,注意到一姓之利与天下之利有相合的一面,但还是过分拘泥于"周公制作之本意"的传统观念,过分强调其中个人道德的意向。钱穆在其《国史大纲》中对此提出批评说:王国维此说颇嫌看史事太松弛,不见力量,只把天下依着家庭的关系随宜分割,无当于周初建国之严重局势,只是一种隔绝史实的空想而已。[2] 钱穆的批评是有道理的。王国维抉发出传统政制一种隐藏的、合

---

[1] 王国维:《观堂集林》第二册,中华书局1984年版,第451—480页。
[2] 钱穆:《国史大纲》,商务印书馆1994年版,第39页。

理的精神，但此精神与其被理解为个人自觉的主观道德意图，不如被理解为一种客观的合理性、客观的合目的性，并且，他所描绘的图景不免过于理想化了，揆之以周初事实，多有不甚相合之处。王国维此说最好地表现了一种传统社会的理想，但这种理想与其说是春秋战国之前社会的理想，不如说是在这之后的社会理想。尽管周人的创制依然是伟大的，但其缘由却往往是客观形势逼迫下的应对，而并非如王国维所描述的那样是主观上的深谋远虑和充满道德色彩。那些创造或改变历史的人常常并不理解他们的行动的深远意义。柳宗元说："盖以诸侯归殷者三千焉，资以黜夏，汤不得而废；归周者八百焉，资以胜殷，武王不得而易。循之以为安，仍之以为俗，汤、武之所不得已也。"[1] 这讲的是周以前的许多"诸侯"不能废，周有可能做的只是改变封号，重新笼络到自己麾下而已。"三千"、"八百"，虽非确数，但可想数目甚多，那时的"诸侯"还很难说是成型的国家，大概只是一些氏族、部落而已。周人的创造性在于大封同姓和姻亲，使封建与宗法结合，"尊尊"和"亲亲"结合。当时的宗法成为一种重要的政治制度。并且，中央和地方诸侯一起努力在政治、文化上真正走向创设完整意义的邦国，而这又是当时严重的局势所致。周人由西陲一个原先政治文化不甚发达的部族而要取代历史悠久和文化繁荣的殷商，又面对殷人的叛乱和内部的分裂，不能不牢结亲族纽带而一致对外，对其他部族能笼络之就笼络之，能威服之就威服之，所以说真正的封建国家制度起于周代亦未尝不可。

这里还需要提到的一点是：经济的发展在此对西周大举封建似乎并不起决定性的孕育和催生作用。张光直根据近年的考古发现指出，夏、

---

[1] 柳宗元：《封建论》，《全唐文》第六册，第五百八十二卷，中华书局 1983 年版，第 5876 页。

商、周三代文化在物质上的表现,其基本特点是一致的。三代考古遗物所显示的衣食住一类的基本生活方式都是一样的,三代都以农业为主要生业,以粟黍为主要作物,以猪狗牛羊为家畜;衣料所知的有麻,丝;在建筑上都是茅茨土阶,以夯土为城墙与房基。[1] 中国与西方不同,其资源(文明)的最初聚集,是通过政治手段(国家社会)而不是技术突破来实现的。我们在中国这幅图景中所看到的,是政治文化对资源分配的首要作用。[2] 财富积累须首先凭借政治权力的行使来实现,而政治权力在中国的成长,又为几个有内在联系的因素所促进,它们是:亲族层序系统,统治者的道德权威、武装力量,借助祭祀、艺术和文字等手段对神与祖先沟通的独占等。[3] 从张光直的研究我们可以推论出,在古代中国,一种"文化→政治→经济"的作用过程似乎要胜过相反方向的作用过程。精神文化与价值体系在古代中国比在古代西方起了更大的作用,这一初始的差别,无疑深刻地影响到了后来中西历史发展的不同路径。

受韦伯(M. Weber)的影响,[4] 魏特夫(K. Wittfogel)认为"治水社会"是中国古代专制国家的社会基础。[5] 赖德懋(O. Lattimore)也以为封建制度的发展,与所谓"治水的东方式农业"有关。[6] 许倬云则提出:西周的封建自是因周室征服中国,分遣其人众以控御四方,但封建制度的建立,并不与生产工具的改变相伴随。周初生产工具基本上与商代的生产工具处

---

[1] 张光直:《考古学专题六讲》,文物出版社1986年版,第131页。
[2] 张光直:《美术、神话与祭祀》,辽宁教育出版社1988年版,第107页。
[3] 张光直:《美术、神话与祭祀》"序言",辽宁教育出版社1988年版,第7页。
[4] 韦伯:《儒教与道教》,洪天富译,江苏人民出版社1993年版,第27页:"治水的必要性是中央政权及其世袭官僚制之所以成立的关键所在。"又第23页谈到:中国城市的兴盛主要不是靠居民的冒险精神,而是有赖于皇帝统辖的功能,尤其是治水行政;以及第39页:"在中国,如前文所述,某些根本性的命运(对我们来说,则是史前的命运)也许是由治水的重要意义所决定的。"
[5] 魏特夫:《东方专制主义》,徐式谷等译,中国社会科学出版社1989年版。
[6] Owen Lattimore: *Studies in Frontier History*, Oxford University Press, 1962, p.547.

在同一水平。西周分封，北至燕，南至汉上，西起渭域，东极海滨，农业与给水关系随处而不同，至今典籍与考古资料，都未见有水利设施。是以周人封建制度的本意，是为了军事与政治的目的，颇不必用经济发展的理论当作历史演化过程中必经的一环。[1]

3. 分封的基本情况

这些情况包括受封国，所封物等。下面我先根据顾栋高的"春秋列国爵姓及存灭表"，按列国之姓作一数量上的统计（按数目多少大小排列，为节省篇幅，同样数量的姓列在一起）：[2]

次 序	封国数	姓
①	53	姬
②	12	姜
③	9	偃
④	8	嬴
⑤	7	姒
⑥	4	己、风、妘、子、祁
⑦	3	姞
⑧	2	芈、妫、隗、允、曹
⑨	1	任、曼、熊、归、漆、彭、董、姚

---

[1] 许倬云：《西周史》，联经出版事业公司1984年版，第159页。近代西方人从马克思到韦伯等，都相当重视从经济来解释政治、文化，这大概是受西方文明，尤其是他们所处的资本主义社会形态的影响。

[2] 顾栋高：《春秋大事表》，《皇清经解续编》卷66至卷132，王先谦编；《春秋列国爵姓及存灭表》，《清经解续编》第一册，上海书店1988年版，第462—465页。陈槃著有《春秋大事表列国爵姓及存灭表撰异》，见《历史语言研究所集刊》，第26、27、30、31、32、35本。

以上总共是 24 姓，130 国，另加无姓或不知姓的 74 国，总共是 204 国。虽然这些"列国"并不一定都是周初所封之国，但还是有一定的参考价值。拿这些数字与前表所列的《荀子·儒效》对照，则在总数上超过不少，但这里的 53 个姬姓之国却与《荀子·儒效》的"姬姓独占五十三人焉"相符，与《左传·定公四年》所说的姬姓共"五十五"国也相当接近。从这些材料我们可以得出这样的初步结论：西周封建主要是封建母弟和同姓，封建制与宗法制确有相当的重合。而高居第二的姜姓，还有位居第五的姒姓，以及妫姓，任姓，都是周室的姻亲。与欧洲的封建相比，西周的封建确实有着浓厚的"亲亲"色彩，等级差别主要体现在部族之间。何兹全如此描述这种不同部族间的关系："被周人征服的商族和其他族，不是奴隶，也不是农奴，他们是井田制下身份低一级的劳动者。用现在的话说，周族人是一等'公民'，他们是二等'公民'。"[1]

周初的封建主要是授土还是授民？我们习惯的观念是天子"裂土分封"，分封主要是分封疆土。但这里可能是以周秦后世的封建去比附最初的封建了。傅斯年曾指出西周封建与西汉封建的差别，认为西周的封建是开国殖民，不仅意味着地域，还意味着一种特殊的社会组织，而西汉的封建是割裂郡县，这时的所谓封建只是一地理上的名词。[2] 我们可以想见周初时候的中国，周人面对的是一片广阔、蛮荒的土地，那里不仅野兽出没，还生活着并不一定友善的当地土著或者仍怀亡国之痛的殷商旧族。所以当时的封国就绝非后世的封国那样可以安享现成，而是要筚路蓝缕地去开基立业。所以，当时的授土大概只是划定一个大致的范围，首先在这个范围内建立都城以及一些重要的据点，再慢慢地联点成片，最后蔚为大

---

[1] 顾栋高：《春秋大事表》，收在王先谦编：《皇清经解续编》卷六十六至卷一百三十三，《春秋列国爵姓及存灭表》，《清经解续编》第一册，上海书店 1988 年版，第 462—465 页。

[2] 顾颉刚：《古史辨》第二册，上海古籍出版社 1982 年版，第 150—152 页。

观,这当然也就赋予分封的各方诸侯以相当大的自主权力。当时各国的疆域都不甚相接。顾栋高有《春秋列国不守关塞论》,俞正燮有《越国鄙远论》,都说明周时地广人稀,殆至春秋,列国之间仍有不少荒野鄙地。春秋时往往一用兵即直捣国都,也是以此。[1] 由于疆域不太固定,旷地尚多,所以徙封也是经常发生的一种现象。顾栋高《春秋大事表》列了20个曾经迁徙的国家,陈槃则进一步找出顾表未说迁而实迁,且有曾经数迁而距离也甚辽远者,又有71国之多。几乎有名的周初姬姜诸国如鲁、卫、燕、吴、申、纪等都曾迁过国,迁徙的距离动辄数百里,有时甚至千里以上。[2]

鉴于周初封建所面对的这种情况,得人就要比得地更重要了,或者说只有得人方能真正得地,只有得人才能真正开拓和守卫所封疆土。所以,我们从《左传·定公四年》的记载中,可以看到分赐给鲁公、康叔、唐叔的不仅有地域、礼器、宝物、法典,还有可供服役的部族:分给鲁侯伯禽的是六族殷民;分给卫侯叔封的是另外七族殷民;分给晋国叔虞的是怀姓九宗。而要组织管理这些部族,这些诸侯肯定还要带上一批自己的同族人,他们必须依靠这些国人,来怀柔和威服殷族和土著。

授民的情况亦可以从大盂鼎、周公彝等金文资料中得到证明。许倬云据此指出:至少在周初,分封制度刚开始发展的时候,诸侯封建"封人"的性格强于"封土"的性格,授民比授土更重要。分封制度是人口的再编组,每一个封君受封的不仅是土地,更重要的是分领了不同的人群。杨希枚认为古代赐姓制度,实际是分封民姓、族属,与"胙土"、"命氏"合为封建三要素。其中"赐姓"是赐服属的人民,"胙土"是分配居住的地区,

---

[1] 参见吕思勉:《中国制度史》,上海教育出版社1985年版,第424—425页。
[2] 许倬云:《西周史》,联经出版事业公司1984年版,第148页。

而归结为"命氏",其中又包括给予国号(如"鲁""宜"),告诫的文辞(如《康诰》)以及受封的象征(如各种服饰礼器)。[1] 只是到后来随着城邑的发展,授土才渐渐变得比授民更重要。

西周的封建在最初的时候较多地带有一种武装开拓和殖民的性质,但由于这种殖民并不单纯是征服和掠取财富,而主要是在创造一种新的社会组织和生活形式,融合一个新的族群,发展和扩散华夏文化,所以,提出封建之初的这种殖民性格虽然是正确的,但据此否定封建制度本身及其意义则是不合适的。[2] 封建制度并不是突然产生的,而是逐渐生长、逐渐成就的。

天子对诸侯的封建建立了一种等级、名分的依存关系。在此,我们不想细致地探究诸侯之间的爵位、名号和疆域大小之间的差别,这首先因为这些问题不是我们的兴趣所在,我们主要关心的将是社会整个上层与整个下层,或贵族阶层与庶民阶层之间的社会距离与流通渠道,我们想集中注意于社会这两大阶层的那一连接点,而非贵族或庶民内部的细致区分。其次,我们想把握的只是封建制的主要事实,而在周代是否存在严格的五等或三等爵以及相应的疆域大小的问题上,存在着许多争论,甚至引起了一些学者对整个封建制的怀疑。《礼记·王制》、《周官·大司徒》等历史文献对封建诸侯的爵位、等级说得很鲜明整齐,但越是鲜明整齐的东西其实越是容易引起怀疑,因为事实一般并不可能如此鲜明整齐,所以,这种整齐往往只是纸上的整齐,是后人一种富于理想的剪裁和整理。然而,

---

[1] 杨希枚:《先秦赐姓制度理论的商榷》,《历史语言研究所集刊》第 26 本。
[2] 如侯外庐等学者否认西周封建,认为那只不过"是和罗马的殖民制度相似"。见侯外庐:《中国古代社会史论》,人民出版社 1963 年版,第 150 页。杜正胜亦认为,周人封建的本质与商人一样,都是"武装殖民","唯有军事胜利,封建才能大行其道"。周人东进,把征服、殖民与封建三者结为一体。见其《周代封建的建立》,《历史语言研究所集刊》第 50 本第 3 分。

这种整理又不会全然事出无由，而是常常有某些事实作为基本的依据。所以，我们也许可以采取这样一种态度：若求准确，则"查无实据"，若求笼统，则"事出有因"，即信其大概而不必拘泥于某些细节是否准确——尤其是在缺乏历史证据的情况下。所以，在对爵位的解释方面，我觉得我们采取顾颉刚的说法是比较适合的，[1]而像先儒那样虔信《王制》或《周官》，或者像有些学者那样因诸侯爵位称呼甚乱就否定封建制的存在都是不恰当的。

封建制建立起来之后，维护它的制度主要有二：一个是体现"亲亲"的宗法制度；另一个就是旨在不断肯定和提醒这种等级名分关系的巡守朝贡之制。受封的诸侯一般五年朝见周王一次，在朝都有一定的班次，不许僭越。另外诸侯对周王也有进贡和服役的义务，这些都叫作"王职"。诸侯平时应当每年一小聘，三年一大聘，以密切关系。新立的国君必须得到周王的册命，以表示他和周王发生了君臣的关系。但诸侯在国内则可以自由行使他的统治权。这些讲的都是制度，它们到后来当然就日趋松弛了。

二、有关"封建"与"郡县"的历史争论

古人一般以郡县制与封建制对称，认为秦始皇灭六国之后"废封建"而"行郡县"，取代分封制的是郡县制。郡县制即是由中央政权挑选和任命地方官吏，并定期予以考核、升降或更换的制度。这样，郡县制就意味着在两个方面与封建制相对立：第一是打破分裂割据而实现统一，加强中央集权和君主权力，第二是打破权力、财富、名位的世袭制而建立一种人员流动的官僚体制。

---

[1] 顾颉刚：《周室的封建及其属邦》，《顾颉刚古史论文集》第二册，中华书局1988年版，第329—331页。

秦始皇统一中国后废除了封建制，但郡、县的制度则早在春秋战国时代就产生了，所以，吕思勉说："故谓秦人行郡县，不如谓秦人之废封建之为得当也。"[1] 有些学者认为县起源于春秋时代，甚至西周就开始有县了，但杨宽指出，春秋的县和战国、秦汉的县性质不同。春秋时楚、晋、秦三国的县具有国君直属的边地军事重镇的性质，国君任命的县的长官是可以世袭的，如楚的申县、晋的原县，继位者都是原县长官的儿子。[2] 另外，开始郡的地位要比县的地位要低，所以赵简子在作战时宣誓说："克敌者上大夫受县，下大夫受郡。"[3] 县之设，多由于吞并他国，而郡之设，则多由于开拓荒地。郡面积比县要大，但地广人稀，后来随着人口繁殖，就在郡下设若干县，产生了郡县两级、县统于郡的制度。

秦吞灭六国，丞相王绾等向秦始皇建议分封诸子，说"燕、齐、荆地远，不为置王，无以填之"，秦始皇让群臣讨论，大多数人赞成，延尉李斯反对，认为周初分封子弟同姓很多，但后来却疏远了，互相攻击讨伐如仇敌，周天子也无法禁止。现在海内已经都是郡县，诸子功臣可以赋税厚加赏赐，较易控制，这才是天下安宁之术。秦始皇听从了他的意见，于是分天下为三十六郡。后来博士淳于越又建议分封，理由是如果仅皇帝一人有海内，而其子弟为匹夫，若有权臣，则难以相救，需师古以治，方能长久。此议又被李斯驳回，并引起焚书。[4]

这是一个我们熟悉的故事。后来的历史发展，按吕思勉的意见又有过四次封建的反动：[5] 第一次是秦楚之际项羽尊楚怀王为义帝后的分封，

---

[1] 吕思勉：《中国制度史》，上海教育出版社1985年版，第434页。

[2] 杨宽：《战国史》，上海人民出版社1980年版，第209页。

[3] 《左传·哀公二年》。

[4] 《史记·秦始皇本纪》。参见管东贵：《从李斯廷议看周代封建制的解体》，《历史语言研究所集刊》第64本第3分，1993年版。

[5] 吕思勉：《中国制度史》，上海教育出版社1985年版，第435—442页。

这次为时甚短。第二次是汉初刘邦封七个异姓王和九个同姓王,异姓之王除长沙王外都旋踵而亡,同姓王则酿成后来的七国之乱,七国乱后,诸侯被摧抑,不能够自己治民补吏,仅"衣食租税而已",后武帝又用主父偃之议,令诸侯将其邑推恩分子弟,实现了贾谊"众建诸侯而少其力"之策,诸侯名存实亡。第三次是晋朝有鉴于魏对宗室少恩而寡助,又想众建亲戚,以为屏藩,结果导致八王之乱,兄弟自相残杀。第四次是明朱元璋定天下,封诸子三十九人,使设官属,傅相,置卫兵,但诸王不得干预政事,封建实已成强弩之末,而清初之封三藩,只能算是权宜之计。至于历代其他时候的封建子弟,则大都是以爵名受廪禄而已。

所以,秦以后的封建比之于西周的封建,只能说是一些回光返照,一点历史的惰性。但是,由于在我们的文化传统中有崇敬经典,仰慕古代的一面,所以又时有学者士人,或不满现状,或激于世变,主张恢复封建古制,这样就和反对者构成了一种历史上的封建与郡县之争,我们可以分别地考察一下他们各自的理由:

魏文帝时,虽然分封了诸王,但实际上等于禁锢,诸王行动都不自由,连衣食也受到监视,"求为匹夫而不可得":所以,后来有宗室曹元首上书,认为魏尊尊之法虽明,亲亲之道未备。古代分封是由于先王知道"独治之不能久也,故与人共治之","兼亲疏而两用,参同异而并建,是以轻重足以相镇,亲疏足以相卫",形成相互间的权力制衡。并追叙周以下六代,认为周代能长久是因为封建,秦速亡则是因为不封建,西汉封建使诸吕不能成事,但是"高祖封建,地过古制,大者跨州兼郡,小者连城数十",开始分封过宽,后来又裁撤过激,遂激起吴楚七国之乱,之后削藩弱侯,致使新莽篡权时汉宗室也来歌功颂德,这是不得已也,"岂不哀哉!"现在魏宗室又是如此"权均匹夫,势齐凡庶",甚至不如凡庶,其他贤人,还可超拔为"名都之主"或"偏师之帅",而宗室有文者必限于"小县之宰",有武者必限于"百人之上",再有才也不能用。而封建子弟犹如植树,"枝繁者荫根,条落者本孤",并且,"为之有渐,建之有素","树犹亲戚,土犹士民,建置不久,则轻下慢上",所以,封建还必须早为着手。[1]

曹元首身为宗室,有切肤之痛,所以这篇《六代论》是一篇相当认真地为封建制的辩护词。时势已变,他早已不敢想望周代的封建,甚至也不敢想望汉初的封建,而更像是为宗室子弟争一份平等的发展权。晋时又有陆机著有《五等论》,也是为封建的五等爵位制辩护,此文除援引历史外,主要的理由是郡县官常换而五等侯持久,而企图进取升迁是"士子之常态","修己安人"则是少数"良士"才能达到的,人的"进取之情"甚锐,而"安人之誉"来得却甚迟,所以,官员只要能迅速得到升迁,即使侵害百姓也在所不惮。五等侯则不然,他们知道封国是自己的土地,其中的人民是自己的人民,"民安已受其利,国伤家婴其病",所以,"为上无苟且之心,群下知胶固之义"。[2]

总的说,魏晋南北朝时期虽然有这些议论,社会性的封建也很发展,世族大姓在社会上势力强大,甚至一度在政治上能与皇权抗衡,如东晋时的门阀政治,曾达到过"王与马,共天下"的程度,但这种权力的世袭是由下面起来的,自上至下的封建诸侯则始终受到限制。

至唐代,李百药的《封建论》、颜师古的《论封建表》虽有折中之意,但基本倾向是反对封建。李百药对周秦以来的历史提出了一种不同于曹元首、陆机的解释,他认为,周封建数世之后即"王室浸微,始自藩

---

[1] 曹元首:《六代论》,《全上古三代秦汉三国六朝文》第二册,严可均校辑,中华书局1991年版,第1160—1162页。

[2] 陆机:《五等论》,《全上古三代秦汉三国六朝文》第二册,严可均校辑,中华书局1991年版,第2025—2026页。

屏,化为仇敌,家殊俗,国异政,强凌弱,众暴寡","春秋二百年间略无宁世",这是由于"封君列国,藉庆门资,忘其先业之艰难,轻其自然之崇贵",所以"世增淫虐,代益骄侈",而"内外群官,选自朝廷,擢士庶以任之,澄水镜以明之,年劳优其阶品,考绩明其黜陟,进取事切,砥砺情深",并不会像陆机所说那样因进取而"伤民",而"设官分职,任贤使能",这也就是"共治"而非"独治"。"总而言之,爵非世及,用贤之路斯广,民无定主,附下之情不固",这是"愚智"都能看清楚的。[1] 颜师古认为:"古今异俗,文质不同,不可空挟虚名,以乖实效。"所以,大举分封,不仅"于理不合",而且"制度难成",故分封"莫如量远近,分置王国……画野分疆,不得过大,间以州县,杂错而居,互相维持,永无倾夺,使各守其境,而不能为非,协力同心,则足扶京室",对各就封之诸子"为置官僚,皆一省选用,法令之外,不得擅作威刑"。[2]

最著名的有关封建的议论自然当推柳宗元的《封建论》,宋苏东坡《论封建》评论说:"昔之论封建者,曹元首、陆机、刘颂及唐太宗时魏徵、李百药、颜师古,其后则刘秩、杜佑、柳宗元。宗元之论出,而诸子之论废矣,虽圣人复起,不能易也。"[3] 柳宗元的高明处在于深探封建制的历史根源直至"生人之初",他认为:封建"非圣人意也",而是"势也",即使古代圣王那时想废除封建,也是势有不可。人类之初,与万物皆生,不能搏噬,又无毛羽,要想"自奉自卫",必须利用各种物质资源,这样社会就有争夺,争夺不已,就要找明智者裁夺,裁夺不听,就要有制裁力使之畏服,这样就产生了"君长行政"。人们离得近的会聚而成群,群体之争危险性更大,这样就会"有兵有德",争而不已,各群之长就会找势

---

[1] 李百药:《封建论》,《全唐文》第二册,中华书局1987年版,第1444—1446页。
[2] 颜师古:《论封建表》,《全唐文》第二册,中华书局1987年版,第1491页。
[3] 苏东坡:《论封建》,《苏东坡全集》下册,中国书店1986年版,第258—259页。

力更大者裁决而听命于他,这样就有了"诸侯",如此往上,还会有"方伯"、"连帅",最后"天下会于一",就有了"天子"。这样一级一级的首领,其有德者,他死了之后,众人会找到他的后代来侍奉,这就是封建等级制以及世袭制的由来。

这就意味着:表面看起来,封建是出自古圣王之意,是他主动地不想独享天下,所以由上而下地分封诸侯,诸侯的权力、财富、名望都是从上而来。但实际上,这后面却有一种自下而上发展起来的形势使古代君主不能不如此做。自上而下的"封"是自下而上的"势"支持着的,各种名号常常只不过是对这种事实上的"势"的承认而已。在这里,柳宗元还敏锐地把握到了一个不仅中国,而且是整个人类社会发展的事实,即等级分化必然要从各个原始族群中产生,而且是自然而然地产生。任何文明的早期,都会自然而然地出现一个渐居于社会上层的少数,并且,这居于上层的不仅是少数,这少数还是世袭的。

但是,后来那种不得不封建的形势发生了变化,柳宗元虽然没有明言这种形势缘何而变,但指出了周秦以后,封建反成了致乱之由,而不再是太平之基。东周时周已剩空名,其实丧之久矣,列国纷争,战乱不已,秦"有叛人而无叛吏",汉"有叛国而无叛郡",唐"有叛将而无叛州",都说明郡县制有利于天下和平,而封建割据则常为战乱祸首。

柳宗元所提出的最重要也是我们最感兴趣的反对封建制的理由是:废除封建也就废除了世袭。在周代封建时期,虽然是"乱国多,理国寡",但"侯伯不得变其政,天子不得变其君",而在汉代的郡县官员"有罪得以黜,有能得以赏,朝拜而不道,夕斥之矣;夕受而不法,朝斥之矣"。这是从能否替换不称位、不称职者的角度说的,但废除封建世袭无疑还有更积极和更深远的社会意义:"夫天下之道,理安,斯得人者也。使贤者居上,不肖者居下,而后可以理安。"这就是孔子"举直错诸枉"的本意。

废除封建并不是要废除等级，而是要废除世袭，变封闭的等级制为开放的等级制。如果天下都是"士大夫，世食禄邑"，则即使有"圣贤生于其时，亦无以立于天下，封建者为之也"。如果说封建是"圣人之制"，这不是圣人自己与自己过不去吗？柳宗元文以指出封建最初"非圣人意"始，以指出复行封建将"忤圣人意"终，虽然不离推崇古圣的大道，但主要还是以客观之"势"的变迁而非主观之"意"的圣洁来解释封建之应废。[1]

自柳宗元之后，一直到明末清初，有关封建的辩论确实不多了。苏轼赞成柳宗元的观点，只是补充了一条理由：即世袭制会加剧对世袭爵位的争夺，而开放的官职却不如此。他说：三代"至汉以来，君臣父子相贼害虐者，皆诸侯王子孙，其余卿大夫不世袭者，盖未曾有也。近世无复封建，则此祸几绝，仁人君子忍复开之欤？"[2]

但是，在提升了道德理想主义精神的宋代理学中，亦有学者赞同封建和宗法制，北宋张载认为："'天子建国，诸侯建宗'，亦天理也。""宗子之法不立，则朝廷无世臣。……宗法若立，则人人各知来处，朝廷大有所益。或问'朝廷何所益？'公卿各保其家，忠义岂有不立？忠义既立，朝廷之本岂有不固？今骤得富贵者，止能为三四十年之计，造宅一区及其所有，既死则众子分裂，未几荡尽，则家遂不存，以此则家且不能保，又安能保国家？"[3] 南宋胡宏也赞成井田封建："井田封国，仁民之要法也。……使太宗有其臣，力能行之，则唐世终无藩镇跋扈篡弑之祸，而末流终无卒徒扶立疆臣制命之事矣。"[4]

朱熹对封建的态度似在两可之间，貌似模棱而实则明晰。他谈到封

---

[1] 柳宗元：《封建论》，《全唐文》第六册，中华书局1987年版，第5875—5877页。
[2] 苏东坡：《论封建》，《苏东坡全集》下册，中国书店1986年版，第259页。
[3] 张载：《张载集》，中华书局1978年版，第259页。
[4] 胡宏：《胡宏集》，中华书局1987年版，第366页。

建的好处，是君民之情相亲，可以久安而无患，不像后世郡县，一二年辄易，虽有贤者，善政亦做不成，并且现在州县之权太轻，卒有变故，更支撑不住。以道理观之，封建之意，是圣人不以天下为己私，分与亲、贤共理。但是，即便是圣人之法，也不可能无弊。如果封建非其人，又是世世相继，就无法换掉他了，而郡县官员若非其人，却只两三年任满使去，忽然换了好的来也说不定。使膏粱子弟不学而总是居士民之上，其害也是不浅。所以，朱熹认为柳宗元所说基本上有道理，而颇不满于胡宏论封建井田之事，认为这些即便是"圣王之制"而不可非，在今日也恐怕难下手而无法行。另外，朱熹认为治乱关键还不在此，而在人，所以说"此等事，未须深论"。[1]

但是，到了明末清初的时候，由于明朝遇到本为其部属、人数甚少的满族入侵，竟然在短时间内就土崩瓦解，又激起一轮有关封建制的议论热潮。颜元以为："后世人臣不敢建言封建，人主亦乐其自私天下也，又幸郡县易制也，而甘于孤立。"然而，"以天下共主，可无藩蔽耶！层层厚护，宁不更佳耶！"并且，不封圣后，"使诸圣人子孙无尺寸之土，魂灵无血食之嗣，天道岂能容耶？"不恩九族，不封同姓，"宗庙其无怨恫耶"？不封功臣，"勋旧其何劝耶"？另外，颜元还提出了一个特别有趣的理由：即便世君如桀、纣，而汤、武革命，由于汤、武本有封国，有兵丁粮食，就不至于扰民，且可一战而定，而不致连年大乱而伤民。[2]

与颜元、李刚主等更偏于理想，并主复古者不同，顾亭林是一个相当具有现实感的学者，他曾博览古代经世史文，著有《天下郡国利病书》，又曾实地走访许多名山大川实地考察风土民情。所以，他虽然深深感到郡

---

[1] 朱熹：《朱子语类》第七册，中华书局1988年版，第2679—2687页。
[2] 颜元：《颜元集》上册，中华书局1987年版，第110—113页。

县制施行近两千年之后的流弊,却明白郡县制绝不可能复变为封建,他所提出的对策是"寓封建之意于郡县之中"。顾亭林认为:"封建之失,其专在下,郡县之失,其专在上。"所以,有必要"尊令长之秩,而予之以生财治人之权,罢监司之任,设世官之奖,行辟属之法",即加强地方政府的权力,调动地方官员的积极性,比方说在县一级,"改知县为五品官,正其名曰'县令'。""夫使县令得私其百里之地,则县之人民皆其子姓,县之土地皆其田畴,县之城郭皆其藩垣,县之仓廪皆其囷窌。为子姓,则必爱之而勿伤;为田畴,则必治之而勿弃;为藩垣囷窌,则必缮之而勿损。"这样,从县令来说是"私",但所有这些县令之"私"恰恰又是天子所求的"天下之治"。如此,"则一旦有不虞之变,必不如刘渊、石勒、王仙芝、黄巢之辈,横行千里,如入无人之境也。""故天下之私,天子之公也。"天下人各怀其家,各私其子,乃其常情,合天下之私,恰可成天下之公。[1]

顾亭林议论的特点是没有那种道德的"臭味",[2] 也没有那种复古的热望。他对人性的估计恰如其分,因而比较起其他对治方案来,可行性较强。但是,他可能还是低估了中国传统体制"牵一发而动全身"的特点。所以,尽管他所悬的目标并不是很高——仅仅只是西汉相当有自主权的地方行政或加上世袭,看来也还是很难行于明清之际的中国。

前已述,封建制一方面涉及中央与地方、统一与分裂的关系,这方面所涉的主要是政治;另一方面涉及世袭与选举、封闭与开放的关系,这方面所涉的主要是社会,或者说社会与政治相交的那一部分。前面顾亭林论封建与郡县的着眼点是在前一方面,而明末清初另一大儒王夫之论封建

---

[1] 顾亭林:《郡县论》一至九,《顾亭林诗文集》,中华书局1983年版,第12—17页。
[2] "臭味"取其古义,意示浓烈,非褒贬也。

与选举则主要是着眼于后一方面。他们的议论也达到了传统对封建制认识的最高度,我们正好以他们二人作为这一讨论的结束。

王夫之在《读通鉴论》中首先从社会历史根源说明,无论封建制的产生,还是郡县制的出现,以及郡县制取代封建制的背后都各有其历史的合理性。原始人群中产生君长并非人有意为之,而是不能不如此,人们自然而然地各推其有德长者或功劳大者,最后推出了"天子"。每个人都想自贵,但最后只有受到众人奉戴者才能真正尊贵,这里面有一种"公"。久居高位者必熟悉其道,因而就有世及之理。哪怕他们的后代时有愚昧且残暴者,这种情况也还是胜过最初那种"草野之罔据"的无政府状态,这样过了数千年,人们都习惯于此了。只是到后来才渐渐"强弱相噬而尽失其故",战国的时候,以前封的诸侯实际上已所剩无几,几个强国早已分国为郡县并择人而任,所以说"郡县之法,已在秦先",秦所灭的只是六国而非三代之所封。如此,郡县制又实行了二千余年而不能改,上上下下已经习惯于此了,这样一种大势所趋,也就成了一种"理"。

其次,古代只是诸侯世国,而后大夫才"缘之以世官",这样就"势所必滥"。与"士之子恒为士"相对的就必然是"农之子恒为农"。然而,"天之生才"并不会选择:使士人之后代总是有才而农人之后代总是无才,也有"士有顽而农有秀"的情况,这样农人之秀者就不会甘心始终屈从于士之顽者,而是会努力翻到上面,这就是"势所必激"。所以,"封建废而选举行",后来的太守、县令、刺史、州牧等即便在任职时有过去诸侯的那种权力,也不可能使其权力世袭,不可能庇护其后代子孙中的不肖者。选举的不慎有时会使选举上来的守令残害庶民,世袭的权力有时也会使不肖的子孙败乱纲纪,但在这两种危害中,对民众来说,守令贪残还有希望通过其被罢黜来解脱困境,而于后者就几乎没什么办法了。所以从天下百姓看,郡县之害还是不像封建之害那么大,后世生民之祸要比封建时代生民之祸要轻。本来秦始皇是以私天下之心而罢侯置守的,而天却假其私心而行其大公。使那些"才可长民者,皆居民上以尽其才",对那些贤而秀者(不管他们出身如何),皆"奖之以君子之位",这就是"天下之大公"。[1]

顾、王、颜、李之后,有清一代,再没有什么值得注意的有关封建的言论。至近代,章太炎晚年曾有总结这一历史之争的一段话,兹引录于下:

> 即如封建之制,秦、汉而还,久已废除,亦无人议兴复者,惟三国时曹元首作《六代论》,主众建诸侯,以毗辅王室;及清,王船山、王琨绳、李刚主等,亦颇以封建为是,此皆有激而然。曹愤魏世之薄于骨肉,致政归司马;王、李辈则因明社覆亡,无强藩以延一线,故激为是论,若平世则未有主封建者矣。余如陆机《五等论》,精采不属,盖苟炫辞辩,而志不在焉,则不足数已。其次世卿之制,自《公羊》讥议以后,后世无有以为是者。唯晋世贵族用事,盖数九品中正定人才,其弊至于上品无寒门,下品无世族,自然趋入世卿一途,然非有人蓄意主张之也。二千年来,从无以世卿为善而竭力主张之者,有之,惟唐之李德裕。德裕非进士出身,嫉进士入骨,以为进士起自草茅,行多浮薄,宜用仕宦子弟以代之,此则一人之私念,固未有和之者也。……余意王、李辈本以反清为鹄,其所云云,或思借以致乱,造成驱满之机耳。以故满清一代,痛恶主张封建、井田之人。总计三千年来,主张封建、世卿、肉刑、井田者,曹元首、王船山、王琨绳、李刚主、李德裕、钟繇、陈群、王莽、张子厚九人而已。[2]

---

[1] 王夫之:《读通鉴论》第一册,中华书局1975年版,第1—2页。
[2] 章太炎:《论读经有利而无弊》,《章太炎政论选集》下册,汤志钧编,中华书局1977年版,第865—866页。

章太炎以为王夫之主张封建，可能是记忆之误，也许原意是指顾亭林。我们引这段话，是想借此说明，正如章太炎所言，历史上赞成恢复封建的人确属少数，并且往往是"有激而然"。另外，引此两段也是想借此展示一种仍然基本上属于传统的论证方式，这种论证方式更像古代的华文，而非现代的学术。[1]

　　最后，我们也许可以略微做一点正名的工作。我们把这一节称作"封建与郡县之争"，历史上人们也确实是这样争论的，他们认为秦以前与秦以后的基本变化是以郡县制取代了封建制。但是，以郡县与封建对称显然主要是从政治的角度考虑，尚不足以透出从春秋战国到秦汉之后社会变迁的实质。所以，我们要特别注意：在古人所说的郡县制中，除了加强国家统一和中央权力这一政治的涵义之外，还有一层变世袭为选举，变封闭为流动的社会涵义。而如果要从中引申出一种具有道德涵义的客观意义，也解释为什么此后郡县制日趋稳固，也许可以说它一方面有以统一求和平的涵义，这后面隐藏着一种具有实质平等涵义的普遍保存生命的原则；而另一方面还有以流动求优秀的涵义，这后面隐藏着一种具有形式平等涵义的选优原则。这从我们前面所引的许多言论中已略见端倪，如唐李百药说"爵非世及，用贤之路斯广"，王夫之说"封建废而选举行"，都是以选举与封建相对而言，说明古人对此已有认识。但由于传统学术较重视政治事件，郡县制又先于封建制的解体既已出现，且随着封建制的废除即全面确

---

[1] 如说："封建之制，秦汉而还，久已废除，亦无人议兴复者，惟三国时曹元首作《六代论》，主众建诸侯……"又："二千年来，从无以世卿为善而竭力主张之者，有之，惟唐之李德裕。"以及："总计三千年来，主张封建、世卿、肉刑、井田者，曹元首……张子厚九人而已。"语言铿锵有力，富有夺人气势，太炎先生大概也是"有激而然"，但这严格说来只可视为"文章"而非"学术"，太炎先生是近代古文大师，钱穆先生就曾对他的文章表示过相当的欣赏和推崇。但是，这也说明古代文体已很难适应现代严谨的学术论证，以及以"文"为"学"的尴尬，人可悟其大意，但很难认真对待其中每一句话。

立,长久不变,而选举制度却经过了漫长的摸索和实践,可以说直到隋唐科举时才基本完善和定型。所以,以选举与封建对称的说法尚不流行。但是,我们若从社会结构的演变着眼,选举与封建的对立,而非郡县与封建的对立可能是更基本的。

第二章　"封建社会"的概念

在中国,"封建"的概念可以意指三个不同的对象:第一是指中国古代的封建,如西周的"封建亲戚,以蕃屏周";第二是指中国从古代延续到近代的"封建社会",久讼不已的中国何时进入封建社会与中国封建社会为何长期延续等问题即由此而来;第三是指欧洲中世纪的一种社会制度,它常被看作是各种封建社会的参照原型。我们在上一章已考察了第一种"封建"的概念,下面我们将分别论列和比较中西"封建社会"的概念。

一、"封建社会"概念在中国的由来

中国自从19世纪中叶被敲开国门,有关中国古代封建的思想性争论便成了绝响。不满现状、立意改革的人们越来越不再瞩目于古代,而是效法西方,信仰"进步",瞩目未来。但是,"封建"这个词却并未消失,而是反而渐渐获得了新的含义而流行于社会。

1."封建时代"的概念

"封建时代"的概念是在将中国历史与西方历史比较中提出来的。

1899年,梁启超在《清议报》的第17册(6月8日)和第26册(9月5日)上,刊出了一篇名为"论中国与欧洲国体异同"的文章。梁启超认为:中国与欧洲国体的相同点在于:它们都依次经历了家族时代、酋长时代和封建时代这样三个时代,其间中国周代国体与欧洲希腊国体的相同点最多,即同为封建时代与贵族政治、列国分立。此时政府(即贵族)的权力甚重,过于国君,就像欧洲所谓"少数共和政体"或"寡人政体",尤其是接近于古希腊的斯巴达。又由于作为此社会中之一部分的贵族于平民也甚相亲,所以也可以视这一贵族政治时代为民权稍伸时代。

梁氏指出,中国与欧洲国体的相异点则主要表现在两个方面:第一个显著不同是欧洲自统一的罗马帝国崩溃以后仍为列国处在分裂状态,而中国自两汉以来却永为一统。中国与欧洲的国体在春秋以前大略相同,而从春秋以后则截然相异。秦废封建置郡县以后,二千年循其轨而不易。虽然西汉有七国之反,晋有八王之乱,明有燕王、朱宸濠之变,但都为时不长,不构成列国之形。至于汉末的州牧、唐代的藩镇,也都是涌乱一时。所以,中国自秦汉以来就可以说是进入了一个"统一时代"。考察其原因,一是因为儒教被定于一尊;二是因为种族的界限在中国不严,不同种族之间可以互相通婚,渐渐就没有了差别。至于一统与列国孰优孰劣,则前者利于安民,后者则由于竞争而能发扬民气。

梁氏认为中国与欧洲国体的第二个显著不同是欧洲有分国民阶级之风而中国却没有。与世界万国不同,中国历来此风不盛,至汉以后,尤绝无之。布衣卿相之局已是司空见惯。魏晋九品中正制虽然有"上品无寒门,下品无贵族"的流弊,但这并不是创立这种制度的本意。至于唐以后设科取士,下层平民更是可以"平地青云"。虽然还有皂隶奴才不许登仕版之禁,但这些人其数甚微,不能目为一种阶级。产生这一差别的原因是由于战国时各国不能不延揽人才,敬礼处士,招致客卿,从而破除了世卿的藩篱,而孔子、墨子等圣哲,又都大倡平等之义,孔讥世卿,墨明尚贤,他们的门人弟子多出身微贱,遂使天然阶级之陋习一扫而空。然而,中国无阶级这一情况也是有利有弊,利在国民比较平等幸福,弊在没有竞争相搏而不能使"民气日昌,民智日开",又由于"被治之民"中的潜在不满者有渠道可以上升为"治人之人",得到富贵,所以"民气不聚而民心不奋"。

梁启超据此认为:尽管统一与分裂,有阶级与无阶级各有利弊,但如果按照文明的公理,则还是以"合邦统一"与"无阶级"为优,所以说,中国的进化,实际上远在欧洲人二千年以前。但为什么现在拿中国与欧洲文明相比却有了天壤之别呢?这是因为在春秋以前中西相差不远,在这之后却是:初期中国骤进而欧人如旧,后期则是欧人骤进而中国如旧。比方说,西方在古希腊即有民选代议之制,而中国则从来没有听说过,民众也从不自伸其权,这就是由于一统闭关和无阶级而自安之故。因而初看起来,恰恰是学理上的文明阻碍了事实(物质)上的文明。但实质上,关键在于是否能够善用此学理。梁启超最后说:

> 此后社会上之变动,将有不可思议者,数千年之无阶级,俄变为有阶级矣。二千年之停滞,既不可以得进步,今日当于退步求进步,或者我中国犹有突飞之日乎?[1]

这几乎可以说是一个在 19 世纪末发出的对于 20 世纪的相当准确的预告。中国不久就进入了一个广泛动员,进行激烈的阶级斗争和彻底的社会革命的时代,而在经历了种种"不可思议"的"社会变动"之后,直到今天——在已经可以看到 21 世纪门槛的今天,我们也许才可以说,中国看

---

[1] 梁启超:《论中国与欧洲国体异同》,《饮冰室合集》第一册,中华书局1989年,第67页。

来已经在退出这一过渡时代,而走入一个比较平静相安、经济发展和自然分流的时代。

在梁启超看来,封建时代与他所处的时代是不衔接的,这中间隔了两千多年,这两千多年可以名之为"统一时代"或者说"无阶级时代"。严复的看法稍有不同。1904年,严复出版了他翻译的英国学者甄克思(E.Jenks,1861—1939)的一本书,该书原名为"A History of Politics"(直译为《政治史》),严复易名为《社会通诠》,这还是有道理的,因为该书主要是从社会史的角度来谈政治。在为该书译本写的"自序"中,严复感叹中国社会与西方社会的历史差异。他接受甄克思的观点:认为社会进化都是由图腾社会(Totemistic Society)或"蛮夷社会"进到宗法社会(Patriarchal or Tribal Society),再进到今天欧洲的军国社会或"国家社会",而在宗法社会与军国社会之间,还有一个封建时代。验之于中国历史,严复认为:中国从唐虞以来直到周代,这两千多年"皆封建之时代",而宗法也于此时最备,而秦"郡县封域,阡陌土田",虽然是侵夺民权,属"霸朝之事",但"迹其所为",还是要由宗法社会转向军国社会。然而,由秦至今又过了二千多年,今天中国的政治、风俗以及思想文化,都还是未脱宗法。这样,严复实际上就认为中国有四千多年是处在宗法社会之中,而宗法社会又可分为两个时代:周以前是封建时代,秦以后则是一个向军国社会转变,却仍未脱离宗法社会的时代。[1] 中国有史以来的四千多年为一纯粹、完整的单元以及中国社会长期停滞的观点,于此都能发现端倪。

总的说,"封建时代"的概念直接产生于中西比较,并且主要是由西观中;它基本上还是一个历史学上的时代概念,未离史学范畴;它也基本

---

[1] [英]甄克思:《社会通诠》,严复译,商务印书馆1981年新版,"译者序",又见第15—16页,严复按语:"夫支那固宗法之社会而渐入于军国者,综而核之,宗法居其七,而军国居其三。姑存此说于此,而俟后之君子杨榷焉。"

上是从政治(国体)的角度观察,而未涉经济形态;观察比较者的意思虽然是有感于中国相对于西方来说的不进或缓进,但并不是要为直接行动提供理论指导;最后,在这里所用"封建"的含义与古义基本相合,并无意义上大的转折,所以,论者对西周为封建时代绝无疑义,只是上、下限略有不同。

2. "封建社会"概念的提出

由于我们不是要探讨"封建社会"概念偶尔和个别的使用,[1] 而是要探讨在对"封建社会"这一概念进行认真说明的基础上,提出对中国社会历史的一种系统解释,所以,我们发现,在这一意义上,"封建社会"概念的首先提出是在 1929 年,而恰恰是在这一年提出这一概念应当说是耐人寻味的。

1927 年国民党实行"清党",国共分离,农运、工运等群众运动遭到压制,革命转入低潮,大批热血者不得不重返书斋。1929 年,陶希圣在《新生命》1929 年第 2 卷第 3—5 期上发表《中国封建制度的消灭》,亡命日本的郭沫若以"杜衎"的笔名在《东方杂志》1929 年第 26 卷第 8—12 期上发表《诗书时代的社会变革与其思想上之反映》,当年陶希圣还在新生命书局出版《中国社会之史的分析》一书,由此揭开讨论中国社会历史的一幕。[2]

---

[1] 我曾查钟叔河主编《走向世界丛书》,郭嵩焘、曾纪泽等出使欧洲日记,未发现有关西方封建社会的记述,仅在黄遵宪《日本杂事诗(广注)》中,找到黄遵宪 1878—1879 年间在日本写的《氏族》、《官制》诗注中有关于日本封建及变为郡县的记载,而上世纪末的译著今天又颇难找到。

[2] 1929 年,还出版了下列有关著作:熊得山:《中国社会史研究》,昆仑书店 1929 年版;吕思勉:《中国国体制度小史》、《中国宗族制度小史》、《中国政体制度小史》、《中国婚姻制度小史》,均为上海中山书店 1929 年版,吕氏此四书以前曾编入《政治经济掌故讲义》,后加以增订,改称为《中国社会史》,到 1985 年上海教育出版社出版此书时将其易名为《中国制度史》,这是比较符合实际的,因该书主要还是制度史而非社会史的研究。

陶希圣在其书中开门见山地提出:"中国的革命,到今日反成了不可解的谜了。革命的基础是全民还是农工和小市民?革命的对象是帝国主义和封建势力,还是几个列强和几个军阀?"[1]

为此,他希望首先研究中国社会的状况和性质,在此的两个中心问题是:1.中国社会目前是封建社会还是资本主义社会?2.帝国主义势力的侵入是否使中国社会变质,变质又达到什么程度?

追溯中国社会的来龙去脉,陶希圣认为:春秋战国时代是中国社会史的一个关键,中国社会在这时候结束了封建制度,而破坏了的封建仍然在另一个基础上又重建起来,所以,再"叫作封建制度也不确",而"否认封建势力也不许"。总之,秦汉以后的中国还是在"前资本主义时期",或者说是一个变质的封建社会,在数千年的历史上,我们看见许多类似于资本主义社会的现象,又看见了许多和严正的封建制度相同的现象。家族本位和个人主义的法律,权力主义和个人主义的观念,相互错综。

陶希圣所据以判断的标准"封建制度",在他看来有两个特征:1.封建制度是建立在土地制度之上,它的基础是在农村;2.在封建制度下面,土地的领主和掌握治权的是封建贵族。由于这两个特征,所以,在封建制度的时候,没有都市的集中和发达的货币,没有官僚而只有贵族,而中国在战国时就有了相当力量的商业,有了官僚,平民能够做官,所以可以说封建制度已崩坏了。井田制被破坏使土地可以私有,就有了非贵族的地主,后又产生"士大夫而官僚而地主的一个身份",这些人很保守,不愿都市发生,还是以农村为经济基础,进而压迫商人,故中国迟迟不进。

综上所述,陶希圣由此得出的四点结论是:1.封建制度在春秋时已经

---

[1] 陶希圣:《中国社会之史的分析》,新生命书局1929年1月初版,1929年3月再版,第1页。

崩坏，中国早已不是封建的国家，只有对外藩的统治仍然是取封建的形式；2. 中国政府是地主官僚政府，不奖励商业，商业绝对不发达，尤其是禁止国人从事国外的贸易；3. 所以，中国是封建制度崩坏以后，资本主义发达以前以士大夫身份与农民的势力关系为社会主要构造的社会；4. 我们若以这一士大夫身份及以这个身份为背景的官僚政府为封建势力，则我们提出打倒封建势力的口号是可以的，而且是应当的，但非打倒封建制度，因为这一制度已经不存在。他还提出，"在此时来解决土地问题，可以打倒士大夫的残余势力，不过不能解除帝国主义通过官僚政府对中国的统治。"[1]

我们由此可以看到，陶希圣所提出的"封建制度"、"封建社会"的概念虽然比古代的"封建"概念更重经济而不是政治，即它们主要是从经济上定义的。但是，至少从作者的理解来说，这些概念的涵义与"封建"的古义并无大的违拗，与西方的"封建"概念也基本相同。陶希圣认为：中国古代的封建制度与欧洲的封建制度只是小异而大同，中西封建制度的共同点均是以土地制为基础，建立了一种人身隶属与保护关系和身份等级制，至于差别则在于：西周封建比欧洲封建的中央权力似要更大些，卿大夫邑内的人民对诸侯的义务也比对卿大夫义务似要重些。换言之，也就是分裂割据的情况还不那么严重。

陶希圣把战国以后的中国社会称之为"前资本主义社会"或"先资本主义社会"，这不仅反映出他对经济因素的重视，而且反映出他也受到

---

[1] 陶希圣：《中国社会之史的分析》，第264页。我们于此已相当接近了后来"三座大山"（帝国主义、封建主义、官僚资本主义）的著名比喻，但这并不是说后者来源于前者，而是说这些认识实际上在相当程度上是当时革命时代人们的共识，而这些共识的明确又是论战各方共同积累，慢慢达到的。至于后来被大大渲染了的各方的"分野"和"对立"更多地是政治派别的"分野"和"对立"，而不是真正学术观点上的"分野"和"对立"。

数种社会形态依次递进的"客观发展规律"的影响,按照这一规律,中国封建社会之后的社会(战国之后)必然是资本主义社会,然而它又很不像资本主义社会,无以名之,陶希圣只好称它是"前资本主义社会",后来还有人称它是"后封建社会",无论"前""后"与否,总之它很难得到自己一个独立的名称。马克思主义学者则免去这些麻烦,直接称这一战国至清的漫长时期的中国社会为"封建社会"(郭沫若等),或"封建领主社会之后的封建地主社会"(范文澜等),以便它与"资本主义社会"衔接。

当然,陶希圣的如此称谓也可以理解为是一种谨慎的态度,甚至理解为是一种类似于对本质的"现象学的悬置",即在难于探明现象的本质或性质之前的一种暂时搁置——仅以一种外在的形式标定它或仅仅提出它。王礼锡一度更接近于这种态度,他说:"自秦代至鸦片战争以前这一段历史,是中国社会形态发展中的一段谜的时代。"[1] 我们在陶希圣那里可以发现一种困惑和犹豫不决,由这种态度也就产生出一种使他屡屡遭到批评的"豹变"或"模棱两可",所以,就在《中国社会之史的分析》这同一本书中,我们又在第 50 页读到:"中国社会是什么社会呢?从最下层的农户起到最上层的军阀止,是一个宗法封建社会的构造,其庞大的身份不是封建领主,而是以政治力量执行土地所有权并保障其身份的信仰的士大夫阶级。"在第 190 页紧接与上文同样的一段话之后是:"这个阶级的生存赖土地所有权和国家政治地位的取得,而与宗教无关。所以它和农民的势力关系,与封建领主和农民的势力关系是一样。因此,可以叫它作封建势力,又因此可以叫中国社会作封建社会。"在第 247 页上一个作了进一步区分的结论是:"八十年前的中国社会是前资本主义社会的封建社会,

---

[1] 王礼锡:《中国社会形态发展史中之谜的时代》,《读书杂志》1932 年第 2 卷,第 7、8 期。

八十年来的中国社会是帝国主义侵略下的半封建社会。"[1]

这种种解释可以反映出动员和革命的需要以及西方社会理论的笼罩性影响。不过,我们通过陶希圣对士大夫身份的重视仍可发现,在西方理论与中国历史之间,他还是相当注意中国历史的特殊性,虽然由于革命时代的眼光,所有这类身份及其派生物自然都要在被扫荡和打倒之列。

与今天中国的政界越来越强调"中国特色"与"国情不同"迥异其趣,郭沫若在1930年出版的《中国古代社会研究》的"自序"中,却是高度强调人类社会发展的普遍性的,他认为那种说"我们的国情不同"的看法为"民族的偏见",认为就像一个人体,无论红黄黑白,发展都大抵相同一样,由人所组成的社会也是如此。他以一种发现了科学真理,一下子通体透亮的兴奋心情和昂扬、上升的姿态,批评罗振玉、王国维仅仅是"整理"史料,胡适也摸不着"边际"。他承认自己的研究方法是以恩格斯为向导,但同时也认为:"清算中国的社会,这也不是外人的能力所容易办到。""事实是中国的史料、中国的文字,中国人的传统生活,只有中国人自身才能更贴切的接近。""在这时中国人是应该自己起来,写满这半部世界文化史上的白页。"[2]

明显地不同于陶希圣的犹疑,郭沫若斩钉截铁地断定"中国的社会固

---

[1] 陶希圣:《中国社会之史的分析》新生命书局1929年版,第50、190、247页。于此我们又发现这些观点相当接近于"中国近代社会是半殖民地、半封建的社会"的著名论断,在此之前,1928年7月召开的中国共产党第六次全国代表大会通过的决议,也认为中国社会是半殖民地半封建社会。据威廉·T·罗的研究,是列宁在1912年最早将"半封建"一词用于中国,八年后,在共产国际第二次代表大会上,他使用了"半殖民地和半封建"的概念,见威廉·T·罗:《近代中国史的研究方法》,收在:《再现过去:社会史的理论视野》,蔡少卿主编,浙江人民出版社1988年版,第306—308页。

[2] 郭沫若:《中国古代社会研究》,联合书店1930年初版,收在:《郭沫若全集》"历史编"第一卷,人民出版社1982年版,第8—9页。

定在封建制度之下已经二千多年"[1]。他认为：事实上不是在西周，而是在周室东迁以后，中国社会才由奴隶制度渐渐转入了"真正的封建制"，春秋的五伯、战国的七雄才是"真正的封建诸侯"，秦只是名目上废封建而为郡县，事实上中国的封建制到最近百年都很巍然地存在着，秦始皇才是在中国社会史上完成了封建制的元勋。[2]

郭沫若显然认识到他所说的"封建"与古代的"封建"含义截然不同，所以他反复说"真正的封建制"，"真正的封建诸侯"。他认为：古人用"变封建而为郡县"来表示周、秦之际那一很大的社会变革，完全是皮相的观察，周时并不是没有郡县，秦以后也并不是没有封建，这些都不必说，而关键在于：西周事实上完全是奴隶制的国家，而自秦以后的经济组织在农业方面是成了地主与农夫的对立，工商业是师傅与徒弟的对立。"秦以后的郡县制实际上就是适应于这种庄园式的农业生产与行帮制的工商业的真正的封建制度。……所不同的只是封建诸侯的世袭与郡县官吏的不世袭罢了。这可以说是一种封建制度的变体，然而每每都有倾向到世袭的危险……"[3]

"封建"的古义在此就发生了一种根本的转折，而这种转折是由郭沫若发其端的，嵇文甫曾谈到过当时一般学者的感觉："郭先生有一个最奇特的论断，就是说秦始皇是中国封建社会的完成者。他不承认西周的封建制度，他说东周才是从奴隶制向封建制过渡的时代，而秦汉以后才是真正的封建社会。我们知道，现在所有各派论中国社会史的，不管他们说秦始皇以后中国已经是商业资本主义社会也好，说秦始皇并未曾破坏封建的基

---

[1] 郭沫若：《中国古代社会研究》，联合书店 1930 年初版，《郭沫若全集》"历史编"第一卷，人民出版社 1982 年版，第 6 页。

[2] 同上书，第 28 页。

[3] 同上书，第 154—155 页。

础也好,但是秦始皇对于封建制所起的作用,是破坏的而不是完成的,这一点他们大家都没有什么异议。现在郭先生根本翻过来了。"[1] 何干之在1937年7月由上海生活书店出版的《中国社会史问题论战》中也说:"在中国过去的八九年间,附和他的人极少,反对他的人却极多。……但是自从1935年以来,郭沫若的中国历史观,好像复活起来。"[2] 十五年以后,郭沫若在《古代研究的自我批判》一文中,也回顾了这一转折,他说:"旧时说夏、殷、周三代为封建制,以别于秦后的郡县制,这是被视为天经地义的历史事实,从来不曾有人怀疑过,也是不容许人怀疑的。但近年来周封建制被赋予了新的意义,因而三代是封建制之说便发生了动摇。"[3]

郭沫若并在此文中继续补充了他的理由,他认为:古时所说的"封建"是"封诸侯、建藩卫"的事,要在这种含义上说三代或至少周代"封建"是可以说得过去的。但由于古时所谓"国"本是等于部落的意思,所谓"封建藩卫"也不过是建置大小不等的各种殖民地而已。异姓之国大抵是原有的部落,同姓之国则多系重新建设的。《孟子》、《王制》中的五等爵禄,《禹贡》、《职方》中的畿服制,都在周代金文中找不到证据,当时诸侯称谓并无所谓等级,足见等级之制只是后世儒家的依托。王国维更有一个重要发现,便是古诸侯在其国内可以称王。而即便周代确有五等诸侯或五等畿服,"也和我们现代所说的封建社会的观念完全不同。在这儿不容许我们的新旧观念铰线。"[4]

---

[1] 嵇文甫:《评郭沫若〈中国古代社会研究〉》,原载:《大公报》《时代思潮》1932年4月,收在:《嵇文甫文集》上卷,郑州,河南人民出版社1985年版,第243页。

[2] 何干之:《中国社会史问题论战》,上海生活书店1937年版,收在:《何干之文集》,中国人民大学出版社1989年版,第216页。

[3] 郭沫若:《十批判书》,群益出版社1945年版,收在:《郭沫若文集》"历史编"第二卷,人民出版社1982年版,第13页。

[4] 同上书,第15—16页。

也就是说，这里的关键是，如果"封建"不再被理解为一种"事件"，甚至不再仅仅被理解为一种"制度"，而是要被理解为一种"社会"的话，这样，"封建"就不能只是在一个或一些历史朝代的意义上去理解，而是要在社会结构及其变迁的意义上去理解，而且，它还不是发生在一个社会内部的演变，而根本就是以一个新的社会形态代替旧的社会形态，这样一种变化自然有如天翻地覆，而中国所经历的这种大变动除了近代之外，最令人瞩目的自然是属春秋战国时期，而如王国维、范文澜等人所认为的殷周之际的变化显然比不上这一变化，而且资料不足，至于魏晋之际、唐宋之际更不必说。所以，可能不是别的，而正是抓住社会形态的根本变迁，才是郭沫若等倡导的"春秋战国之际封建说"比较起"西周封建说"、"魏晋封建说"等古史分期说来更吸引人的一个秘密所在。

那么，这一新的"封建社会"的概念是什么含义呢？郭沫若在1930年《中国古代社会研究》中的回答还比较简单。他说："封建制社会和奴隶制社会并没有多么大的悬殊：只是直接生产者在奴隶制下可以公开地大量屠杀，而在封建制下的屠杀起初是不公开，其后是法律上禁止（当然偷偷打杀仍然是不免的）。又奴隶社会是氏族社会的延续，多量地含有血族的成分，而封建制则是多量地含有地域成分的奴隶制。"[1] 在1945年的《十批判书》中，郭沫若给出了比较完整的"封建社会"的定义："现代的封建社会是由奴隶社会蜕化出来的阶段。生产者已经不再是奴隶而是被解放了的农工。重要生产工具，以农业而言，便是土地已正式分割，归为私有，而有剥削者的地主阶层出现，在工商方面则是脱离了官家的豢养，而成立了行帮企业。建立在这阶层上面的国家是靠着地主和工商业者所献纳

---

[1] 郭沫若：《中国古代社会研究》，联合书店1930年初版，见：《郭沫若全集》"历史编"第一卷，人民出版社1982年版，第17页。

的税收所维持着的。这是我们现代所说的封建社会。"[1]

3. "封建社会"概念的论定

从 1931—1933 年,主要以《读书杂志》为中心,在中国展开了一场社会史的论战。该刊主编王礼锡还将所发的数十篇文章编为四辑,由上海的神州国光社出版。据何干之的归纳,这次论战主要涉及三个问题:1. 马克思所说的"亚细亚生产方式"是什么? 2. 中国有没有奴隶社会? 3. 中国封建社会有什么特性?封建社会的发生发展及其没落是怎样的?[2] 从这一归纳可以看出,这一论战大致是在马克思主义的大的话语系统(discourse)中进行的(包括那些反对的意见)。

在有关中国封建社会的讨论中,发表意见的主要有陶希圣、朱新繁、王亚南、王礼锡、王宜昌、李季、胡秋原等。[3] 陶希圣的观点比较起他前几年写《中国社会之史的分析》来又有些改变,他在 1932 年 9 月在《读书杂志》上发表的《中国社会形式发达过程的新估定》一文中,对中国社会史又有了一个新的分期:1. 西周时代是氏族社会的末期;2. 由战国到后汉是奴隶社会;3. 由三国到唐末五代是发达的封建庄园时期;4. 宋以后是先资本主义时期。他解释他观点改变的原因是:宁弃公式而取材料。[4] 这

---

[1] 郭沫若:《十批判书》,群益出版社 1945 年版,见:《郭沫若全集》"历史编"第二卷,人民出版社 1982 年版,第 16 页。

[2] 何干之:《中国社会史问题论战》,生活书店 1937 年版,"前记",第 1 页。

[3] 朱新繁:《关于中国社会之封建性的讨论》;王亚南:《封建制度论》;王宜昌:《中国社会史论史》、《中国封建社会史》;王礼锡:《中国社会形态发展史中之谜的时代》、《古代的中国社会》;李季:《对于中国社会史论点的贡献与批评》;胡秋原:《略复孙倬章君并略论中国社会之性质》、《亚细亚生产方式与专制主义》、《中国社会——文化发展草书》;陈邦国:《"关于社会发展分期"并评李季》;梁园东:《中国社会各阶段的讨论》等。以上文章均收入王礼锡、陆晶清编《中国社会史的论战》第 1—4 辑,神州国光社 1932 年版。

[4] 陶希圣:《中国社会形式发达过程的新估定》,《中国社会史的论战》第 3 辑,王礼锡、陆晶清编,神州国光社 1932 年版。

样,他实际上是倾向于把中国封建社会的上限由西周下撤到魏晋,而把其下限划到唐末五代,封建社会或"发达"的封建社会又变得相当之短了。这些看法应该说是还是有相当史实为依据的,从魏晋到唐末五代在某种意义上确实可以自成一个历史单元,但是,我们还是可以从中看到"公式"或者说一个时代的"范型"的强烈影响:比方说,纯粹从经济上定义一个社会,在封建社会之前必然是一个奴隶社会,在封建社会之后必然是往资本主义社会过渡等。不过,当陶希圣后来在北京做《战国至清国社会史略》的演讲时,他又暂时避开了公式概念,把这一时期的历史仅从时间上笼统分作三段:1. 古代社会(公元前5世纪至后3世纪);2. 中世纪社会(公元3世纪至九世纪);3. 近世社会(公元10世纪至19世纪中叶)。[1]

王礼锡把自秦代至鸦片战争以前这一段历史看作中国社会形态发展中的"一段谜的时代",但他又和胡秋原一样,倾向于认为在封建主义与资本主义之间,是"一段专制主义时期的存在",这有混淆政治概念与社会概念之嫌。[2] 另外,李季认为,中国封建制度是始于周初而终于周末的,自秦至清末则是一个"前资本主义生产方法的时代"[3],持类似看法的还有杜畏之、梅思平、陈邦国等等,虽然他们用的名称不一。[4]

这场论战虽然刺激了人们对于中国社会史的兴趣,深化了某些问题,但本身并没有达致某一概念的论定或者观点的统一,这大概也是几乎一切尚属比较正常的思想学术讨论自然的直接结果。在某一时期里,一种

---

[1] 陶希圣:《中国社会形式发达过程的新估定》,《食货》1935年第2卷第11期。

[2] 王礼锡:《中国社会形态发展史中之谜的时代》,《中国社会史的论战》第3辑,王礼锡、陆晶清编,神州国光社1932年版。

[3] 李季:《对于中国社会史论战的贡献与批评》,《中国社会史的论战》第2辑、第3辑,王礼锡、陆晶清编,神州国光社1932年版。

[4]《中国古代史分期讨论五十年》,林甘泉、田人隆、李祖德编,上海人民出版社1982年版,第59—67页。

思想占上风，或者一个概念被论定自有其特殊的原因、途径和作用方式。换言之，决定了大陆后来几代人对中国历史的思维模式的"封建社会"的概念，并不是在上海的阁楼上，而是在延安的窑洞里敲定的。在这一过程中，毛泽东自然起了一种特别重要的作用。

毛泽东在1926年3月的《中国社会各阶级的分析》一文中，首先把社会分析置于一种革命战略的地位：即要团结我们真正的朋友，以攻击真正的敌人，但这篇文章主要是对现实阶级状况的分析，尚未提出"封建社会"的概念。[1] 在1927年3月的《湖南农民运动考察报告》中，毛泽东认为，农民运动"乃是乡村的民主势力起来打倒乡村的封建势力。宗法封建性的土豪劣绅，不法地主阶级，是几千年专制政治的基础，帝国主义、军阀、贪官污吏的墙脚。打翻这个封建势力，乃是国民革命的真正目标"。毛泽东并把封建的政权、族权、神权、夫权，概括为"束缚中国人民特别是农民的四条极大的绳索"[2]。但是，此文也没有正式提出"封建社会"或"半封建社会"的概念。

"封建社会"这一概念的正式提出和系统说明，首见于1939年12月发表的《中国革命与中国共产党》，尤其是第一章"中国社会"。这一章是由当时在延安的"其他几个同志起草，经过毛泽东同志修改的"。[3] 该文认为：中国自从脱离奴隶制度进到封建制度以来，其政治、经济、文化的

---

[1] 毛泽东：《中国社会各阶级的分析》，《毛泽东选集》第一卷，人民出版社1968年版，第3—11页。

[2] 毛泽东：《湖南农民运动考察报告》，《毛泽东选集》第一卷，人民出版社1968年版，第12—44页。

[3] 毛泽东：《中国革命与中国共产党》，《毛泽东选集》第二卷，人民出版社1968年版，第584页"题解"。不知当时起草的"几个同志"究竟是谁，查人民出版社1993年12月出版的《毛泽东年谱》（1893—1949）中卷，该书亦未指出起草者姓名。范文澜是1940年1月才到延安任马列学院历史研究室主任的，但当时何干之和艾思奇已到了延安。

发展，就长期地陷在发展迟缓的状态中，这个封建制度，自周秦以来一直延续了三千年左右。中国封建时代的经济和政治制度有以下四个主要特点：1. 自给自足的自然经济占主要地位。2. 封建的统治阶级——地主、贵族和皇帝，拥有最大部分的土地，而农民则很少土地，或者完全没有土地。3. 不但地主、贵族和皇室依靠剥削农民的地租生活，而且地主阶级的国家还强迫农民交纳贡税和从事无偿劳役，去养活国家官吏和军队。4. 保护这种封建剥削制度的权力机关，是地主阶级的封建国家——如果说秦以前的一个时代是诸侯割据称雄的封建国家，秦统一中国以后则是专制主义的中央集权的封建国家，但在某种程度上仍保留着封建割据的状态。在封建国家中，皇帝的权力至高无上，并依靠地主绅士作为全部封建统治的基础。封建社会的主要矛盾是农民阶级和地主阶级的矛盾。地主阶级对农民的残酷剥削压迫所造成的农民的极端贫穷和落后，是中国社会几千年在经济上和社会生活上停滞不前的基本原因。在中国的封建社会里，只有农民的阶级斗争、农民的起义和农民的战争，才是历史发展的真正动力。每一次农民起义，都打击了当时的封建统治，因而也就多少推动了社会生产力的发展，但由于农民不代表新的生产关系，就还是要被地主和贵族利用为他们改朝换代的工具，这样，封建的经济关系和政治制度，就基本上仍然延续下来。这种情况直到近百年来才发生了新的变化，鸦片战争以后，中国一步步变成了一个半殖民地半封建的社会。帝国主义和中华民族的矛盾、封建主义和人民大众的矛盾，这些就是近代中国社会的主要矛盾。[1]

不久，毛泽东又在1940年1月《新民主主义论》中重申了"自周秦以来，中国是一个封建社会"，其政治、经济、文化都是封建的政治、经济、文

---

[1] 毛泽东：《中国革命与中国共产党》，见：《毛泽东选集》第二卷，人民出版社1968年版，第586—594页。

化的观点。[1]

比较上面的论述,我们可以看到,毛泽东的论断不仅在相当程度上反映了当时处在马克思主义强烈影响下的社会科学界在解释中国历史方面的成果,也反映了那一动员和革命的时代的人们的一些基本共识,再加上毛泽东所处的特殊地位,随着1949年中国共产党所领导的革命取得胜利,他的这些话自然就成为定论和"最高指示",变为一种广泛流行、妇孺皆知的常识。毛泽东的论断也决定了1949年以后三十多年中国大陆史学理论研讨的基本走向。[2] 其中最重要的是两个问题:一个是古史分期,主要是中国何时脱离奴隶社会而进入了封建社会,从1949到1979年,这方面公开发表的论著有500多篇(部)。[3]

另一个重要问题是封建社会为何长期延续,从1931—1982年10月发表的论著也已在200种以上,其中大部分是在建国后发表的。[4] 史学界以"延至晚清的中国社会是封建社会"为确凿无疑的前提,这些论断也贯穿在各种历史教材中,为一代代(包括今天)的大、中、小学的学生们诵读。

回顾"封建社会"概念在本世纪演变的历史,我们看到,"封建"一词已脱离了原来古代的蕴涵而被赋予了新义:它不再只是一个政治制度的范畴,而主要是一个社会经济的范畴;它也不再只是一件往事,而仍然是

---

[1] 毛泽东:《新民主主义论》,《毛泽东选集》第二卷,人民出版社1968年版,第625页。

[2] 参见:《历史研究》编辑部编《建国以来史学理论问题讨论举要》,齐鲁书社1983年版。该书12篇文章所列出的建国三十多年来史学讨论的主要问题是:1.亚细亚生产方式;2.中国奴隶社会与封建社会分期;3.中国封建社会内部分期;4.封建土地所有制形式;5.中国资本主义萌芽;6.中国封建社会为何长期延续;7.农民战争;8.汉民族形成;9.古代民族关系;10.爱国主义与民族英雄;11.历史人物评价;12.历史发展动力。

[3] 《中国古代史分期讨论五十年》,林甘泉等编,上海人民出版社1982年版,"前言",第2页。

[4] 《中国封建社会长期延续问题论战的由来与发展》"前言",白钢编,中国社会科学出版社1984年版,第1页。

一种现实。"封建社会"概念的提出和讨论，标志着首次认真地把史学与社会科学的理论结合起来的尝试。在 30 年代参加中国社会史讨论的学者们可能自身并没有意识到，他们所做的工作和年鉴派史学家 30 年代在法国所做的工作有着某种类似性，例如注意全体、探讨"总体的历史"、注重"长时段"、重视社会经济的因素、重视下层社会的历史、带着问题研究历史、以古论今、以今论古，不满于传统的记诵史学和考证史学等。但是，由于学者们缺乏比较纯粹的学术定位和一般方法论的兴趣，强烈的现实需求又导致试图以一种社会理论来全面彻底地解决社会问题的倾向，再加上战争的打断，所以，他们所取得的成果仍然很有限，史学与社会科学尚未真正地结合起来，更谈不上形成一种持久的趋势。当时的史学主流——无论是传统的记诵派，还是新起的科学考证派、疑古派，都不太理会这些争论。所以，这些讨论给人的印象是：一群社会科学工作者贸然闯入了历史园地而又很快地呼啸而去。虽然还有一些个别的耕耘者如瞿同祖等，但却显得形单影只。[1] 但是，我们却绝不可低估这些讨论对于社会，尤其是青年的巨大影响。[2]

指出一个制约着这些现象的时代的原因也许是不无益处的。当时，这些学者对中国社会史的研究和讨论是处在一次革命高潮刚刚过去之后的"苦恼期"（何干之语），或者说，是对于 1927 年大革命经验的"回想时期"（王宜昌语）。王礼锡在其所编的《中国社会史的论战》第一辑的"第三

---

[1] 如瞿同祖曾下决心用一二十年时间来研究中国以前的社会，他著有：《中国封建社会》，商务印书馆 1937 年初版，1950 年 9 月出至第 4 版；《中国法律与中国社会》，商务印书馆 1947 年版，中华书局 1981 年重印。

[2] 何干之的《中国社会性质问题论战》自 1937 年 1 月至 1940 年，由上海生活书店发行至第 10 版，其《中国的过去、现在和未来》作为"当代青年丛书"从 1936 年 11 月到 1938 年 6 月，一年半内发行 7 版，作者在这期间也由一位"籍籍无名"的青年变为一个风云人物，这可作为一个旁证。

版卷头言"中写道:"现在是盲目的革命已经碰壁,而革命的潜力不可以消泯于暴力的镇压之下,正需要正确的革命理论指导正确的革命的新途径的时候。"而"要探索革命的正确前途,有一个先决问题应当解答:'中国社会已经走上了一个什么阶段?'"[1] 何干之写道:"过去我们做了什么,现在应该做些什么。但是为了回答这些疑问,就非先彻底认清现代中国社会,彻底清算过去中国社会不可。"[2] 而毛泽东对这一点说得还要明白:"只有认清中国社会的性质,才能认清中国革命的对象、中国革命的任务、中国革命的动力、中国革命的性质、中国革命的前途和转变。所以,认清中国社会的性质,就是说,认清中国的国情,乃是认清一切革命问题的基本根据。"[3]

所以,史学与社会理论的结合就实际成为与一种革命理论的结合,"问题史学"实际就成为"行动史学"、"革命史学"。革命理论与当前现实的紧密结合就导致了对历史大刀阔斧的重新解释和根本改造。

钱穆在 1940 年出版的《国史大纲》中,曾把近代中国的史学分为传统派(记诵派)、革新派(宣传派)、科学派(考订派)三类,并把"革新派史学"分为主张"政治革命"、主张"文化革命"、主张"经济革命"的三期,他如此评价这一派史学说:"惟'革新'一派,其治史为有意义,能具系统,能努力使史学与当身现实相绾合,能求把握全史,……虽然,'革新派'之于史也,急于求智识,而怠于问材料。……既不能如'记诵'派所知之广,亦不能如'考订派'所获之精。……特借历史口号为其宣

---

[1] 《中国社会史的论战》第一辑,王礼锡、陆晶清编,神州国光社 1932 年版。
[2] 何干之:《中国社会史问题论战》"前记",生活书店 1937 年版,第 1 页。
[3] 毛泽东:《中国革命与中国共产党》,《毛泽东选集》第二卷,人民出版社 1968 年版,第 596 页。

传改革现实之工具。"[1] 钱穆并且不同意中国自周秦以来的社会是"封建社会",他说:"以政制言,中国自秦以下,即为中央统一之局,其下郡、县相递辖,更无世袭之封君,此不足以言'封建'。以学术言,自先秦儒、墨唱始,学术流于民间,既不为贵族世家所独擅,又不为宗教宗庙所专有。平民社会传播学术之机会,既易且广,而学业既为从政之阶梯,白衣卿相,自秦以来即尔。既无特殊之贵族阶级,是亦不足以言'封建'。若就经济情况而论,中国虽称以农立国,然工商业之发展,战国、秦、汉以来,已有可观。惟在上者不断加以节制,不使有甚贫,甚富之判。……则佃户之卖田纳租于田主,亦一种经济契约之关系,不得目田主为贵族、为封君,目佃户为农奴、为私属。土地既非采邑,即难以'封建'相拟。然若谓中国乃资本主义之社会,则又未是。"钱穆还进一步对西方划分社会的公式提出了疑义:"然则中国已往政制,尽可有君主,无立宪,而非专制。中国已往社会,亦尽可非封建,非工商,而自成一格。何以必削足适履,谓人类历史演变,万逃不出西方学者此等分类之外?"[2] 但此等史学家的异议,随着1949年大陆的易帜自然是席卷而去。

二、各期"封建社会"说的理论依据

"封建社会"的概念在20世纪中叶基本论定之后,遗下的就主要是古史分期和封建社会为何在中国长期延续的问题了。所以,1949年以后,有关中国古史分期的讨论一直比较热烈,甚至在学术荒芜的"文革"期间,也曾发表过郭沫若的一篇文章。[3] 而古史分期问题,严格地说来,就只是

---

[1] 钱穆:《国史大纲·引论》,商务印书馆1993年版,第4页。
[2] 同上书,第22—23页。
[3] 郭沫若:《中国古代史的分期问题》,《红旗》1972年第7期。

中国什么时候脱离奴隶社会而进入封建社会的问题，亦即封建社会的上限问题。

依照对中国何时进入封建社会的不同回答，可以大致分出"西周封建说"、"春秋封建说"、"战国封建说"、"秦统一封建说"、"西汉封建说"、"东汉封建说"、"魏晋封建说"和"东晋封建说"九种，也就是说，自西周到东晋，每一个朝代（或有明确标志的时代）都有主之者，意见如此纷纭，且又迄无定论，主要并不是史实的争论，而是标准的问题，各家虽然都接受一个共同的前提——"封建社会"的概念，但对这个概念的理解却相当不同，或者说，所据以解释的理论依据不同。

下面我们仅考察上述分期说中主要的四家：

1. 西周封建说　主张此说的主要有范文澜、吕振羽、翦伯赞、杨向奎、徐中舒、王玉哲、王亚南、赵光贤、李埏等。其理论依据按照范文澜的陈述是：

> 一个社会的性质是由当时处于主导地位的生产关系即基本的所有制来决定的。斯大林在《辩证唯物主义和历史唯物主义》里给奴隶制度社会封建制度社会规定了定义："在奴隶占有制度下，生产关系的基础是奴隶主占有生产资料和占有生产工作者"；"在封建制度下，生产关系的基础是封建主占有生产资料和不完全占有生产工作者"。根据上述定义（不切实根据这个定义，所说便缺乏可靠性），我们看商周两朝统治者对生产工作者的所有制的不同，可以断言商朝是奴隶社会，西周是封建社会。[1]

---

[1] 郭沫若：《中国古代史的分期问题》，《红旗》1972 年第 7 期。

2. 战国封建说　主张此说的主要有郭沫若、白寿彝、吴大琨、杨宽、田昌五等,其理论依据按照郭沫若的陈述是:

> 我在写《奴隶制时代》时,是有意识地照着毛主席的指示走路的。那就是抓住在封建社会中的农民阶级与地主阶级这个主要矛盾,而且特别是地主阶级这个矛盾方面。如果在某一个历史时期中,严密意义的地主阶级还不存在,那么那个时期的社会便根本不能是封建社会。
>
> ……由于年代的久远和记载的简单,如果单从农民方面来着眼,是容易发生混淆的。从事农业生产的奴隶和封建农奴的区别,往往不很显著。……中国古代史分期问题之所以不容易解决,其主要的原因就在这里。……
>
> 古代中国的土地所有制,在殷、周时代是土地国有制。……
>
> ……公家为了增加收入,终于被迫打破了公田和私田的区别而一律取税。这是承认臣下所享有的公田索性成为他们的合法私有,而他们所私有的黑田却不能再自由漏税了。这便导致了井田制的破坏,也便导致了奴隶制的灭亡。《春秋》在鲁宣公十五年(前五九四年)有"初税亩"的记载,虽然仅仅三个字,却含有极其重大的社会变革的历史意义。它表明中国的地主阶级第一次登上了舞台,第一次被合法承认。……
>
> ……奴隶制与封建制的更替之发生在春秋、战国之交,铁的使用更是一个铁的证据。[1]

---

[1] 郭沫若:《中国古代史的分期问题》,《郭沫若全集》"历史编"第三卷,人民出版社1984年版,第5—8页。

3. 两汉封建说 主张此说的在 50 年代有侯外庐，近年有赵锡元。其理论依据按照侯外庐的论述是：

……真正作为分界线以区别古代和中世纪的标志，应该从固定形式的法典来着手分析。马克思论到社会变革的绝对分期年代，都是依据一种法典为标志。……

问题的关键在于具体分析：从古代的奴隶制怎样转化而为中世纪的封建制，中国的封建化过程及其特殊的转化路径是采着什么形态。……

著者特别注意中国历史上的秦汉之际。从大量史实来考察，秦汉的制度和后代的制度，不论从经济、政治、法律以至意识形态那一方面来看，都是近似的，这即是说，秦汉制度为中世纪社会奠定了基础。

我们把中国中世纪封建化的过程划在战国末以至秦汉之际，……然而，秦废"封建"，为什么又成了封建制社会呢？我们的答复是：秦废封建的"封建"二字，为中国古代史的另一个术语，其内容指的是"宗子维城"的古代城市国家；这里我们所举出的封建制社会，"封建"这两个字则是立基于自然经济、以农村为出发点的封建所有制形式，译自外文 Feudalism，有人也译作封建主义。中外词汇相混，为时已久，我们倒也不必在此来个正名定分，改易译法。[1]

4. 魏晋封建说 主张此说的主要有何兹全、王仲荦、王思治、日知、赵俪生等。按照何兹全的描述，封建社会出现的过程是：

西周春秋时期，是中国历史上由部落到国家的转化时期，是早期

---

[1] 侯外庐：《秦汉社会的研究》，《中国封建社会史论》，人民出版社1974年版，第56—58页。

国家出现的时期。商周两族的关系，是通过征服而建立起来的不平等部落联盟和以此不平等部落联盟为基础建立起来的早期国家。……

春秋战国社会的变化，起自农业生产力的发展。以农业为基础，出现商业交换。交换的发展，引出货币、城市的兴起，阶级、贫富的分化，出现商人和知识阶层。

交换的发展，产生了地区间和生产和生活上依存关系，产生大一统思想，产生统一要求。统一国家在此基础上出现。

交换促使经济繁荣，也促使社会分裂，阶级分化，贫富分化，矛盾增长，促使小农经济衰落、破产，土地兼并集中，卖儿卖女卖自身。货币问题、土地问题、奴隶问题成为西汉一代显著的严重的社会问题。

汉末魏晋，自由平民逃亡、投靠，奴隶解放，依附关系发展起来。自由平民和奴隶的依附化，依附民、农奴成为魏晋南北朝的主要劳动人民。一个士庶天隔、身份等级复杂的中国典型的封建社会出现。[1]

以上我们都尽量利用各期封建说主要代表的原文来显示他们的观点。从上面的引文可以看出，范文澜主要是从社会生产的主体——农民或农奴并不完全被地主所占有来立论；郭沫若则主要是从社会矛盾的主要方面即地主阶级的是否确立来立论；侯外庐倾向于全面的，尤其是通过国家法典对封建制的最后确认来判定封建社会是否成形，所以他认为到汉武帝时才完成了封建化的过程；何兹全则尤注意从城市交换经济到农村自然经济的转变，以及相应的劳动者身份由自由民和奴隶两极向依附民、农奴的转化。

---

[1] 何兹全：《中国古代社会》，河南人民出版社1991年版，第4—5页。

以上几种观点，按何兹全的意见，"文革"前是以范文澜为代表的西周封建说影响最大，"文革"后则以郭沫若的"战国封建说"影响最大，一般教材、年表现多采用郭沫若的分期法。另外，"亚细亚生产方式"一派影响也不小。

　　显然，上述各期封建说都是自觉地以马克思主义为指导，以马克思主义经典作家的论述为依据的，但究竟在何种程度上依赖他们，又主要依赖于谁却又有不同。侯外庐对马克思主义的经典著作最熟，[1] 常直接从原文入手，他主要是依据马克思有关封建主义土地所有权，以及马克思、列宁有关封建主义国家法律规定的等级品位制的论述；何兹全主要依据的是马克思、恩格斯、列宁有关在封建社会中是农村自然分散的经济与依附关系分别在经济生活与社会关系中占统治地位的论述；范文澜主要依据的是斯大林给封建制下的定义；而郭沫若则主要引述毛泽东的教导。[2]

　　在以上侯外庐、何兹全、范文澜、郭沫若四位代表中，侯外庐、何兹全可能最接近也最忠实马克思主义创始人的原话，从而也最接近一种对西欧封建社会基本特点的概括，所以，侯外庐径直说他所用的"封建"一词就是来自西文的"feudalism"。然而，在上述四种观点中，恰恰是这两种观点影响最小。而范文澜引以为据的斯大林的定义，可能更多的是根据俄国农奴制概括出来的，斯大林后来名声不佳，中苏又交恶，这一点大概

---

[1]　侯外庐另有《马克思列宁主义论封建制和全东方的封建社会》等文章，收在《中国封建社会史论》一书中。他还有《中国古代社会史论》（上海新知书店1974年版，原名《中国古代社会史》，1955年6月易为现名由人民出版社出版），其中详研了马克思的"亚细亚生产方式"的概念。

[2]　郭沫若在"文革"中发表的《中国古代史的分期问题》一文中，甚至在结尾严格地字斟句酌地引毛泽东所说的"自周秦以来，中国是一个封建社会"一句话中的"周秦"之间无逗点，不能开来讲来肯定封建社会是从春秋战国之交开始。但其实，严格地按时间顺序说来，郭沫若在这方面的系统思考和著述明显早于毛泽东，从思想来源上来说，与其说作为学问家的郭沫若是受作为政治家的毛泽东的影响，不如说毛泽东是更多地受了郭沫若的影响。

也是范文澜的观点后来影响减弱的一个原因；但范文澜的观点在一定程度上照顾了西周"封建"的古义，所以这一点又可视作其观点初期影响不弱的一个原因。而在这四种观点中，离马克思主义经典作家的"封建社会"观念较远，最具"中国作风和中国气派"的却显然是郭沫若的观点，这一点，我们可以引"文革"以后支持战国封建说最力，同时也是近年来在古史分期说方面用力最勤、论述甚畅的一位学者田昌五的话为证：

> 有人可能会问我，像战国封建论那样区分奴隶制社会和封建制社会，在马克思主义经典作家中到底有多少根据？我可以明确回答：根据很少，甚至可以说没有。[1]

接着，田昌五提供了两条我认为是很重要，并且相当有意思地认为不宜在研究资本主义以前的社会形态时完全照搬马克思、恩格斯的理由：第一，马克思、恩格斯重点研究的是资本主义社会，封建制和奴隶制对他们来说都是作为资本主义的前提而研究的，所以，他们并没有也不可能给我们专门提供一个经过研究的完备的奴隶制形态或封建制形态。第二，现代资本主义社会发源于欧洲（西欧），因而马克思、恩格斯就不能不从欧洲找标本，这样就导致了马克思、恩格斯所说的封建制和奴隶制只是欧洲历史上特定的形态。所以，

> 我们是不能把马克思、恩格斯说的特定民族和国家的奴隶制形态和封建制形态当作普遍规律套用的。……可是，到了斯大林手上，却把特定民族和国家的奴隶制和封建制形态概括进五种生产方式之中，

---

[1] 田昌五：《古代社会断代新论》，人民出版社1982年版，第356页。

作为社会发展的普遍规律,明显的如封建制就是农奴制。自此,人们就把欧洲历史上特定的奴隶制和封建制当作一种模式,与此不合的就贬之为不发达的奴隶制和封建制,得出所谓社会发展长期停滞论。西周封建论和魏晋封建论都免不了这种模式论的影响。[1]

田昌五还倾向于认为古希腊罗马的劳动奴隶制是一种奴隶制的不正常的状态,而中国的家庭和宗族奴隶制则较为正常,同样,严格说来,欧洲中世纪的封建领主农奴制也不是一种正常的封建社会形态,或最多只能说是封建制的一种类型,而中国自战国以来的封建社会按理倒应是一种正常的封建制形态。[2]

田昌五批评西周封建说实际上是欧洲封建社会的仿造品,或者说,是给中国古人所说的封建制(即封邦建藩)披上欧洲中世纪的装束,认为事实上西周宗族奴隶制和欧洲中世纪的封建领主农奴制是有本质区别的,两者只是形似而实异。[3] 夏、商、周三代的社会制度不可分,中间没有一次社会质变,如果把西周定为封建领主制,夏商就也应是封建制,"这样,中国历史上就没有奴隶制社会阶段了。当然,这样主张也不是不可以,但西周封建论者却又承认夏、商为奴隶制社会。"[4] 另外,西周封建论者也不好处理春秋战国期间的社会变化,于是他们又提出了一个从封建领主制到封建地主制的规律:"其实,在世界历史上根本不存在这样一个封建社会发展规律。"[5] "西周封建论的毛病在于顾后不顾前,只管论证西周为

---

[1] 田昌五:《古代社会断代新论》,人民出版社1982年版,第357页。
[2] 同上书,第349—355页。
[3] 同上书,第354页。
[4] 同上书,第248页。
[5] 田昌五:《古代社会断代新论》,人民出版社1982年版,第249页。

封建社会,却不知西周之前已是如此了。魏晋封建论的问题出在顾前不顾后,把秦朝膨胀成发达奴隶制社会,岂知魏晋以后,起码到隋唐仍是如此,如果依了魏晋封建论之说,中国就没有封建社会了。正如依了西周封建论之说,中国不存在奴隶社会一样。"[1]

我们可以注意上两段引号内的直接引语,从这些直接引语可以看出,作者一方面怀疑马克思、恩格斯等作为西方人对封建社会的描述是否适合中国,甚至怀疑西方的奴隶制和封建制是否典型,另一方面仍然强烈地受到斯大林所概括的五种社会形态递进的公式的影响。

当然,作者主要不是以此公式为论据来否定其他封建说,他提出来证明战国封建说的关键论据是社会革命,他认为:"古史分期是以社会制度的革命性变革为依据的,不能离开这个根本点,……要辩论,就得抓住这个根本问题。"[2] 西周封建说与魏晋封建说的关键问题在于它们不能令人信服地阐明商、周之际或者汉、魏之际发生了一场社会制度的革命。

所以,田昌五认为,战国封建说正是以马克思主义有关经济基础的变化决定着上层建筑的变化的基本原理为依据的,是符合马克思的社会革命原理的。他列举了战国变法前后中国在社会生产、生产关系、剥削关系、阶级关系、行政建制和制度、政治体制、社会思想这七个方面的变化,并特别指出,这些变化都是"在长期的、反复的、激烈的阶级对阶级、社会集团对社会集团的斗争中实现的"。[3] 其中贯穿着流血的和不流血的斗争。郭沫若也特别强调:"制度的变革,在齐、晋是经过剧烈的斗争完成的,楚、燕、秦的情形,仿佛是'和平过渡',其实并不'和平'。……事实上是流血革命的阶级斗争的不断继续。……春秋和战国之

---

[1] 田昌五:《古代社会断代新论》,人民出版社1982年版,第256—257页。
[2] 同上书,第257页。
[3] 同上书,第344—346页。

交恰好是古代社会的发展由量变达到质变的时期,当时的整个中国都沸腾了。……在历史的舞台上短短的两百多年间不断地翻腾着轩然大波,这绝不是什么'和平过渡'!"[1]

我们前面已提到过:战国封建说中最吸引人的一个地方就在于它紧紧抓住了春秋战国期间发生的那一场深刻的社会变革。但如何理解这一场变革却还有待于进一步探讨。值得注意的是:郭沫若、毛泽东等试图解释这一场社会变革的人们,恰恰又处在 20 世纪中叶一场新的社会革命之中,于是他们很自然地以这一革命时代的革命眼光来看待过去的那一场变革,如到处看到流血、暴力、剑拔弩张,你死我活……并将这种对历史的重新解释亦用作动员群众投入革命运动的武器。在某种意义上,战国封建说比起其他封建说来更具中国特色,不囿守西方作家哪怕是马克思主义经典作家的论述,但它却强烈地受到时代的制约,是革命时代的产物,革命时代的学术,或者按正规的说法:是"马克思主义的一般理论与中国革命的具体实践相结合的产物",它在本世纪的中国取得比其他也是想遵循马克思主义的古史分期观点影响更大的地位,确实不是偶然的。

由于"中国封建社会"的提出和论定者,以及各期封建说的主要代表都声称以马克思主义为指导,所以,我们有必要再简略回顾一下马克思主义经典作家的论述:

首先是有关社会形态演进的阶段。马克思虽然强调社会经济形态的发展是一种"自然历史过程",具有一种客观的必然性,但他并未明确规定社会形态发展的各个阶段。他在 1849 年的《雇佣劳动与资本》中写道:"古代社会、封建社会和资产阶级社会都是这样的生产关系的总和,

---

[1] 郭沫若:《中国古代史的分期问题》,《郭沫若全集》"历史编"第三卷,人民出版社 1984 年版,第 11—12 页。

而其中每一个生产关系的总和同时又标志着人类历史发展中的一个特殊阶段。"[1] 在1859年的《〈政治经济学批判〉序言》中，他写道："大体说来，亚细亚的、古代的、封建的和现代资产阶级的生产方式可以看作是社会经济形态演进的几个时代。"[2] 而这里提到的"亚细亚的"生产方式，大概是由一个短语引起卷帙浩繁的研究和漫长激烈的争论的一个著名实例。而马克思的意见在这里是相当谨慎的，他只是说"大体说来"，何谓"亚细亚的"、何谓"古代的"，也未作具体说明。恩格斯1884年在《家庭、私有制和国家的起源》中的一段话也许可以看作是他对马克思所说的话的进一步澄清："奴隶制是古代世界所固有的第一个剥削形式；继之而来的是中世纪的农奴制和近代的雇佣劳动制。"[3] 但这还不是严格的规定，社会发展的"五阶段论"是到斯大林明确提出的，他说："历史上有五种基本类型的生产关系：原始公社制的、奴隶占有制的、封建制的、资本主义的、社会主义的。"[4]

其次是对封建社会的描述。有关欧洲封建主义的产生，马克思、恩格斯在《德意志意识形态》中注意到，人们一般都是用蛮族对罗马帝国的侵占来说明从古代世界向封建社会的过渡，但封建社会绝不是现成地从征服者的原先居住地搬过去的，而是受到被征服国内的生产力的影响才发展

---

[1] 马克思：《雇佣劳动与资本》，《马克思恩格斯选集》第1卷，人民出版社1972年版第363页。以下引述多得益于中国社会科学院历史研究所编：《马克思、恩格斯、列宁、斯大林论资本主义以前诸社会形态》，文物出版社1979年版。

[2] 马克思：《〈政治经济学批判〉序言》，《马克思恩格斯选集》第2卷，人民出版社1972年版，第83页。

[3] 恩格斯：《家庭、私有制和国家的起源》，《马克思恩格斯选集》第44卷，人民出版社1972年版，第172页。

[4] 斯大林：《论辩证唯物和历史唯物主义》，《列宁主义问题》，人民出版社1973年版，第649页。

为封建主义的。中世纪封建社会的起点是乡村。[1] 恩格斯认为：征服者的军事首领变成了君主，他把大量田地赏赐给他的宠幸者，起初是作为礼物送给他们，后来就以"采邑"的方式赐给他们，[2] 这种"采邑"还不是以后的"封地"，即还不是世袭的，只要封主和受封人有一方死亡，它就要归还封主，但这种归还的办法不久就取消了，大的受采邑者甚至比国王还强大，采邑渐渐就成为世袭的封地了。[3] 因此，"大地产是中世纪封建社会的真正基础"[4]，"在欧洲一切国家中，封建生产的特点是土地分给尽可能多的臣属。同一切君主的权力一样，封建主的权力不是由他的地租的多少，而是由他的臣民的人数决定的，后者又取决于自耕农的人数"[5]。我们在欧洲中世纪所看到的，不是一个个孤立的人，人都是互相依赖的：农奴和领主、陪臣和诸侯、俗人和牧师。"物质生产的社会关系以及建立在这种生产的基础之上的生活方式，都是以人身依附为特征的。"人身依附构成该社会的基础。[6] 直接生产者是作为不自由的人出现的。地主从小农身上榨取剩余劳动，只有通过超经济的强制。[7] 在封建制度繁荣时代，城乡对立、等级结构表现得非常鲜明。[8] 各种社会地位构成一种多级的

---

[1] 马克思、恩格斯：《德意志意识形态》，《马克思恩格斯选集》第 1 卷，人民出版社 1972 年版，第 28、80—81 页。

[2] 恩格斯：《家庭、私有制和国家的起源》，《马克思恩格斯选集》第 4 卷，人民出版社 1972 年版，第 148—149 页。

[3] 恩格斯：《法兰克时代》，《马克思恩格斯全集》第 19 卷，人民出版社出版，第 549 页。

[4] 马克思：《对民主主义者莱茵区域委员会的审判》，《马克思恩格斯全集》第 6 卷，人民出版社出版，第 290 页。

[5] 马克思：《资本论》第 1 卷，《马克思恩格斯全集》第 23 卷，人民出版社 1972 年版，第 785 页。

[6] 同上书，第 94 页。

[7] 马克思：《资本论》第 3 卷，《马克思恩格斯全集》第 25 卷，人民出版社 1972 年版，第 890—891 页。

[8] 马克思、恩格斯：《德意志意识形态》，《马克思恩格斯选集》第 1 卷，人民出版社 1972 年版，第 29 页。

阶梯。后来，列宁进一步细致区分阶级与等级；等级是阶级的一种，是奴隶社会和封建社会中的阶级，即由国家法律明确规定而固定下来的阶级。所以，奴隶社会和封建社会中的阶级同时也是一些特别的等级，在资本主义社会中，所有公民在法律上一律平等，阶级就不再是等级了。故阶级有两种：一种是前两种社会中存在的等级的阶级，一种是后一社会中存在的非等级的阶级，当我们说到阶级的时候，总是指资本主义社会非等级的阶级。[1]

我们这里从列宁的论述可以看到："阶级"成了一个比"等级"更大的范畴。问题不在别的，不在资本主义社会有没有阶层的区分、差别、冲突与对立，也不在可不可以用"阶级"来概括这种差别和对立，而在于用由经济定义的"阶级"来管住和解释过去并非主要由经济，而可能是由军事，或政治、文化因素决定其地位的等级，即一概用资本主义社会的情况来解释过去所有社会等级差别的成因是否合理。

恩格斯说："在历史上的大多数国家中，公民的权利是按照财产状况分级规定的，这直接地宣告国家是有产阶级用来防御无产者阶级的组织的。……在中世纪的封建国家中，也是这样，在这里，政治的权力地位是按照地产来排列的。"[2]列宁把这意思说得更明白："从前主要的势力是地——在农奴制度时代就是这样的；谁有土地，谁就有权有势。"[3]这些论述是否贴切欧洲和俄国的情况，此非我们现在的研究所能及。但我们若从中国春秋战国以来的社会情况观察，政治权力与经济状况（主要是地产）两者之间孰因孰果，两者中谁更起决定作用却还很难说，而政治权力地位

---

[1] 列宁：《俄国社会民主党的土地纲领》，《列宁全集》第6卷，人民出版社1963年版，第93页。

[2] 同上。

[3] 列宁：《给农村贫民》，《列宁选集》第1卷，人民出版社1972年版，第399页。

的取得究竟是与地产还是与某种文化的标准有着更紧密、更直接的关系也尚可推敲。

三、西方"封建社会"的概念

在讨论过"封建社会"的西方作家中，除了上述马克思主义经典作家，我们还需注意西方史学家和其他学者的论述，以及一般辞书中的定义。

在许多史学家看来，与一切概括某一社会的概念一样，"封建社会"（feudal society）的概念也殊难把握，因为社会总是千头万绪并不断变化。法国年鉴派史学第二代的主要代表布罗代尔（F. Braudel）甚至说他与这一学派的创始人布洛赫（M. Bloch）、费弗尔（L. Febver）一样，对"封建主义"（feudalism）这个经常使用的词感到本能的厌恶。他们共同认为：由通俗拉丁语"feodum"（采邑）演化而来的这个新词仅仅适用于采邑制及其附属物，而与其他东西无关，把11到15世纪的整个欧洲社会置于"封建主义"之下，正如把16到20世纪之间的整个欧洲社会置于"资本主义"之下一样不合逻辑。[1] 布洛赫确实说过："封建的"和"封建制度"最早是法律术语，布兰维里耶把这个18世纪法庭里的行话写进自己的著作，后来孟德斯鸠也用了这个词，结果就勉强成为一种社会结构的代名词，而且这种社会结构本身也没很好的定义。但他也还是觉得：一个词的价值在于它的用途，而不在它的来源。假如说，"封建"一词通常所特指的社会不再以采邑为主要特征，那么，这与科学的普遍习惯也并不相悖。只是他提醒人们谨防将"封建制"与"领主制"这两个术语搞混，前者是指军事贵

---

[1] [法]布罗代尔：《15至18世纪的物质文明、经济与资本主义》第二卷，施康强译，三联书店1993年版，第506—507页。

族的依附关系,存在时间较短;后者是指农民与领主之间的依附关系,持续时间较长,而且遍布世界各地。并且,不宜轻易赋予这些概念以强烈的感情色彩。[1]

在其经典著作《封建社会》中,布洛赫写道:孟德斯鸠对"封建制"所做的界定还是较狭的,伏尔泰则是做了一个宽泛的界定,但现代学者看来是站在伏尔泰一边,于是有了"埃及的封建制"、"中国的封建制"、"日本的封建制"等概念。不过,无论如何,这些概念都是通过真实的或虚拟的与西方封建制的某种类似性来解释其"封建性"的,西方封建制是它们必须参照的基本原型。[2]

布洛赫谨慎地指出,欧洲封建制的基本特征是:

依附的农民;广泛地以服役所得到的土地(即封地,fief)代替已无法再实行的薪俸制;一个占据了突出地位的特别的武士阶级;约束着人与人之间关系的服从与保护的纽带(在武士阶级中,它采取了封臣"vassalage"的明确形式);那必然导致无序状态的权威的分裂;以及在这之中,各种其他形式的联合体、家庭、国家的复活,尤其国家在第二个封建时代将获得更新的力量——这些看来就是欧洲封建制的基本特征。[3]

这里的主要特征正如英国社会史学者E.霍布斯鲍姆所指出的,布洛

---

[1] 布洛赫:《历史学家的技艺》,上海社会科学院出版社1992年版,第123—125页。

[2] Marc Bloch: *Feudal Society*, London and New York: Rou-teledge Kegan Paul Ltd, 1961, Vol.2, p.441.

[3] 同上书,第446页。

赫的《封建社会》是以一种"依存关系"为中心，[1] 或如瞿同祖所言，其要征基于一种封邑及臣属的制度（system of vassalage）。[2]

由美国史学家卡尔顿·海斯（Carlton Hayes）、帕克·穆恩（Parker Moon）和约翰·韦兰（John Wayland）三人共同编撰，20 世纪 30、40 年代作为教科书广泛流行于美国大中学校的《世界史》认为：封建制度是在一个重大危险时期作为一种相互保障的社会而产生的。它的最简单方式是一个强有力的人与许多弱者联合起来，共同持有和耕作一大片土地，共同保护他们的生命和财产。封建制度具有保护和服役两种主要特点，弱者服役于强者，强者保护弱者的社会状态。这种相互关系的主要基础是土地占有权——对土地的持有。[3] 这里明确地提出了依存关系的经济基础是土地所有制。

比利时根特（Ghent）大学中世纪史教授赣络夫（F. L. Ganshof）认为：史学家使用的"Feudalism"主要有两种意义，第一种意义是指一种具有下列明确特征的社会形态：一种向极端的私人依赖发展的社会趋势；一个占据社会高位的特别的军事阶级；一种不动产权利的不断划分；由这种划分创造的土地所有权以及分级体系和相应的私人信赖层级；国家政治权力的分散。这种社会形态存在于 10—12 世纪的西欧。由于与此制度的类似性，学者们也常称古代埃及、印度、拜占庭帝国、阿拉伯世界、土耳其帝国、俄国、日本、中国等地的相应制度为"Feudalism"。"Feudalism"的第二个意义是指一套创设和调节制度，它一方面是一个自由人（封臣）对另一个自由人（领主）的服从与服役（主要是军役）的义务，另一方面是

---

[1] 霍布斯鲍姆：《从社会史到社会的历史》，《再现过去：社会史的理论视野》，蔡少卿编，浙江人民出版社 1988 年版，第 11 页。

[2] 瞿同祖：《中国封建社会》"导论"，商务印书馆 1950 年第 4 版。

[3] 海斯、穆恩、韦兰：《世界史》上册，三联书店 1975 年版，第 443 页。

领主对封臣保护和供养的义务。这种供养一般是采取封地（fief）的形式。这第二个意义当然是比较狭窄和专门化的，主要是法律上的含义，而第一种意义则主要是社会与政治上的含义。[1]

1950年秋，在普林斯顿大学专门召开了一次有关"Feudalism"的讨论会，会后出版了一本名为《历史上的封建制》（*Feudalism in History*）的论文集。在论文集的编者斯特雷那（J. Strayer）与库伦本（R. Coulborn）撰写的导论《封建主义的观念》中，作者认为："Feudalism"的概念可以部分或完全地用于西欧之外的地方，如俄国、伊朗、西周与魏晋时期的中国等地，以便察看是否能借此找到历史中的某些统一性。作为一个预备性的定义，他们认为，"Feudalism"主要是一种政治统治方式（a method of government），而不是一种经济与社会体制，即便它与社会经济环境明显有一种相互作用。这种统治方式的特点在于：它的基本关系不是统治者与臣民，也不是国家与公民，而是领主与封臣的关系。这意味着政治功能的行使有赖于有限的一些人的私人协议，政治权威被看作是一种私有权。军事功能在大多数封建社会中是相当突出的，尤其是在其初期。一个封建社会中的执政者开始并不一定就是贵族，但他们不久就被承认为是贵族。在理论上，有时也在实践中，封建贵族是一种能力的贵族制。实际上，在所有封建社会中，都有一种强烈的、几乎是不可抗拒的世袭的倾向。反过来，既定贵族封建化的趋势也是常见的。至于"feudalism"与土地所有权的联系，从这个词的词源"feudum"（封地、采邑）就可看出，但应当提醒人们谨防一种以土地为中心的误解。大多数研习欧洲封建制度的学者都同意领主和封臣关系是封建制中最基本的因素，而只有少数人更强调封土

---

[1] F. L. Ganshof: *Feudalism*, "Introduction", London: Longman Group Ltd, 1964, 此书首次以法文出版于1944年，后被译成多种外文（德文、英文、西班牙文、葡萄牙文）。

(fief)的因素。有必要指出这一事实：一个人持有另一个人的土地并不必然就创造了一种封建关系，一个封建主的权力并非是土地所有权的单纯延伸。看来，一个充分的封建社会将是封臣关系和封土的平衡发展。[1]

约翰·克里奇（John Critchley）认为："封建社会"（feudal society）有两个含义，这两个含义均来自 "feudum"（或"fief"，封土）。"feudal"这个词是用来区别封建法与其他法律（主要是罗马法）的，封建法的最突出特征就是它涉及一种划分或共享的所有权，而在罗马法体系中，所有权被认为是不可分的。"封建社会"的第二个含义是集中在封土持有者的服役上。任何以土地所有权回报军事服役（或其他服役）的情况都可方便地被视作是"封建"的。[2]

通过对以上西方学者有关"封建的"、"封建制"或"封建社会"的概念定义或解释的征引，我们可以看到"封建"词语系列具有广泛的不同层面的意义：它首先是作为一个法律名词出现的，指用来调节领主与封臣关系的法律；然后它被以后的世纪，尤其是18世纪的学者用来指称在他们生活的时代已经衰落了的一种社会关系和政治体制，这种社会关系是一种人身依存的关系，而政治体制是一种权力分散的等级体制；依存关系在经济方面的基础则是一种特殊的土地所有权，有些学者认为这种特殊的土地占有关系(封土)是封建社会的基本因素，但更多的学者还是把"依存关系"看作封建社会的核心，在这种关系中，既包括下层对上层的忠诚和服从，又包括上层对下层的供养和保护。我们还注意到，与对"资本主义社会"（或"工业社会"、"现代社会"）的看法相比，在对历史上的"封建主义"的认识方面，马克思主义的经典作家与其他西方学者享有较多的共识。

---

[1] Rushton Coulborn (ed.)：*Feualism in History*, Princeton, New Jersey：Princeton University Press, 1956, pp.3—7.

[2] John Critchley：*Feudalism*, London：George Allen & UnwinLtd, 1978, p.11.

下面我们再来观察几部西方权威辞典和百科全书中有关"封建社会"的定义，并与中国的"封建社会"定义进行一些比较。

美国《韦伯斯特第三版国际大辞典》"feudalism"词条的释义是：

1. a. 封建主义　从9世纪到大约15世纪，在欧洲繁荣过的一种政治制度。它建立在领主与封臣的关系之上，所有的土地都是以采邑的形式持有（如国王的采邑），作为主要的附属情况，有效忠、佃农在军事和法庭方面的服役、监护权和没收权。b. 封建制度赖以建立的原则、关系和习惯——可比较 commendation, feud, liege, lord, precarium, vassal。2. 大地主或世袭的封建领主从土地征收岁收，同时在他们的领地内行使政府职能的任何一种社会制度。3. 指固定的数人，尤其是为了自身的利益实行的控制：社会的、政治的或经济的寡头统治。

《简明不列颠百科全书》"Feudalism"词条：

一种以土地占有权和人身关系为基础的关于权利和义务的社会制度。在这种制度中，封臣以领地的形式从领主手中获得土地。封臣要为领主尽一定的义务。并且必须向领主效忠。在更广泛的意义上，封建主义一词指"封建社会"，这是特别盛行于闭锁的农业经济中的一种文明形式。在这样的社会里，那些完成官方任务的人，由于同他们的领主有私人的和自愿的联系，接受以领地形式给予的报酬，这些领地可以世袭。封建主义的另外一个方面是采邑制或庄园制，在这种制度中，地主对农奴享有广泛的警察、司法、财政和其他权利。世界几大文明的历史都经过一个封建时期。欧洲的封建主义起源于早期的法兰克王国（8世纪）。随着法兰克人的征服，封建主义传入意大利北部、西班牙和德意志，后来又传入斯拉夫人的地区。诺曼人于1066年把它带到英格兰，几年之后又把它引进意大利南部和西西里。封建主义从英格兰传入苏格兰和爱尔兰。最后，被十字军征服的近东地区依照封建的方式组织了起来。封建制度本身在9世纪期间有很大发展。国王的权力衰落了，各地的政权实际上成为独立的了，并开始建立起他们自己的地区性的小国家；他们彼此征战不休。教会大部分封建化了。从12世纪起，封建主义受到各种敌对势力的攻击。拥有拿薪俸的官员和雇佣军队的中央集权国家建立了起来。臣民与君主的关系代替了封臣与领主的关系。城镇由于经济发展甚至建立了自己的民兵，能够在很大程度上形成它自己关于社会的概念。这与贵族的概念是不同的。作为贵族阶层物质生存的采邑制度在12、13世纪经历了一场深刻的经济危机。尽管封建主义到14世纪末已经不再是一种政治的和社会的力量，但它仍然在欧洲社会中留下了自己的烙印。它对现代形式的立宪政府的形成产生了极大影响。[1]

我们将上两条定义与西方学者的论述对照，可以看出：以上定义基本上反映了西方学者研究封建社会所达成的比较一致或者比较流行的看法，在某些方面又是他们的意见的一个折中。两个定义都兼顾经济的土地所有权与社会方面的人身依存关系两个方面，注意到"封建制"这个概念宽、狭的不同用法，而官僚制的"中央集权国家"是被看作是在封建解体的基础上建立起来的，"臣民与君主的关系"不同于"封臣与领主的关系"。

我们在将中国流行的马克思主义的"封建社会"定义与上述定义比较

---

[1]《简明不列颠百科全书》第3册，中国大百科全书出版社1985年版，第132页。该书主要根据英文《不列颠百科全书》的《百科简编》1974年第15版以后的1984年修订重印本编译而成。

之前，要先提一下张荫麟、瞿同祖两个学者的意见，张荫麟在他的《中国史纲》（上古篇）中这样写道："'封建'一词常被滥用，严格地说，封建的社会的要素是这样：在一个王室的属下，有宝塔式的几级封君，每一个封君，虽然对于上级称臣，事实上是一个区域的世袭的统治者而兼地主，在这社会里，凡统治者皆地主，凡地主皆是统治者，同时各级统治者属下的一切农民非农奴即佃客，他们不能私有或转卖所耕的土地。照这界说，周代的社会无疑是封建社会。"并且，"中国史里只有周代的社会可以说是封建社会"。[1] 张荫麟的这一界说主要是从社会组织着眼的，它强调了在统治者这一方面的政治与经济功能的合一和权力分散的宝塔型等级，在农民方面，则强调了一种农民只有土地使用权而无土地所有权的特殊的土地关系。这一定义应当说与西方的定义相去不远。瞿同祖在引述了西方梅恩（H. J. S. Maine）、维诺格拉多夫（P. Vinogradoff）、亚当斯（G. Adams）、布洛赫（M. Bloch）对封建社会的解释之后，认为"封建社会"的含义归纳起来不外两点：第一是土地所有权的有无，这是基本的特征，有土地则为地主，否则即为农民；第二是主人与农民的相互关系，这是中心组织。"更简要而言之，封建社会只是以土地组织为中心而确定权利义务间关系的阶级社会而已。"[2] 这一定义显然比张荫麟的定义要更为强调土地所有权及由此而确定的阶级关系，可视为在西方定义与流行的中国定义之间的一个中间性质的定义。

下面是1979年大陆新版《辞海》所给出的"封建制度"一词的标准定义（"封建主义"、"封建社会"均参见此条）：

---

[1] 张荫麟：《中国史纲（上古编）》，正中书局1948年版，第27—28页。
[2] 瞿同祖：《中国封建社会·导论》，商务印书馆1950年版。

以封建地主占有土地、剥削农民（或农奴）剩余劳动为基础的社会制度。随着生产力的发展，在奴隶制度瓦解的基础上产生。在封建制度下，封建地主阶级拥有最大部分的土地。农民（或农奴）完全没有土地或者只有很少的土地。他们被束缚于封建制度下，耕种地主的土地，对地主阶级有不同程度的人身依附，受着地主阶级的剥削和压迫。地主阶级剥削农民的主要方式，是向农民收取地租。与奴隶制比较，农民由于有一定程度的人身自由，有自己的生产工具，收成好坏同本身利益有一定联系，因而对生产有一定的兴趣，促进了生产力的发展。封建社会基本的阶级是地主阶级和农民阶级。封建社会的政治上层建筑主要是以等级制为特点的封建制国家。封建社会中占统治地位的意识形态是地主阶级思想，它以维护封建剥削和等级制、宣扬封建道德为特征。地主对农民的残酷剥削和压迫，使阶级矛盾日益尖锐。历史上不断起伏的农民起义和农民战争，打击了封建统治，多少推进了生产力的发展。在封建社会后期，随着生产力和商品经济的发展，产生了资本主义经济的萌芽。封建制度经过资产阶级革命而为资本主义制度所代替。一般认为中国在春秋战国之交进入封建社会。1840年鸦片战争后，外国资本主义侵入中国并和封建势力相勾结，使中国逐步沦为半殖民地半封建社会。中国共产党领导全国人民经过长期的武装斗争，推翻了帝国主义、封建主义和官僚资本主义在中国的统治，于1949年建立了社会主义的中华人民共和国。建国后，在全国范围内开展了土地改革运动，最后消灭了封建剥削制度。[1]

　　以上定义不仅在意思上，而且在文字上也明显脱胎于毛泽东在《中国

---

[1] 《辞海》，上海辞书出版社1980年版，第715页。

革命与中国共产党》中的论断。在这一定义中：土地占有权完全占据了中心的位置；社会的宝塔型等级和人身依附关系不再被强调，地主与农民两大阶级的关系被视作最基本的社会关系；农民被判断为是"完全没有土地或者只有很少的土地"；在地主与农民的关系中，只有单方面的权利——地主对农民的权利和单方面的义务——农民对地主的义务，其中经济"剥削"又是最基本的。[1] 农民对地主的"人身依附"语焉不详，实际上，这种对地主的"人身依附"最后常常被解释为是对土地的依附，例如：《现代汉语词典》在"封建社会"词条中解释说："农民可以有自己的个体经济，但终身依附土地，实际仍无人身自由。"[2] 而这种农民由于无法去经营工、商业而不得不紧紧附着于土地，显然有别于西方那种农民对领主的人身依附。总的看来，如果可以说西方"封建制度"的概念主要是一个社会政治（最初尤其是法律）的范畴的话，中国的"封建社会"的概念则主要是一个社会经济的范畴。并且，在这一经济范畴中，土地所有权也不再是西方中世纪存在的那种特殊的层层"封土"的土地占有制，而是一种相当广泛和平面的土地占有制，但在这一平面上，存在着一条庞大的、把地主与农民截然两分的鸿沟。

梁漱溟对这种强调"地租剥削"即构成"封建制"的观点曾表示过反对，他引述米诺贾托夫的话说：封建制，就在于其政治关系之地域色彩，以及土地关系之政治色彩，亦即政治上是分裂，经济上有强制（由于存在着人身依附关系）。梁漱溟认为："简单说，封建是以土地所有者加于其耕作者之一种超经济地强制性剥削为其要点。他如经济上之不出乎自然经

---

[1] 在中国共产党领导的土地改革运动中，一般都要经过一个发动农民讨论"谁养活了谁"的阶段，例见赵树理纪实性小说《地板》。

[2] 中国科学院语言研究所词典编辑室编：《现代汉语词典》，商务印书馆1973年版，第292页。

济,社会上之表见身份隶属关系,政治上之星罗棋布的大小单位,意识上之不免宗教迷信等等,大抵皆与此要点天然相连带者。"[1] 他据此认为,从邹平、定县等华北农村所见,大多数农民自己有地,农村并无超经济地强制性剥削,即便有少数佃农雇农,所受剥削也是如同近代工人一样是经济的,而非超经济的;至于农民附着于土地,似不能径以地少人稠,另外又乏出路(工商业),即作束缚于土地看(当然更不是农民无人身自由),因而所谓强制性剥削,又须打一折扣。再就是农民可由选举制上进,这些都说明中国自战国以来已从封建制解脱,而不再是封建社会。[2] 梁漱溟所论指出了重要的一点:即"封建"必然与某种超经济或非经济的因素——如政治的、法律的因素有关,即使承认有"剥削",这种"剥削"也与资本主义的自由契约式的"剥削"不易分别,若仅以同一种剥削(一是用于自然农业经济,另一是用于近代工业经济)来区分"封建制"与"资本制",又与"封建制"的原意相差太远。

四、西方学者论"中国的封建社会"

韦伯(Max Weber)仅仅把中国先秦称为"封建社会",秦统一后至清代的中国社会,他则称之为"家产官僚制"(世袭君主下的官僚制)社会。[3] 韦伯认为先秦以前的中国与西方很相似,"我们愈往上追溯历史,就愈能发现中国人及其文化与西方人及其文化有种种相似之处。古代的民间信

---

[1] 梁漱溟:《中国文化要义》,《梁漱溟全集》第3卷,山东人民出版社1990年版,第169页。
[2] 同上书,第170—171页。
[3] "家产官僚制"此一中译名根据洪天富译《儒教与道教》,江苏人民出版社1993年版。在其英译名"patrimonial bureaucracy"中,"patrimonial"原义为"祖传的、世袭的",但若译为"世袭官僚制"显然与秦后的中国情况不合,所以,我理解这里的"patrimonial"是指"世袭君主",或理解为君主把王国视为其可代代相传的"家产"亦可。

仰，古代的隐士，诗经中最古老的诗歌，古代的战斗君主，哲学派别的对立，封建制度，还有战国时期的资本主义发展的萌芽。所有这些儒教中国特有的素质，都与我们西方的现象非常相近"[1]。

这与梁漱溟的观点在某种意义上不谋而合。中西所走的根本道路之分，是从战国才开始明确显现，中西文化的类型之分，是从秦统一才渐渐定型的。韦伯认为，秦朝官员俸禄制的建立意味着封建主义的全面废除，秦始皇建立了一个根据功绩与皇恩晋升的严格官僚制秩序，任何官职的提升都必须具备这两个条件，有助于此种官僚体制的"民主化"的，是独裁君主与平民阶层为对抗贵族等级所结成的行之有效的天然联盟，事实上，新的皇权是借助平民力量战胜封建势力的。[2]

而中国的"世袭君主制"（家产制），"为了防止封建等级制的复辟，亦即防止官吏从中央集权中独立出去，采取了一套举世闻名、成效卓著的办法：实行科举，以教育资格而不是出身或世袭的等级来授与官职，这对中国的行政和文化都具有决定性的重要意义"[3]。

我们观察中国与西方的不同历史，注意到中国与西方之异的一个主要之点是：西方自封建社会解体而建立起来的中央集权的民族国家，与在社会上发展起来的资本主义经济密切配合，很快步入一个工业化和列国争强的时代；也就是说，西方从封建社会到资本主义社会之间的过渡期很短，甚至可以说是紧密衔接的。而中国则不然，自严格意义上的封建社会解体，秦汉建立起中央集权的国家以来，却经过了漫长的、独立的发展和演变，直到被西方列强敲开国门，才不得不蹒跚地走上向西方之路靠近的工业化（或"现代化"）之路。而对这两者之间的漫长的两千多年的中国

---

[1] 韦伯：《儒教与道教》，洪天富译，江苏人民出版社1993年版，第266页。
[2] 同上书，第54—55页。
[3] 同上书，第55页。

社会，我们实际上很难说它仅仅是一个过渡期的社会，或者笼统地以舶来的"封建社会"称呼它，这样未免太受西方文化类型的影响，单纯从西方社会的划分来观察中国社会。若从中国自己的历史特点观察，这漫长的两千多年实际上是自成一个体系，自成一个社会，自有其进退，自有其动力，所谓"长期停滞"，所谓"不见社会变革"、"不见社会进步"都是在某种程度上受到了西方观点，或者说以西方为中心的"现代化观点"的影响。而在中国这一特殊和漫长的社会历史形态中，正如韦伯所言，选举制度显然扮演了一个关键的角色。

美国学者德克·布迪（Derk Bodde）在20世纪50年代曾有一文专论中国的封建制。他认为：近年来用"封建的"或"封建主义"的词指称近代以前的中国甚为流行，其立论的根据是经济的而非政治的。中国近代以前社会的农民大多是小自耕农，除了当兵和为匪几乎没有别的选择，"这样一个社会显然是前资本主义的，但又不可能被称之为奴隶社会（因为实际的奴隶相当少），所以论证就走到了这一步，除了用'封建'一词怎么可能称谓它？"[1] 还有些学者如魏特夫（K. Wittfogel）则不仅否认先秦以后的中国社会是"封建社会"，也否认周代的社会是"封建社会"，他把中国历代社会一概称之为"水利社会"或"专制社会"。[2] 艾伯哈特（W. Eberhard）则称中国古代社会为"绅士（gentry）社会"。

在布迪看来，以上观点都忽略了封建主义的政治方面，中国大多数王朝都是中央帝国，有一个食俸禄的官僚阶层，这阶层是任命的，非贵

---

[1] Derk Bodde: "Feudalism in China", in: Rushton Coulborn (ed.): *Feudalism in History*, New Jersey: Princeton University press, 1956, p.49.

[2] 魏特夫:《中国社会——一个历史的考察》，美国《亚洲研究》季刊，第16卷第3期（1957年5月），转引自:《外国资产阶级是怎样看待中国历史的》第一卷，商务印书馆1961年版，第57—73页。

族、非世袭,大多是通过著名的考试制度进入的。因此,从严格的政治观点看,只有两个时代是"封建的"或"准封建的"(quasi-feudal),一是约公元前1122—前256年的周代,一是公元221—589年的魏晋南北朝时期(分裂时代)。

布迪认为,"封建社会"的静态标准(static criteria)主要有:主从关系(这最重要)、私人地方政府、世袭、以分封换取服役的土地系统,规定主人对农民的权利、私家军队等;而"封建社会"的动力标准(dynamic criteria)主要有:前一个帝国的瓦解、蛮族入侵、政治统一超过经济统一、中央权威的衰落、军事技术被一个特殊集团垄断、一个普遍宗教的存在使封建时代成为"信仰时代"等。中国的周代较好地满足了上述"封建社会"的静态标准,而分裂时代则较好地满足了"封建社会"的动力标准。"换言之,周代虽然产生了一个真正的封建体系,它看来却是通过相当不同于其他地方封建体系的动力而达致这种状况的;而分裂时代虽然各项条件很有利,却没有形成一个真正的封建体系。"[1]

费正清(J. Fairbank)的观点可能更典型地代表了大多数美国的中国学学者的观点。他说:

> 首先,非马克思主义者一般同意,士绅并非仅仅是一个封建地主阶级,因为中国社会并没有组成任何可以称之为封建制度的体制,除非是可能在公元前221年以前。"封建"这个词也许仍然是个贬斥的字眼,但这个西方述语用于中国,价值很少。例如,"封建主义"这个词就其用于中世纪的欧洲和日本来说,所包含的主要特点是同土地密不

---

[1] Derk Bodde: "Feudalism in China", in: Rushton Coulborn (ed.): *Feudalism in History*, New Jersey: Princeton University press, 1956, p.90.

可分。中世纪的农奴是束缚在土地上的,他自己既不能离开也不能出卖土地,而中国农民则无论在法律上和事实上都可自由出卖或购进土地(如果他有钱的话)。……

中国的士绅只能按经济和政治的双重意义来理解,因为他们是同拥有地产和官职的情况相联系的。根据中国的传统说法,狭义的士绅地位限于那些通常通过考试(有时通过举荐或捐钱买取)取得功名的个人。这个定义的好处是显得具体,甚至可以用数量来表示——这种狭义的士绅是名列官榜,具有科举功名地位的人,而不取决于他们的经济地位如何,特别是不取决于是否占有田地,因为那是很难从历史记载中确定其数量的。[1]

费正清建议从经济(地产)与政治(官职)的双重意义,而不是仅仅从经济(地产)决定一切的意义上来理解中国的士绅,但他可能低估了文化(选举)的意义。我们也许应该更恰当地把士绅视为是政治、经济与文化的"三位一体",而且,文化在精英地位的取得方面起着一种关键的作用。

即使是代表着某种"暴烈思想"的复归的巴林顿·摩尔(Barrington Moore),他在他的《民主与专制的社会起源》一书中,也不同意把中国进入近代时的社会称为"封建社会",虽然他相当重视土地占有关系的政治含义。他说:"无论如何,使用'封建主义'并没有使用'官僚主义'来得更贴切。在帝国制度下的中国,并不存在一套分封系统。唯一赐给军事部门的土地也是有限的。然而,正如我们将要看到的那样,马克思主义强调地主所有制这一点是完全正确的。总之,在我看来,西方学者竭力否

---

[1] 费正清:《美国与中国》,张理京译,商务印书馆1987年版,第26—27页。

定土地所有者与政权的联系,而马克思主义者则竭力确认这种联系。"[1]他说可以肯定有一批富有的地主是没有文化的,而有一批有文化学识的人却没有地产,但是,维持秩序,保障地主财产,确保正常收租,却正是政府官僚机构的任务。加上人口的过剩,就使地主能在更大的程度上榨取农民。"到这里,我们已接近了问题的实质。中国的地主—佃户的关系只是一种政治工具,它旨在榨取农民的经济剩余,并使之转化为令人心旷神怡的文明形态。"[2]

但不管如何估计中国的土地所有制的政治含义,我们现在还是需要回到这一问题:即中国一直延续到明清的土地所有制是否封建制?威廉·罗(William Rowe)谈道:西方大多数人对中国土地问题所持的印象,是得之于约翰·巴克,R.托尼和费孝通等在二三十年代的报告。这种印象可以具体简化为下面几点:(1)自耕农家庭作为农业劳动的基础,独立决定选种、预算和劳动分配等事务;(2)生产的目的是为了生存,但有大量产品投入市场;(3)聚居乡村生活,也有零星分散的居住地;(4)耕种者拥有土地所有权在法律上得到认可,并且非常普遍,但要付高额的租佃税;(5)通常把土地划分为小块,租给小家庭的佃农。许多人把这种制度看成是剥削性的,但它几乎不可能意味着封建主义。然而,许多历史学家,特别是中国和日本的马克思主义者,仍把共产党中国以前的这种土地制度描绘成封建制度。[3]

威廉·罗指出大多数历史学家承认在中国历史上或多或少地出现过封建社会,分歧在于确定"封建制度"这一定义的依据。一般说来有四种观点:第一种观点是,西方和中国非马克思主义历史学家都认为,中国大

---

[1] 费正清:《美国与中国》,张理京译,商务印书馆1987年版,第26—27页。
[2] 同上书,第142页。
[3] 同上书,第142页。

约在公元前三世纪秦帝国建立时脱离了封建制,这一观点的核心是,强调中华帝国是一个中央集权制的官僚国家,完全缺乏欧洲和日本封建制下的诸侯约束制度。日本京都学派的学者持第二种观点,他们依据比较宽泛的社会政治标准,认为封建主义在唐宋时期随着贵族的消失和科举制度的完全建立而结束。然而,持第三种和第四种观点的人,否认中华帝国晚期缺乏封建的政治上层建筑,他们的观点主要以经济组织为依据。其中东京学派内的不太正统的马克思主义者持第三种观点,他们看到,随着庄园经济的崩溃和16世纪到18世纪间奴隶契约制的消失,封建制度宣告灭亡。自然,中国和其他国家的正统马克思主义者是持最后的第四种观点,这种观点直接来源于关于革命战略的争论,在中国的左派学术圈内,这一权力和策略之争反映在20年代末期的社会史大论战之中。[1]

至此,我们的叙述正好又回到了本章的开头,与我们开始提出的"流行的'中国封建社会'的概念是如何产生的"问题衔接上了。本章的目的主要是解释性的,并不是要径直否定"封建社会"概念在中国的扩大用法,而主要是想展示这一概念的由来、论定、理论依据、与中国革命的不解之缘、与西方同一概念的比较等,至于用"封建社会"这一概念来概括自古代以来一直延续到近代的中国社会是否合适,我们只是提出了一些疑问,明确的论断尚非本章所能及。无论如何,到现在为止,我们至少已经可以比较清楚地看到了"封建社会"这一概念在中国的来龙去脉。

---

[1] 费正清:《美国与中国》,张理京译,商务印书馆1987年版,第308页。

第三章 世袭社会的等级

一、初步的划分

首先,按照社会地位的等级差别来区分,我们可以得到这样一幅概略的图景:

春秋世袭社会被分为贵族与非贵族两大等级,贵族是统治阶层,非贵族是被统治阶层,贵族被称为"君子"、"劳心者",非贵族被称为"小人"、"劳力者"。这两大等级又可以再分别为大夫、士、庶民、奴隶四个主要社会阶层,构成前一等级凌驾于后一等级,在每一等级中,前面的阶层又高于后面的阶层的社会等级分层体系。而大夫又有强族大姓与弱族小姓之别,以及卿和大夫之分。士可能担任公职,也可能充任家臣,也有无职而"食田",甚至亲自耕作者。庶民也可称为"民"、"黎民",并再分为两类,一类是农民,或称"庶人",另一类是工商。奴隶的总名是"臣妾",可分为政事奴隶、生活奴隶,也有从事生产的"隶农"。

对这些等级、阶层的细致区分和描述我们将在后面进行,这里需要说明的两点是:

第一,之所以不把奴隶单独列为一个等级,是因为当时的奴隶主要是政事及生活方面的服务性奴隶,在生产上无足重轻,[1] 这些奴隶虽然身份固定,人身不像庶民那样自由,但其内部等级差别却很大,高级的奴仆,生活上常常要比庶民优越,有时还直接影响政局,甚至取得一时间举足轻重的地位。[2]

第二,虽然"士"一般被认为是贵族的最低一层,但是,到了春秋时代,"士"实际上成了一个面目不甚清楚、界限不甚分明的阶层,其内部严重分化,小部分上升,大部分则日益向庶民地位下滑,到了战国,"士"实际已不再是贵族之末,而成了四民之首,或者说,这时候,整个贵族阶层也差不多崩解了,社会不再是贵族与非贵族对称,而是官与民对称。在中国后来的历史中,士一直是一个粘合上、下的阶层,或者更形象和准确地说,是一架由此上升和下降的主要"阶梯"。后世的"士"阶层实际上成了"铁打的营盘流水的兵",即作为一个阶层,其在社会上的固定地位坚不可摧,绝不动摇,而其中的人虽都如流水一般更迭不已。而上述士阶层的这些特点,在春秋时代,尤其是晚期,已经可以略见端倪了。

---

[1] 童书业:《春秋左传研究》,上海人民出版社 1983 年版,第 312 页:"大致言之:西周时奴隶皆隶属贵族、官府,大贵族以之分赐属下,奴隶所执似多为家内仆役等事,或有用于农、工、畜牧等业者,要之,在生产上无甚足称也。"

[2] 如易牙、浑良夫等,社会地位甚低微,却能乱一国之政。后世宦官乱政亦类此,这种情况容易在君主集权制下发生,例如奥斯曼帝国苏丹的亲随,其原因盖在离权力中心的距离甚近。

其次，按照居住的地域来划分，我们也可以把一国之内的人分为：

"野"或"鄙"是指在四郊以外的地区，"野人"或"鄙人"主要指在"野"的农业生产者。当以"国人"与"野人"相对而言时（春秋时代一般都是在此意义上使用"国人"一词），"国人"一般仅仅指居住于国都城内的人，或者也包括住在国都近郊的人们。当然，奴隶一般并不包括在"国人"的范围之内，但他们亦非"野人"，而是依附于贵族王公家庭而不被计入。这样，"国人"就主要是指士、工商，或许还包括一部分近郊农民。而"士"可以说是"国人"的主体，他们人数最多，也最具战斗力。童书业认为："国人"（主要为士）在西周后期及春秋时地位极为重要。国之盛衰、胜败、国君及执政之安否，贵族之能否保其宗族及兴盛，几悉决定于"国人"。[1] "国人"有参与议论国事的权利，常参与朝会、国之盟誓。春秋时各国国君或大臣常召国人来"询国危"、"询立君"、"询国迁"。"国人"有服军役和纳军赋的义务，各国军队多以"国人"作为主力。"国人"既有如此大的势力，故常有起义反对君大夫暴政之举，并常能逐杀国君、大夫而取得胜利，此即所谓"国人起义"。如西周末年"国人"暴动、流放周厉王于彘，春秋时"国人"逐君之事更是举不胜举，并且《左传》对"国人"起义亦多不予否定。[2]

但是，我们在此也许需要提出一点：即主要由"士"构成的"国人"的这种政治作用，主要还是作为群体、作为后盾起作用的，而就个人而

---

[1] 童书业：《春秋左传研究》，上海人民出版社1983年版，第140页。
[2] 同上。

言,在春秋时代的政治舞台上,最为活跃,最具影响力的主要人物还是大夫,而不是士。在这一意义上,春秋社会还是一个"大夫社会",而不是如战国时代那样一个由游士占据主导地位的"士的社会"。"国人"群体的势力虽然常可利用,但他们一般是以赞成或反对某一执政或卿大夫为号召的,或直接以某一卿大夫为自己的领袖,其行动的结果最后一般也不是由"士"中推举出新的执政,而是拥立某一新的国君或某些卿大夫作为新的权力中心人物。

最后,我们按照职业来划分,亦可以区分出下面两个大类:

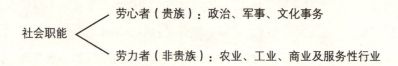

社会职能 ⎧ 劳心者(贵族):政治、军事、文化事务
　　　　 ⎨
　　　　 ⎩ 劳力者(非贵族):农业、工业、商业及服务性行业

这里的职业之分是与等级之分对应的,劳心者为贵族,为"君子",为统治阶层,所执掌的是政治军事、文化方面的事务;劳力者为非贵族,为"小人",为被统治阶层,所从事的是农业、手工业、商业等生产、流通以及服务性工作。后来孟子所论两种人即是从这种社会分工入手,他反对许行的一人兼备百事,认为"有大人之事,有小人之事""或劳心,或劳力;劳心者治人,劳力者治于人;治于人者食人,治人者食于人,天下之通义也"。[1] 这一思想看来不仅为先秦及秦以后两千年大多数思想家、政治家所首肯,也为社会上大多数人所接受,只是到近代,它才发生了严重问题而最终导致至少在形式上被推翻。孟子也并非这一"通义"的最早的明确陈述者,《国语·鲁语下》载公父文伯母敬姜之语说:"君子劳心,

---

[1] 《孟子·滕文公章句上》,杨伯峻:《孟子译注》上册,中华书局1988年版,第124页。

小人劳力,先王之训也。"[1] 说明这一思想作为"先王之训"有着更为久远得多的历史。

这里也需要注意的两点是:第一,军事最初也是劳心者的事,是贵族所专有的特权,古代的车骑之战是贵族风度的战争,也是一种显示威严的政治表演。直到后来有了步兵,庶民才渐渐被允许参战。第二,贵族之妻妾虽然笼统言之也应当属于贵族阶层,但是她们却不属于作为统治阶层的"劳心者"之列。按照前面提到的敬姜的意见,从"王后"、"公侯之夫人""卿之内子""命妇"一直到"列士之妻",都必须亲自劳作,从事纺织、家务,以"衣其夫"和"治其业"。

这样,我们从上述的社会地位、居住地域、职业分工三方面的划分可以看到,社会不仅在地位方面是明确划分为等级的,在居住地域和社会分工方面也明显含有等级差别的含义,而不单纯是所居地和职业的差别。而且,社会主要被划分为两大等级:贵族与非贵族,统治者与被统治者,活跃者与不活跃者,君子与小人,劳心者与劳力者。

二、贵族等级与非贵族等级

下面我们由下而上、仔细地考察一下两大等级的各个阶层:

1. 奴隶或仆役

谈到春秋社会的等级制,最著名的一段话是鲁昭公7年(公元前535年)楚芊尹无宇对楚王说的:

---

[1] 《国语·鲁语下》,《国语·战国策》,岳麓书社1988年版,第52页。

> 天有十日,人有十等,下所以事上,上所以共神也。故王臣公,公臣大夫,大夫臣士,士臣皂,皂臣舆,舆臣隶,隶臣僚,僚臣仆,仆臣台,马有圉,牛有牧,以待百事。[1]

晋杜预注"天有十日"是"甲至癸",即按甲日至癸日顺序排列的十个日子,而非"日月"之"日",[2] 对"人有十等",杜简注为"王至台"。唐孔颖达解释杜预为何不仔细解释这些等级之名的缘由是:"此皆以意言之,循名求义,不必约束,故杜皆略而不说。"[3] 孔颖达的疏主要是文字训诂方面的解释,即一种形式、字面上的解释。清俞正燮"仆臣台义"一文给出了一种较具实质意义的解释,并且认为:"十等俱就王公言之,为在官者。"他着重解释了"士"以下诸等的含义:[4]

士:卫士之长;

皂:卫士,无爵而有员额者,非后世之皂隶;

舆:卫士,无爵又无员额者,即非正式编制内的卫士;

隶:罪人,即因犯罪而服役者;

僚:罪人,因犯罪而服苦役者;

仆:三代奴戮,即因犯罪而沦为奴隶者;

台:罪人为奴而又逃亡者,抓回来则为"陪台"。

---

[1] 《左传·昭公七年》。阮元校刻:《十三经注疏》下册,中华书局1983年版,第2048页。

[2] 谈到"日月"之"日",芊尹元宇在这段话之前所说"一国两君,其谁堪之",正是一天不容有"两日"之意,更遑论"天有十日"!

[3] 所引书同注1。孔颖达虽然从文字训诂上解释了各等之名,但显然,士以下从"皂"至"台"的六个等级并不重要,我们不必,也很难深究其细微区分。

[4] 俞正燮:《仆臣台义》,《癸巳论稿》,商务印书馆1957年版,第68页。

按俞氏的解释，只有"仆"、"台"两种是奴隶，"隶"、"僚"虽是罪犯，却尚非奴隶，"皂"、"舆"就更不是了。后来有一种颇为流行的看法，认为从"皂"至"台"都是奴隶，而"圉"、"牧"则为更下等、不入流的奴隶；另一种意见则认为从"皂"至"台"都是官府差役。但我们现在若不从身份，而仅从功能（所事）考虑，就可以求同存异，看到芋尹无宇所描绘的这种十等制主要呈现为一种政治的等级制，或如俞氏所言是"就王公言之"，因为很显然，这里没有庶人、工商的地位，另外，我们也宜考虑这种十等制并非一种对当时等级制的严格准确的描述，而是更接近于一种相应于"天有十日"的类比，因为，在此区分下面六等的重要性显然是不能与上面的四等相提并论的。从"皂"至"台"的六种人身份可能如俞氏所言只有部分是奴隶身份；但也不排除都是奴隶的可能，奴隶是指身份，差役是指所事，奴隶与差役可能合一。如果是后一种情况，那么这些奴隶就属于"政事奴隶"，或者说"官府奴隶"，他们有别于"隶农"一类在"野"的"生产奴隶"，也有别于"圉"、"牧"一类在"家"的"生活奴隶"。当然，春秋时期随着私家越来越侵夺公室政事，大夫家室的"生活奴隶"也常转为"政事奴隶"。

童书业认为：西周时有关奴隶之史料甚少，名称则甚多，若干恐非真性奴隶。[1]奴隶总名为"臣妾"，"皂隶"为官府奴隶，其地位已经等于贱官，且有世袭"职禄"，"不知迁业"；"舆"地位与"皂隶"略等；"僚"、"仆"、"台"则为家庭奴隶或仆役。[2]十等之外，"圉"为养马之奴隶，"牧"为养牛之奴隶。但其地位和作用看来却颇不低。庄公三十二年记载，庄公女儿在家观看雩祭的演习，圉人荦竟从墙外调戏她，遭到庄公之子子般的

---

[1] 童书业：《春秋左传研究》，上海人民出版社1983年版，第312页。
[2] 同上书，第126—128页。

鞭打，八月子般继国君位之后，庆父就派圉人荦刺杀了子般，改立闵公。除此之外，所谓奴隶的名称之外还有："竖"，是守藏司事之奴隶，亦家庭童仆之类，或曰"小臣"。春秋史上有几个身份为"竖"的人严重地影响过政局，一如"竖牛"，是鲁叔孙穆子的非婚生子，曾扰乱过叔孙氏，参与该族废立之大事；再一个如卫孔氏之"竖浑"良夫，与孔姬私通，成为驱逐卫出公而迎立在外流亡的卫庄公（蒯聩）的主力。另外还有得宠于齐桓公而在其死后乱政的"竖刁"；曾为晋文公重耳守藏之"竖头须"等。另有"奴"，也是家庭奴隶，其字盖由家属之"孥"而来；还有"婢"，是下等之"妾"，以及"徒人"，大致都属于家庭执役之奴隶。政事或公府方面的奴隶则还有作为司门之奴隶的"阍"，《左传·襄公二十九年》记载："吴人伐越，获俘焉，以为阍，使守舟。吴子余祭观舟，阍以刀弑之。""司官"、"寺"也与"阍"相似。其中"寺"中也出过几个有名人物，"寺貂"与易牙等一起在齐桓公死后"因内宠以杀群吏"，"寺人勃鞮"曾受晋献公之命讨伐重耳，当重耳返国为文公时，"寺人勃鞮"求见于文公并慷慨陈词，阐述一种为臣的"责任伦理"和为君的"宽容之德"。另有"寺人费"，"寺人披"，"寺人柳"等亦在史籍中有迹可寻。据此，我们可以大致将奴隶之名称归为两类：

政事奴隶：皂、隶、舆、阍、司官、寺人

生活奴隶：僚、仆、台、圉、牧、竖、奴、婢、徒人

这一划分当然不是绝对的，后来私家势力上升，有些生活奴隶也成为政事奴隶，且这些名称所代表的也未必全都是真性奴隶。以上两类奴隶大致构成为春秋奴隶的主体似可确定，奴隶似不在春秋时代的社会生产中占据主要地位，奴隶在当时人口中的比重和从业的广泛性，重要性还不如

后来的秦及西汉。众多被认为是奴隶的名称基本上可以归纳为政事与生活两类，其内部又存在着一种常在政事与生活中才倾向于实行，而在大规模生产中却不甚需要的严格细密的等级制，亦说明奴隶并非当时社会生产的主体。奴隶名称之多并不显示奴隶之多，反而见出奴隶之少。

2. 庶民

在传统社会中，社会阶层在经济活动中的地位与其政治文化作用并不相应，生产活动的主体并不就是政治与文化活动的主体，劳力与劳心被判为两事，所以，在社会生产和人口中最占分量的庶民在史籍中却最为默默无闻，不仅作为一个群体之名甚少提到（"庶民"一词在《左传》中仅出现3次，"庶人"一词在《左传》中也只出现6次），也很少有个别突出的庶民留下记载——在这方面甚至不如上文所提到的政事奴隶。

庶民可以再分为主要是"力于农穑"的"庶人"（农民）和从事手工业与商业的"工商"。郭沫若认为殷、周两代的农夫，即所谓"众人"或"庶人"，事实上只是一些耕种奴隶，[1] 但我们看《左传》中所有提到庶人与其他社会等级阶层关系的地方，庶人的地位都是处在大夫、士之下而居于工商、皂隶、牧、圉之上，也就是说其地位虽非贵族，却高于奴隶，还高于同属庶民阶层的工商。《国语》中所提到的庶人地位与《左传》基本相同。并且，庶人地位还处在上升的趋势，《论语·季氏》中载孔子言"天下有道，则政不在大夫，天下有道，则庶人不议"，反证出就像当时"政"已在"大夫"一样，当时的"庶人"大概也已经经常"议"政了。又《左传·哀公二年》载赵简子誓："克敌者，上大夫受县，下大夫受郡，士田十万，庶

---

[1] 郭沫若：《奴隶制时代》，《郭沫若全集》历史编第三卷，人民出版社1984年版，第29页。

人工商遂,人臣隶圉免。"[1] 说明庶人工商有军功者虽不能像大夫、士有军功者一样受封土,但也不止是像奴隶有军功者仅能免其奴隶身份,而是作为自由人而可以由军功入仕,担任官职了。

"工商"地位次于为农的"庶人",但由于其主要居于国都,靠近政治权力中心,又经营工商业,生活甚或优于庶人,尤其是商人,渐积聚起一定经济势力。"工商食官",当时的工商还在很大程度上要为贵族官府服务,其活动要受官府制约,但其个人身份还是比较自由的。在商业力量比较发达的郑国,商人还与国君订有盟约,商人不能背叛国君,国君也不能强买或掠夺商人的货物。春秋时期并有一些艳羡商人之富的下层贵族亦事经商,故工商对政治的影响反而比务农的庶人明显。定公八年,卫侯欲叛晋,大夫王孙贾说:"苟卫国有难,工、商未尝不为患,……"由此激怒了"国人",使他们赞同叛晋。《左传·僖公三十三年》记载了著名的郑国商人弦高的故事,弦高在去周都城做买卖时遇上了要去袭击郑国的秦军,一面有意以郑国国君的名义送上牛群慰劳秦兵,以示郑国早就有备,另一面派人急速回郑国报信,结果使秦军知道偷袭无望而不得不中道而返。

3. 士

士阶层是中国历代社会最具特色的一个阶层,也是中国历史上最大的一个变数和动因,中国的政治、文化乃至整个文明性格的许多秘密都必须到这一阶层中去寻找,所以确实最堪注意。士在春秋时代虽然尚与大夫有别,"士大夫"尚未连称,而当时社会政治文化的主体亦尚非"士"而是"大夫",但若从一种长远的眼光观察,对即便是春秋时代的"士"给

---

[1]《左传·哀公二年》,《十三经注疏》下册,中华书局1983年版,第2156页。

予一种特别的注意亦不为过。

　　士的起源一直是个纷纭复杂、引起许多争论的问题，正如余英时所言："近代研究'士'的起源问题的学者每好从文字训诂下手，更喜引甲骨、金文为证，真所谓家异其说，令人无所适从。"[1] 最近阎步克有一文《"士"形义源流衍变说略》，对"士"之众多义项及其源流衍变进行了一番梳理，他认为"士"字为斧形之说似较可信，其初义为"男子之大号"，即氏族男性正式成员；它又可用为首领之称，故"士"、"王"初本一字。后来随着乡遂或国野的分化——这意味着统治部族与臣服部族的等级分化，以及统治部族内部贵族和平民的等级分化，"士"由原先笼统的一切成年男子之称、氏族正式男性成员之称，演变为统治部族成员之称，统治阶级内部的贵族之称、受有爵命的贵族官员之称。[2] 但"士"之称号除了上升的一面，又有下降的一面，它先是指贵族官员的最低等级，到战国时代贵族制瓦解，"士"又从贵族之末落到四民之首，那时凡有德或有一技之长者，几乎都可称之为"士"了，这时"士"的称号就失去了原先等级之分的强烈涵义，而更多的是道德才艺的分类了。[3]

　　所以，处在这种变动之中的士的社会地位总是难于一语断定。童书业认为：春秋时代天子、诸侯、卿大夫皆是宗法贵族，自无疑义。"士"是否贵族，则尚可讨论。但是，士可以进仕为官，庶人、工、商则无功不能进仕，士可受教育，庶人、工商，则至多只能受到低级教育，不能受高级教育，则"士"应当仍是贵族，或为高级自由人。[4]

---

[1] 余英时：《古代知识阶层的兴起与发展》，见：《士与中国文化》，上海人民出版社1988年版，第3页。

[2] 阎步克：《"士"形义源流衍变说略》，载：《学人》第一辑，江苏文艺出版社1991年版，第201页。

[3] 同上书，第207页。

[4] 童书业：《春秋左传研究》，上海人民出版社1983年版，第123—124页。

士没有大夫的那种"采邑",也没有大夫的那种"家"、"室",所以士对官职的依赖甚大。顾亭林认为:古代之士,大抵皆有官职之人。[1] 而且,这种职事最初主要是武职。顾颉刚说:"吾国古代之士,皆武士也,士为低级之贵族,居于国中(即都城中),有统驭平民之权利,亦有执干戈以卫社稷之义务。"[2] 这也是多数近代学者的看法。余英时同意顾颉刚的上述论点,并引《孟子·万章下》:"下士与庶人在官者同禄,禄足以代其耕也。"指出"士"作为古代贵族阶级最低的一个集团,其中最低的一层(所谓"下士")又与庶人相衔接,其职掌则为各部门的基层服务。余英时还指出,对记载卒于昭公元年(公元前540年)的邾悼公之事的《邾公华钟》所云"台乐大夫,台宴士庶子"中以"士庶人"连言应予特别注意,这说明士有时也可以下侪于庶人,而《国语·楚语下》也记载楚昭王时(前551—前489)大夫观射夫论祭祀时曾两次以"士庶人"连言,显示士与庶人在宗教仪式上有趋于平等之势。[3]

《孟子·万章下》以及《礼记·王制》所说的"上士、中士、下士"的划分似乎不甚值得注意,这种士内部的爵禄之分在孟子的时代就已经只能是笼统言之而缺乏翔实的材料,值得我们注意的还是士与"仕",或者说士与官职的关系。在春秋时代,士内部不仅有职高者与职卑者之分(当然总的说至少在春秋早期,士的官职都不可能太高),而且肯定还出现了有职者与无职者的区分,即社会上已经有了无职的游士,这在春秋后期尤其明显。另一种值得注意的转变就是士由主要是武职向主要是文职的转

---

[1] 顾亭林:《士何事》,《日知录》上册,花山文艺出版社1991年版,第336页。
[2] 顾颉刚:《武士与文士之蜕化》,《史林杂识初编》,中华书局1963年版,第85页。
[3] 余英时:《古代知识阶层的兴起与发展》,《士与中国文化》,上海人民出版社1988年版,第9—12页。

变,这和列国争强,农民渐可充战士以及士内部的功能调整有关。[1] 其间孔子及其弟子在这种转变中也起了一种重大的作用。

许倬云指出:士的身份为大夫的家臣和武士,士可能世代是士,也可能是大夫庶孽不能承宗而变为士。士可能在本宗本族服役,也可能被雇于其他宗族。以人数论,士应该超过公子和大夫很多,但是位置卑下,不足称道,所以史家笔下很少带到。[2] 许倬云并根据班固《古今人表》,列出了在春秋各期活动的32位士,我们对这32人作一概略划分,大致武士有17人,占一半强;[3] 家臣8人,占四分之一;[4] 孔子及其弟子7人,占四分之一弱。[5]

在班固笔下,春秋时代出现的第一位士是介之推,《左传·僖公二十四年》记载:介之推作为晋公子重耳流放时的随从,在重耳返国即位为文公后不求封赐,偕母隐居山中至死。介之推反对贪天功为己有,也不肯文其隐而求显,成为历史上隐居的有德高士的一个早期象征性人物。这也反映出班固人表的选择标准,这标准大致是按事件中的重要性,或有一殊德、一异才者选择。[6] 所以,班固人表中所载的士虽然不是《左传》、《国

---

[1] 参见上述顾颉刚文《武士与文士之蜕化》,余英时则认为文士非由武士蜕变,而是自有其礼乐诗书的渊源。

[2] 许倬云:《春秋战国间的社会变动》,《求古编》,联经出版事业公司1982年版,第326—327页。该文曾刊于《历史语言研究所集刊》第34本(1963),又参见其后来在此基础上扩展而成的英文著作:Cho-Yun Hsu: *Ancient China in Transition*, California: Stanford University Press, 1965. pp.34—37。

[3] 17位武士是:介之推、提弥明、钽麑、灵辄、杞梁、殖绰、秦堇文、华周、叔梁纥、狄斯弥、臧坚、专诸、宗鲁、孟之反、孟厌、石乞、公孙贾。这里我们把介之推划为武士,是因为他作为晋公子重耳流放时的随从,非家宰,而以其身份,看来也非纯粹文谋之士(或者谋士亦兼武士,反之亦然),故还是放入武士较为妥当。

[4] 8个家臣是:公冉务人、匡句须、谢息、南蒯、公山不狃、铲金、董安于、阳虎。

[5] 孔子及其6位弟子是:子路、樊迟、有若、冉有、子羔、子贡。

[6] 班固有时也拘泥于某一事件,例如,对于哀公十五年卫国太子蒯聩发动的那次政变,就记载了子路、子羔、石乞、孟厌四人。

语》中出现的春秋时代士的全部，但基本上还是代表了当时士阶层中比较活跃和突出的部分。在此我们可以看到，春秋前期士阶层中是武士占压倒优势，这里有被晋灵公派往刺杀赵盾，不忍下手，不杀又觉有违君命，退而触槐自杀的鉏麑；有藏匕首于鱼腹中刺杀吴王僚，启后世侠士刺客壮怀激烈之风的吴国武士专诸。到春秋后期，家臣则明显占据了一个更突出的地位。武士再勇猛，再忠于主人，也不可能上升到政治阶梯的高层，而家臣则可成为家宰，甚至达到影响或决定国政的程度。[1] 例如在鲁国，前有据邑称兵，欲张公室而叛季氏的南蒯；后来又有挟持季桓子据有阳关，一时掌握国政，权倾朝野，欲废三桓的阳虎。

这里值得研究的一个问题是：是否在士的主体由武职向文职转化的同时，也相应地有一种士由公室向私家聚集的趋势？在公室中，士的地位较固定，一般多充武职，任卫士、上层文职询谋之事多由大夫家族垄断，而在私家，士却较易上升，较少受成规约束，而且，士不仅可服务于同姓，也可服务于异姓，在异姓家族中甚至有时更能发展自己的才能而得到升迁。由此引发的另一个同样耐人寻味的问题是：至少在鲁国，为什么上升到国内一个主要家族家宰地位的士却时有不肯忠于此家族而欲张公室者？这是由于个人的政治抱负已不满足于一室一家，还是由于要实现一种社会的政治理想？或者两者兼而有之？

孔子是春秋时代从士集团崛起的一位中国历史上最伟大的人物。孔子的影响当然绝不仅仅限于一个时代或一种身份，但我们现在还是主要从孔子为春秋时代的士开启了一条新路来观察，这条路一是士从功能上由武职决定性地转向文职；一是士从其聚集并构成群体的影响力方面，不再以家族、姓氏为标准，也不再依附于某一大姓强族，而是打破家族、出身的

---

[1] 这当然是在那些势力最强的世家才有可能。

界限，根据德行、才能构成一个具有很大影响力的群体。而这两者都是通过孔子"有教无类"的招收弟子，兴办私学来实现的。孔子之父叔梁纥以勇力闻，曾在一次攻战中举起城门救出诸侯之士，[1] 孔子自己据说也是力大，却不愿以力闻名；[2] 早年亦娴习射、御等武事，其弟子冉有后曾统率鲁国一半军队，樊迟为其车右。但是，孔子及其弟子虽然是文、武兼备，或有文有武，但若把这一现象放进一种动态的发展中观察，即与其前、其后比较，则可以说这种文武并重已经是开始由更重于武转向更重于文了。这一点也可以从孔子自己一生事业重心的转移得到证明。

孔子出身于士的家庭，少年时做过许多鄙事，但到晚年却已升入不能徒行的大夫之列，而其对当时列国政治文化的影响力却已远非一个一般大夫，甚至强族大夫所能比。最为独特的是，孔子这种巨大的影响力并不是靠着春秋时代司空见惯的强大的家族基础，而是借助于他的文化修养以及来自各个国家、各种等级家庭的弟子。转向文化知识和打破家族世袭，可以说是孔子为春秋时代的士阶层乃至整个社会结构所带来的最重要的变化，这点我们后面还要详述。

4. 大夫

我们这里所说的"大夫"是广义的，包括国君以下，士以上的一切贵族，从名称上细分则有"卿"、"大夫"之别，而卿之中又有上、中、下之分，大夫中也有上、下之分。上卿之执政者亦称"正卿"、"冢卿"，次于"正卿"之执政者称为"介卿"，但以上划分主要是从政治着眼，若从社会集团言之，则可依其出身背景分大夫集团为强宗大族与弱宗小族两类。许

---

[1] 事见《左传·襄公十年》所载。
[2] 《吕氏春秋·慎大览》："孔子之劲，举国门之关，而不肯以力闻。"

佸云认为：大夫集团虽然传统的分为卿和大夫两阶，事实上两者的分野微乎其微，大约大夫的执事较杂，常为卿的副介从属而已。[1]

卿大夫一般都有自己的采邑。封国是诸侯的领地，采邑则是卿大夫的领地，前者得自周天子，后者则得自国君。所以后来《礼记·礼运》云："大夫有采以处其子孙。"春秋时期，卿大夫不仅以采邑为自己的经济来源，对其采邑内的人们有一种私人的统治关系，而且还可以在采邑内有自己的官属、自己的军队。[2]

卿大夫又是春秋各国官吏，尤其是上层官吏的主要担任者。许倬云曾以以下6条作为政治上"活跃"的标准：1. 曾为正卿或执政者；2. 曾出总师旅者；3. 曾参与国际会盟者；4. 曾献替庙谟、国事时被谘询者；5. 有重要官位者；6. 参与有决定性的政治事件，例如易立、弑君等。然后，他统计出，在班固人表中所列的春秋时代的516人中，大夫有335人，占了总人数的65%，而其中"活跃"的大夫有218人，在总人数中占42%，在大夫人数中占65%，并且，这些大夫多集中于少数强宗巨室。与此形成对照的是，公子集团仅占上述总人数的13%，士集团占总人数的6.5%。而且，大致说来，作为国君之子却未承君统的公子集团也可划归卿大夫阶层，如果两者相加则大夫集团的百分比要上升到78%。所以，说春秋社会主要是一个"卿大夫活跃的社会"是恰如其分的。大夫是春秋社会的主体，正是由于当时社会主要是一个大夫的社会，以及大夫与家族的关联，我们才可说"大夫社会"同时也就是一个"世袭社会"，大夫"建家立室"是诸侯"建邦立国"的延伸，或者说，大夫社会性的自我封建正是将政治性

---

[1] 许倬云：《春秋战国间的社会变动》，《求古编》，联经出版事业公司1982年版，第322—323页。

[2] 侯志义：《采邑考》，西北大学出版社1989年版。赵光贤：《周代社会辨析》，人民出版社1980年版，第117—121页。

的封建原则搬用于社会。由于我们下面还要详细分析春秋社会作为世袭的大夫社会的具体情况,所以对大夫阶层的描述此处从略。

三、小　结

最后,我们以史籍记载的春秋时期人们的言论为准,给出一幅春秋社会的等级与阶层的概略图景如下:[1]

主题	出处	大夫	士	庶人工商	奴隶或仆役
家族基础	《左传·桓公二年》师服评晋封于曲沃	卿置侧室,大夫有贰宗	士有隶子弟	庶人,工、商各有分亲	
	《左传·襄公十四年》师旷对晋侯	卿置侧室,大夫有贰宗	士有朋友	庶人,工、商……皆有亲昵	……皂隶牧圉皆有亲昵
等级职守	《左传·襄公九年》子囊劝楚君勿与晋争	其卿让于善其大夫不失守	其士竞于教	其庶人力于农穑,商工……不知迁业	皂隶,不知迁业
	《左传·襄公十四年》师旷对晋侯	大夫规诲	士传言	庶人谤,商旅于市,百工献艺	
	《左传·昭公二十六年》晏子对齐侯言礼	大夫不收公利	士不滥,官不滔	民不迁,农不移,工贾不变	
	《国语·鲁语下》公父文伯之母敬姜言	卿大夫朝考其职,昼讲其庶政,夕序其业,夜庀其家事	士朝受业,昼而讲贯,夕而习复,夜而计过无憾	自庶人以下,明而动,晦而休,无日休息	

---

[1] 我们在此主要以《国语》和《左传》为据,而有意不用《孟子》、《礼记》和《周礼》中的材料。

主题	出处	大夫	士	庶人工商	奴隶或仆役
政治臣属	《左传·昭公七年》芊尹无宇对楚君	公臣大夫,大夫臣士	士臣皂		皂臣舆,舆臣隶,隶臣僚,僚臣仆,仆臣台,马有圉,牛有牧
经济来源	《国语·晋语四》记文公之施政	大夫食邑	士食田,官宰食加	庶人食力,工商食官	皂隶食职
世居之地	《国语·齐语》管子对桓公		昔圣王之处士也,使就闲燕	处工就官府处商就市井处农就田野	
赏功等差	《左传·哀公二年》赵简子誓	克敌者,上大夫受县,下大夫受郡	士田十万	庶人工商遂	人臣隶圉免
祭祀等差	《国语·楚语下》观射父对楚王	大夫举以特牲,祀以少牢,卿大夫舍月,卿大夫祀其礼	士食鱼炙,祀以特牲,士、庶人舍时士,庶人不过其祖	庶人食菜,祀以鱼,士、庶人舍时士,庶人不过其祖	

从以上"家族基础"栏,我们注意到师旷对晋侯说道:"皂隶牧圉,皆有亲昵。"与"庶人工商"相同,似乎仆役亦有自己的家族、朋友方面的生活,可能不像古希腊罗马奴隶那样全无人身自由,但仆役无祭祀,立功也只能免其身份,焚其丹卷,[1] 犯命则还要从原有地位降等,[2] 在"等

---

[1] 《左传·襄公二十三年》记载:晋范氏和栾氏内讧,栾氏有家臣名督戎,武勇有力,为范氏所畏惧,有一"隶"斐豹对范宣子说:"苟焚丹书,我杀督戎。"后他果然杀了督戎,获得了人身自由。

[2] 《左传·昭公六年》又载有楚公子弃疾所誓:"有犯命者,君子废,小人降。"亦即君子废去贵族身份,小人则还要降等,此可见出惩罚方面的等差。

级职守"、"世居之地"栏中都未提仆役,说明他们在人身上是依附于贵族——主要是卿大夫家族,而没有自己独立的社会地位。

"庶人工商"除不见于"政治等级"一栏之外,其他栏都具列。他们是社会的主要"劳力者",其地位显在奴隶或仆役之上,但是,若从政治文化言之,可能又有少数政事奴仆在权势和影响力方面实际居于他们之上;而在"庶人工商"中,社会地位原本低于"庶人(农民)"的"工商"作为居住在城市的"国人"的一部分,在政治影响力方面也可能居于"庶人"之上——这些都可以用他们离政治权力运作中心的客观距离来解释,在某种意义上也是社会"劳力"、"劳心"的功能使然——工商要比农夫稍有余暇来关注政治,而奴仆也可能无形中分有和僭夺他们最接近的贵族的一部分"劳心"功能。总而言之,这些情况提醒我们,社会等级与阶层在政治、经济、文化各方面的情况是复杂的,这几个方面的差别并不是完全对应的,而是常常呈现出复杂的交叉重叠的情况。

最后,我们还要注意,以上"等级职守"一栏中所列,是相当带有理想色彩的,是就理想,而不一定是就事实言之,尤其是公父文伯之母敬姜所言一段。但这毕竟反映出古人一种持久和广泛的心态,即相信在等级制度之下也可以达到一种理想的社会生活。[1] 此外,如"世居之地"中所列"管仲对桓公"一段,也含有政治设计的意味,不可径认为那完全就是当时的事实。但由此也可反映出古人甚重视通过在各等级阶层之间保持某种社会距离来达到有序、维持安定。古代统治者与其说是通过不断的斗争和压制,毋宁说是试图通过拉开距离来消弭矛盾于萌芽,化解冲突于无形。这种通过社会距离来控制和治理,防止"民狎"或"近之则逊"的政治秩

---

[1] 此心态中西皆同,我们可以回忆柏拉图的《理想国》,社会正义是在各等级的各得其所、各安其分中达到的。平等的社会理想只是近代才大流行。

序是否成功，关键自然要看它是否能被广大下层所接受，要看这种社会距离意识是否也为普通民众所持有，这在春秋前期似乎相当成功，例如成公三年，郑国一位商人想救被楚国俘虏的一名晋国贵族将领，后来那位贵族想报答他，但这个商人说："吾小人，不可以厚诬君子。"于是就避开了。无论如何，在某种意义上，古代中国的统治者提供了一个通过社会距离进行治理的范例。

第四章　春秋社会的世族

　　本章主要考察春秋时代的世族——即那些在社会、经济方面具有支配势力、盘根错节、代代相传；在政治、文化方面也极为活跃、占据主导地位的家族。作为一国之主的君王诸侯的世系，自然不包括在我们所说的"世族"之内，而士及庶人的家族一般也称不上是这种有权势的"世族"，所以，世族大致都是大夫家族。[1]

　　有好几条线索把我们引到对世族的研究。在秦以后的中国历史中，虽然始终可以见到家族的力量，但总的长远趋势是：家族越来越退出上层政治的领域而仅活跃于社会基层。而我们在春秋历史上所见到的重要人物，后面却都有一个家族，个人与其家族共衰荣，因而，对春秋历史，我们印象最深刻的与其说是一个个的人，不如说是一个个的家族。离开了世族，一部春秋史几无从说起，而抓住了世族，春秋时代的历史方由纷纭变得分明。

　　另外，从社会的晋身之阶来说，值得我们注意的是，春秋时代各国

---

[1] 孙曜："吾国春秋时代，各国大夫皆世袭守土，谓之世族，为当时各国实力之所寄，时代之重心也。"见其著：《春秋时代的世族》，中华书局1931年版，第1页。

官制的发展还很不完善，还远未建立起如秦朝之后那样一种君权之下的明确、系统和固定的官僚体制，各国间的官制也不一致，政治权力并不集中于中央君权及其之下的官僚体制，而是在相当大的程度上分散储存于社会，分散储存于社会的各大家族。虽然各大家族的建立和最初维持常有赖于政治，有赖于君侯之赐，但是，我们也可以看到，许多世族在一段长时间里虽然并无人身居卿相执政之职，却仍然很有势力，并且一旦出仕就是要职。所以，研究春秋社会的结构和上升流动状况由家族入比由官职入看来要更为可靠，我们且可以这样广义地来理解世官：第一，世官并不一定是紧密联系、环环相扣的；第二，世官也不等于世职，不是世代担任某一个职务；第三，世族是世官的基础，只要一个世家大族不倒，其成员就随时可能有出任重要官职的机会。此外，春秋时代家族的材料相当丰富，而官职的材料却残缺不全，这些情况都启示我们，与其从官员的社会出身和背景来研究社会的开放程度，不如直接从执掌权力的世家大族入手，后者是研究春秋社会的一条更为恰当的路径。

在这一章中，我们首先将探讨世族的由来，然后展示春秋世族的一般情形，尤其是它们在春秋社会中的雄厚实力和支配地位，这种展示有助于回答"为什么把春秋社会称之为世袭社会"的问题，而为了使这种展示不至于停留在一般数据和泛泛之论，也为了限制篇幅和不在庞杂的史料中迷失，我们特意选择了两个具有典型意义的世族来具体说明世族的兴起、相互关系、内部冲突、与公室的关联及其结局，最后我们还要一瞥世族鼎盛期的文化。

一、世族的由来

世族缘何而来？大夫阶层官、爵、禄的世袭是有意的制度设计还是人们的社会行为自然而然形成的结果？或者说，大夫阶层的世袭是一开始就有明文规定的法律形式，还是逐渐才变为一种人们认可的惯例？或者，验之于从西周到春秋的历史，世族的繁荣和举足轻重所导致的世袭社会究竟是何时成立的？推动它形成的条件又是什么呢？这些就是本节要探讨的一些问题。

王国维在《殷周制度论》中独特地认为，中国政治与文化之变革，莫剧于殷周之际。周人由确定君位继承的嫡庶之制而演出宗法和封建子弟之制，但天子、诸侯虽有大宗之实，却无大宗之名，因为在天子和诸侯那里，宗统与君统相合，故不必以宗名，而大夫、士以下，则皆以贤才进，不必身是嫡子，故宗法乃成一独立之系统。在君、侯的层次上，则有分封子弟之制与嫡庶之制相辅。王国维并推论这些制度的精神之所寄在于：

> 以上诸制，皆由尊尊亲亲二义出，然尊尊、亲亲、贤贤，此三者治天下之通义也，周人以尊尊亲亲二义，上治祖祢，下治子孙，旁治昆弟，而以贤贤之义治官。故天子诸侯世，而天子诸侯之卿、大夫、士皆不世，盖天子诸侯者，有土之君也。有土之君，不传子不立嫡，则无以弭天下之争，卿、大夫、士者，图事之臣也，不任贤，无以治天下之事。以事实证之，周初三公，惟周公为武王母弟，召公则疏远之族兄弟，而太公又异姓也。成康之际，其六卿为召公、芮伯、彤伯、毕公、卫侯、毛公，而召、毕、毛三公又以卿兼三公，周公、太公之子不与焉。王朝如是，侯国亦然。故春秋讥世卿，世卿者，后世之乱制也。礼有大夫为宗子之服，若如春秋以后世卿之制，则宗子世为大夫。而支子不得与，又何大夫为宗子服之有矣，此卿、大夫、士不世之制，当自殷已然，非属周制，虑后人疑传子立嫡之制，通乎大

第四章　春秋社会的世族　　107

夫以下,故附着之。[1]

看来,王国维并没有否认春秋时代的"世卿"现象,只是认为此并非周制,并非自西周以来就实行着的,而只是"后世之乱制",所以孔子著《春秋》会"讥世卿",西周由周公设计和确立的制度是天子诸侯世袭,而卿、大夫、士皆不世袭。这一观点与许多人的看法不同。王氏之前如俞正燮认为,自太古至春秋以来,只是士阶层不世袭。"大夫以上皆世族,不在选举也。"所谓"乡兴贤能"的选举,只是选拔伍长、乡吏等小官而无"美仕大权",如孔子之仕"委吏乘田",皆为小吏。[2]

王氏之后如顾颉刚亦认定:古代的官制,商以前虽不能详考,"而西周以来至于春秋,无疑是行的世官制度(世官不一定是世职)"。[3]顾颉刚并引曶壶铭,大克鼎铭,虢叔旅钟铭等古金文,说其中"只见有世官制度,不见有从庶人擢任大官的,这是一件确然不疑的事实"[4]。他批评王氏是把春秋以后的儒、墨的理想制度认作是殷、周的真制度了。

士阶层的是否世袭以士在当时只能担任卑官小吏而言并不重要,关键在于担任重要官职的卿大夫是否世袭,且如果理解此世袭从对象而言不必是世职——即世世代代担任某一固定官职;从主体而言不必是某一家庭的世袭,而可以是从一个大家族乃至从整个大夫阶层中选拔,只是这一

---

[1] 王国维:《观堂集林》第二册,中华书局1984年版,第472—473页。

[2] 俞正燮:《癸巳论稿》,商务印书馆1957年版,第77页。又见赵翼:《汉初布衣将相之局》,《廿二史札记》卷二,"自古皆封建诸侯,各君其国,卿大夫亦世其官,成例相沿,视为固然。"中国书店1987年版,第21页。

[3] 顾颉刚:《顾颉刚古史论文集》第一册,中华书局1988年版,第297页。

[4] 同上书,第300—301页。又童书业《春秋左传研究》第147页有更详细的有关古金文中世官制证据的列举。童书业说:"既有世族,必有世禄世官,无待多言矣。"上海人民出版社1980年版。

阶层之外的人绝对无法觊觎，那么，如此较宽泛意义上的世卿士大夫看来就确实不仅有确凿的证据可证明普遍存在于春秋时代，也有相当的证据和理由使我们能推测它亦存在于春秋以前的社会，包括存在于西周时代。[1]

前面王国维所举的从周初三公到成、康六公之例，亦是一种较宽泛意义上的世袭。到春秋时代则更可以明显见到这样一种意义上的世袭：即某些大家族的世卿世职（见下文）。这是证明世袭的正面证据，反面的证据则是看卿相等重要官职（或者一定规模的大采邑）是否能为来自庶民甚至来自士阶层的人所得，而从迄至春秋晚期的情况来看，士、庶民直接为卿相的情况是没有的。王国维的失误在于忽略了春秋战国之际发生的巨变，而以后来贤者的应变之论去推定西周初年建国者的用心。在中国的历史条件下，一方面为了天下的稳定与和平而使君王世袭，并找到一种君王世袭的平稳妥当的办法；另一方面，为了社会的效率与发展而不让官员世袭，并找到一种选拔官员的公平有效的制度，这两件事确实是战国以后中国传统政治制度最大的两件事，此后两千多年的种种政治举措，也相当显示出中国人的治国智慧和政治理性，但是，把这种从长期历史发展过程中客观显示出来的理性概归之于一朝之政乃至一人之心却未免言过其实，并且为时过早。[2]

---

[1] 所以"世袭"的另一面又可以说是"世选"，也有一些学者区别"世袭"和"世选"，如赵翼说："辽初功臣无世袭，而有世选之例。盖世袭则听其子孙自为承袭，世选则於其子孙内量才授之。"见《廿二史札记·辽官世选之例》，中国书店1987年版，第368页。日人岛田正郎亦分析过辽代这种世官制的意义，指出世官也可以是指从某些家族的范围内选择有才能者任官，开始所任的官职并不一定很高，以后亦根据功绩升迁，见《辽代北面中央官制的特色与世官制的意义》，《日本学者研究中国史论著选译》第八卷，中华书局1993年版，第357页以下。春秋时代的世官自然不同于后世中央政权下的世官，但是本书所说的"世袭"是在广义上说的，是指整个上层的世袭，自然也就包括了上层贵族内部的"世选"。

[2] 关于《公羊传》所言"春秋讥世卿"事又可参见清朱鹤龄文《春秋讥世卿辨》："然公羊以书尹氏卒为讥世卿则又不然，古者天子公卿下不交诸侯，故其死亦不赴告，春秋惟刘卷、王子虎以曾同会盟来赴。……末同盟则不赴，以名，左氏所谓礼经者也，书之实非讥也。考周家用人，（接下页）

但是，如果我们以为自西周建国起就已明确地建立了卿大夫的世袭制却又不然，更可能的情况是：当时天子世袭，并且是父死子继，此子且须是嫡子的制度已经明确地确立；随之则诸侯世袭的原则也已成定规，而卿大夫是否世袭，如何世袭的问题当时毋宁说是不很明确的——既没有明确规定是世袭，也没有明确规定是不世袭。

我们再引从周初三公到成康六公的例子就可看到，他们有的是严格的世袭（如召公），有的不是严格的世袭（如另外五公），两种情况都有。从西周到春秋，卿大夫的世袭从程度到范围确实都有一个演变过程，而不是一蹴而就的，在卿大夫得到他们的官职或采邑，与他们的家族可以世代继承这些官职或采邑之间，还有一个颇长的演变过程。受赐的采邑或官职并非一开始就都可世袭，而毋宁说受赐者在其死时或者封赐者死时是要归还采邑，即"致邑"的。这一点我们还可以取旁证于西方的封建社会。[1] 卿大夫的世袭并不是先有了明确的法律规定再照此实行的，而毋宁说是渐渐形成了一种惯例，形成了一种虽无明文规定却依然强有力的不成文法。

那么，这种卿大夫的世袭大致是什么时候成为一种普遍和稳定的现象，促成其产生的条件又是什么呢？我们从前面对中国古代封建的探讨可以看到，周人之天子传子的嫡庶制旨在定内，诸侯的封建制则在应外，沟

（续上页）不离世族，故弃贤者之类、绝功臣之后，则'裳裳者华'，刺诗兴焉。厉王之难，周召共和，周公召公，皆世卿也；敬王之立，单刘翼戴，单子刘子，亦世卿也。……齐桓公之时，国子高子为正卿，管敬仲柄任虽专，亦止下卿，不敢居王公之上也。其五禁云：士无世官，取士必得，盖即外传所谓始于州长之推，继于官长之选者，止言士而不及卿大夫，此可证世卿在当时不可轻废矣。"《愚庵小集》下册，上海古籍出版社 1979 年版，第 582—584 页。

[1] 参见梅因著《古代法》第 131 页所谈到的查理曼大帝的封赠："但是采地在开始时完全没有世袭的意味，'采地'的持有要完全听从赐与人的好恶，至多以受赐人的终身为限；但从最初的时候起，受益人似乎并未致力于扩大出租地，并在其死后把土地继续保留给家族中人。由于查理曼的继承人柔弱无能，这些企图普遍获得成功，'采地'就逐渐转变为世袭的'封地'（fief）了。"商务印书馆 1984 年版。

通两者的是一种实际上的宗法制：即以嫡出的长子为天子、为大宗，以其他嫡子及庶子为诸侯、为小宗，天子、诸侯均世袭。而天子是一单数，诸侯则为复数，天子居于中心，诸侯则散于四周，是由天子所建。然而，用来处理天子与诸侯关系的原则，未尝不可以搬来处理诸侯与大夫的关系，所以，诸侯的封建以及世袭，就为卿大夫的立家以及世袭提供了直接的范例，尤其是同姓公族大夫的立家。孙曜说："世族者，封建制之产物也。"[1]顾颉刚说："可见那时候实在是推封建诸侯之义于卿、大夫、士，嫡子庶子各有其位，父亲的职位多由嫡子继任，上下阶级厘然不混，所以它的效用能使民服事其上而下无觊觎。封建制度即从宗法制度来，它们的意义是一贯的。所谓卿、大夫、士，除王官外，就是诸侯的诸侯；他们的职位虽不必全是世袭，但决没有一个庶人可以突跃而为卿大夫的。"[2] 这其中，一个"推"字说得最有意味，指出了封建政治制度（诸侯的世袭）与世族社会（卿大夫的世袭）之间的联系。

如果只有君主的世袭，是不足以构成为一个世袭社会的，只有在整个社会的上层普遍存在着世袭的倾向，我们才可以称这一社会为世袭社会。而只要在整个上层存在着封闭的世袭（包括"世选"的世袭），即使下层仍有大量水平的流动，甚至于上层没有一个世袭君主，在一个各种主要资源都联为一体并由上层控制的社会里，我们也就足可以称这一社会为"世袭社会"了。但是，在中国的周代，社会的世袭与君主的世袭显然又有一种联系。我们前面曾将卿大夫的立家嗣世称为一种"社会性的封建"，以联系于同时也区别于诸侯的"政治性的封建"。

这类"社会性的封建"不是有意的制度设计，虽然它们个别地说都

---

[1] 孙曜：《春秋时代的世族》，中华书局1932年版，第4页。
[2] 顾颉刚：《顾颉刚古史论文集》第一册，中华书局1988年版，第298—299页。着重号由引者所加。

是自我主动、有意采取的行为，但从整个社会来说，它们是自然而然产生的，是许许多多自发的社会行为汇聚的结果。这种"社会性的封建"无须明文的规定或专门的号召，在人性中已经蛰伏着把获得的利益传给自己的子孙的倾向。正像在人类中产生差别是自然的一样，试图通过世袭使这些差别固定甚至扩大，对于能由这些差别获利的人们来说也是自然的。虽然这后一种"自然"比起前一种"自然"来在道德上更可质疑，但它还是在某种程度上是"自然的"。"维其有之，是以似（嗣）之。"[1] 这种自然倾向亦不以处在有利位置上究为何人或何阶层为转移，换言之，换一批人亦是一样，这就是说，它与人类的普遍本性有关，但这一问题显然已超出本书所想探讨的范围。

无论如何，春秋以前的情况虽然不很清楚，但到春秋初年，"政治封建"的原则显然已经延伸到社会的领域里来了。有关大夫立族的两段最重要的言论都见于春秋初年，一段是桓公二年晋师服所言的"故天子建国，诸侯立家，卿置侧室，大夫有贰宗"[2]，这里明显是把"诸侯立家"与"天子建国（封建诸侯）"相联系。但是，这种"诸侯立家"还只能说明公族的来源，而不能说明异姓之族的来源，所以，隐公8年鲁国众仲的一段话应当说是更全面地说明了世族产生的方式：

> 无骇卒，羽父请谥与族。公问族于众仲，众仲对曰："天子建德，因生以赐姓，胙之土而命之氏。诸侯以字为谥，因以为族。官有世功，则有官族。邑亦如之。"公命以字，为展氏。[3]

羽父之请可能亦有为自己身后计之意，而隐公询问立族之事于众

---

[1] 《诗经·小雅·裳裳者华》。
[2] 《左传·昭公二年》。
[3] 《左传·隐公八年》。

仲,似还说明即便在"亲亲"气氛较浓的鲁国,当时大夫立族也还不是很普遍的事情,所以隐公不甚清楚。这段话也把卿大夫的世袭与诸侯的世袭相联系,"因生赐姓"、"胙土命氏"说的是天子封建诸侯的事,至于大夫世族的建立则有三途:第一是以祖父(有时也有父亲)之字为族,这多用于公族;第二是以官名为族;第三是以邑名为族。这后两种情况多用于异姓之族,或由公族别出之氏。但后来用法也就混杂了,世族的命名似还是以后两种情况居多。

公族的建立首先是因为与君主有直接的血缘关系,但既然并非凡是公子都能立族,是否得立实际上就还得依赖于一些其他条件,例如功劳、德行、机会等,但无论如何,公子立族自然要比异姓大夫立族有着更为便利的条件,故公族在鲁、卫、郑、宋等许多国家都占有压倒的优势;异姓之立主要是靠功劳,但是,被立者也还必须本来就具有作为卿相大夫的资格,如晋之范氏、赵氏,其祖先皆有所称,是历史悠久的旧族。所以,无论公族还是非公族,血统在其建立过程中都起着关键的作用,或者说是一个初始的必要条件。春秋时代绝不会有世系不清、来历不明的人跃居要职的。春秋时代是一个"血而优则仕"的时代,不仅世族建立之后是这样,世族建立之初就是如此。甚至在那些所谓的异姓之氏或士族中,我们也还是可以明白地寻出其高贵祖先的血统,如由陈奔齐之陈氏,由宋奔鲁之孔氏,由孟孙氏别出之阳虎,其血液中都有君侯的血统。只是这些氏族时起时伏而已。

立族也就是称氏,所以我们还须简单说一说姓氏。杜正胜认为:古代姓氏分开,二者都是政治术语,与血缘没有必然的关系。他引《国语·晋语四》司空季子的话,说既然同父同母的兄弟黄帝与炎帝都可以异姓,则姓最初只是治理不同土地与人民的符号。至于后来姓成为血缘的表征,许庶民也有姓,那是西周以后的新制,是周人(姬姓)通过宗法而"收族"。氏也是如此,本义与原始的姓并无差别,"氏即国也"(《孝经讳》),有国方有氏,无国即无氏。后来因封建兄弟之国,于是产生姓氏并存的局面,姓渐专指血缘,氏则成为统治贵族的象征,所以贵族男子才有氏,女子只有姓。但后来氏同样也平民化了,战国秦汉以下,以氏为姓、姓氏合一,人人都有姓氏,姓氏成了纯粹血缘的表征。[1]

不过,在春秋时代,氏还是为贵族所专有,姓则为部落国家之标志,凡一部落之民,无论男女皆有姓,氏则只是贵族男子可以称之,"氏"意味着部落族姓内部的等级化,是区别平民的标志。开始氏均要出于君侯之赐,赐氏亦即立族,诸氏也就是诸世族。赐氏之法并有一定的规矩,大要就是众仲所说的以"字",以"官"和以"邑",但后来君侯权力下降,不仅大夫,士也争着立家,赐氏之法就渐渐地乱了,而氏一多也就无所谓贵,所以立之族也不可能长久,作为贵族之称的氏于是随着鼎食之家的世族一起消亡。

以上我们叙述了世族社会与封建政治的联系,说明了卿大夫的世袭是随诸侯的世袭而来,后者是前者成立的范例、初始动力和条件。至于它们各自成立的时间,则诸侯的封建主要是在周初,从武王到成康的一段时间里(见第一章第一节),后来一代代天子的亲族越来越多,而可分封的土地却越来越少,他们则只能被赐封为无土有禄的"内诸侯"、王室大夫,甚至下降为士。在我们所能掌握的史料的范围内,卿大夫的纷纷受赐而立家建族大致见之于西周末至春秋早期,但在这之前,是否已经有过世族的一度甚至几度繁荣亦未可知。春秋中叶,卿大夫家族乃至于开始建置自己的"侧室"或"贰宗",例如鲁孟孙氏在孟献子时分出子服氏,叔孙氏在叔孙戴伯时分出叔仲氏,季孙氏亦在季悼子时分出公父氏。春秋晚期,甚至有的士

---

[1] 杜正胜等:《吾土与吾民》,三联书店1991年版,第10—13页。

也想建立自己的世族（如阳虎）。庶人工商据说也皆有"分亲"。但我们对士庶人以下的亲族情况既乏史料可征，就本书目的而言亦无关紧要。由于世袭上层社会是一个相当封闭的社会，士、庶人、工商很可能也在相当程度上是世袭其业的，但即便他们不世袭其业而有大量相互之间的较为水平的流动，也不影响大夫世族居支配地位的社会已构成为一个世袭社会，因为我们下面就会看到，当时社会主要的资源（权力、财富和名望）基本上都是控制在世族手中的。血统或家世是取得精英地位的首要条件。世族的建立，尤其是其发展壮大，虽然还是有赖于个人及子孙的德行、才干和机遇，但无论个人贤否，家族血统都是上升的第一要件。有限的选举是隔离的，分别发生在大夫与士阶层的内部，可供个人选择的余地相当之少。

当然，这并不一定意味着居下者自我感受总是非常糟糕，总是图谋反抗或者颠覆上层，居上者毕竟还是有其先辈作为征服者或优胜者的某种才能的遗传，以及附着于传统之上的权威，且他们又深谙等级隔离，以绝觊觎之望的致治之理。一般来说，只有兼具上升之才和上升之欲，同时又处在隐约露出上升机会的时代的人们，才最易在内心生发痛苦（春秋时代的士阶层最有这种可能），而如果人对某事绝无希望，则可能会把对幸福的追求转向其他方面，甚至根本就不动此念，于是在现代人看来十分严重的古代不幸，却可能不曾被当时的不幸者感觉为那样严重，甚至根本不觉其不幸，而每个人对自己的生活拥有更优先的判断权的现代原则，亦使我们对古人的生活不敢轻易置辞。

二、春秋世族的一般情形

春秋时代的世家究竟有多少？一般的情形怎样？我们只能根据现有的原始史料来回答，这些史料主要是《左传》和《国语》，以及其他一些可靠性稍差、数量也并不太多的先秦文献，我们还可以借助后人的一些整理和研究成果，尤其是新近的一些成果。但是，由于这些整理研究也只能根据上述有限的原始史料进行，所以其细致和准确总是有一个限度，达到一定程度就很难再进行下去了，强求全面、细致和准确反而有可能导致歪曲史料或去引用不可靠的史料，得出的结论也仍然是一些推测，或者只能排列前人的片言只语而根本无法下断语，因为完全没有可据以判断之资。[1] 所以，我们不能不清醒地对此有所反省，不能不认识到所有可能的统计，当然也包括我们下面的描述和统计只能提供一幅并不完全有时还无法达致准确的画面，但是，即便这幅画面并不完全准确，对于我们的研究也还是有必要的，它能使我们对春秋时代世族的状况大致做到胸中有数。

有关整理、编排和研究春秋人物、世族谱系的资料，主要有晋杜预《春秋释例》、宋程公说《春秋分记》，以及清人陈厚耀《春秋世族谱》、顾栋高《春秋大事表》以及近人程发轫《春秋人谱》等，[2] 下面我们先大略统计出春秋经传中所见各国的世族数如下：[3]

国别	公族	非公族	合计
周	4	23	27

---

[1] 例如，陈韵：《春秋齐之国、高二氏谱系研究》，文津出版社1989年版。

[2] 具体说来有：晋杜预《春秋释例》中的"世族谱"、蜀冯继先《春秋名号归一图》、宋程公说《春秋分记》中的"世谱"、"名谱"等、清陈厚耀《春秋世族谱》、顾栋高《春秋大事表》中的"春秋卿大夫世系表"、今人程发轫《春秋人谱》、方炫琛《左传人物名号研究》、日本重泽俊郎《左传人名地名索引》、B. Barry：*Annotated Genealogies of Spring and Autumn Period Clans*，Berkley，1983. 叙事可参考清马骕《左传事纬》、高士奇《左传纪事本末》。

[3] 根据程发轫编著：《春秋人谱》，教育部大学联合出版委员会1990年12月初版，商务印书馆印行。《春秋人谱》中许多大族的别氏没有单独列出，如"荀氏"之下包括了中行、知、程三氏和荀氏同族（荀息等），现因欲据一书统计以便查核，均未予以改易。

国别	公族	非公族	合计
鲁	10	12	22
晋	7	29	36
楚	6	14	20
齐	13	20	33
郑	13	14	27
卫	11	11	22
宋	12	4	16
陈	5	1	6
秦	3	3	
蔡	1		1
合计	82	133	215

这一数量从史料本身来说，是采取了一个较宽泛的标准，即凡是有两代以上或同族者两人以上均算作世族；但若推想当时历史实际情况，春秋各国世族显然大大超过此数，因为秦、蔡等国世族不会如此之少，而吴、越等国也不会全无世族，《大戴礼记·保傅》中说："越王不頺旧家，而吴人服。"说明吴、越可能都有世家，只是它们在国中地位可能不甚高，吴、越亦非处在春秋纪事中心，因而不见经传而已。在已有的史料中，晋国的世族数高居第一，这也是与其作为春秋首要大国的地位相称的。但非公族的数量超过公族并不一定反映其势力总是超过公族，因为公族中强宗大族较多，而非公族中则强宗大族较少。大致说来，晋国异姓诸氏的力量很早就超过公族；齐国则开始公族力量较强，后来慢慢被异姓之族凌驾，而鲁、郑、卫、宋、楚、陈等国则一直是公族势力占优势。

春秋各国世族之始立或首见，因为缺乏足够的史料和限于篇幅，我

们无法列出全部已知世族的情况,而只列出以下 36 家强宗大族的情况,它们是:[1]

周:召、单、甘、刘;

鲁:季孙、孟孙、叔孙;

晋:赵、韩、魏、范、中行、知、栾、郤;

齐:高、国、崔、陈;

卫:石、宁、孔;

宋:华、乐、向;

郑:良、游、国、驷、印、丰、罕;

楚:斗、蔿、屈;

陈:夏。

我们可以把《左传》纪年的春秋时代 254 年分为早、中、晚三个时期,并大致将这些强宗大族之始立或首见系于各个时期如下:[2]

国别	春秋早期(前 722—前 633)	春秋中期(前 632—前 543)
周	3	1
鲁	3	
晋	7	1
卫	3	

---

[1] 强宗大族的标准主要是根据其在一国的政治地位、社会势力和延续时间的长短来综合衡量。始立或首见的根据主要是参照顾栋高《春秋大事表》以及哈佛燕京学社引得编纂处所编《春秋经传引得》。

[2] 分期以 90 年为一期,晚期则不足 90 年。

国别	春秋早期（前722—前633）	春秋中期（前632—前543）
郑	7	
宋	1	2
楚	3	
陈	1	
合计	23	13

从上面的图、表可见：春秋时的强宗大族大都建立于春秋早期，有些家族如周之召、单，齐之国、高，据说早在春秋之前就已建立，但却囿于史料，无法提供确凿的实证。[1]《春秋》纪年的前90年大概是大夫立家的一个黄金时期，尤其是这90年的后半截，到春秋中期，各国始立的强宗大族就寥寥无几了，只有郑国的七穆是一个例外，至于春秋后期则不再见有一个强宗大族之立，相反，我们看到的情景是少数几个强宗大族如晋之三家、齐之陈氏将上升为诸侯之国，而大部分则是被废或变得衰弱，说一部春秋史同时也是一部世族的兴衰史殆不为过。

谈到世族在春秋社会中的实力，我们可以先将春秋经传中所见属于世族的人物与春秋经传所见人物的总数进行一个比较：[2]

国别	总人数	属于世族的人物
周	205	103
鲁	316	147
晋	411	249

---

[1] 参见许倬云：《春秋战国间的社会变动》，《求古编》，联经出版事业公司1982年版，第325页。

[2] 人物总数是取自《春秋人谱》第4页的各国人数表，世族人物数是根据其世族表统计。

第四章　春秋社会的世族

国别	总人数	属于世族的人物
楚	279	122
齐	273	137
郑	203	99
卫	197	83
宋	191	125
陈	69	20
秦	58	8
合计	2262	1093

属于世族的人物约占总人数的一半，或者说属于世族的人物与非世族人物各占一半，但假如我们把总人数中的国君、后妃及公子除去，仅将属于世族的人数与未见有世族的"杂臣"比较（这应是一个较为对等、因而更为恰当的比较），则得出的数字如下：[1]

国别	世族人物	单个人物（杂臣）
周	103	35
鲁	147	70
晋	249	93
楚	122	74
齐	137	57
郑	99	38
卫	83	48

---

[1] 单个人物数是根据《春秋人谱》中不见有世族的"杂臣"统计。

国别	世族人物	单个人物（杂臣）
宋	125	29
陈	20	14
秦	8	22
合计	1093	500

现在的比例正好颠倒过来了，"杂臣"不足世族人物的一半，如果考虑到"杂臣"并非一定就不是世族人物，而可能只是史料有限的缘故，那么，世族人物当会更多。但是，最能显示世族实力的还是世族人物在我们所知的各国执政中所占的比重，下面我们根据姚彦渠《春秋会要》中所列的各国执政，来统计其中属于世族的人数，并在这些属于世族的执政人中，再列出属于前面36个强宗大族中的人数：[1]

国别	执政人数	属于世族的执政人数	属于强宗大族的执政人数
周	31	27	16
鲁	25	24	20
晋	72	66	47
齐	32	30	78
秦	14	2	
楚	50	28	22
宋	60	53	30
卫	32	29	18
郑	19	15	12

[1] 本注释内容见本书第161页。

国别	执政人数	属于世族的执政人数	属于强宗大族的执政人数
陈	18	10	1
合计	353	273	244

我们现在把有过 2 人以上执政的家族称为"世卿之族",这样,在春秋时期周王朝的执政中,世卿之族有 5 个,占了 24 人;单个人物只有 4 人:郑伯痦生、王孙苏、伯舆、苌宏,排除作为诸侯的郑伯痦生,未见有世族的实际仅 3 人。[1]

在鲁国,四个世卿之族在 25 位执政中占了 22 席,其他如东门氏虽仅有一人执政,但也是长达 38 年的终身执政,仅公子翚(羽父)未见后有家族,他是隐公时候的人物,曾有意求为太宰而未果。春秋最初可能尚不具备大夫大举立族的形势。

晋国执政 72 人,12 个世卿之族占了 62 人,这 62 人中属于前述八大强宗大族者又有 47 人。其中赵、郤二氏各出了 9 位执政。单个人物仅见 6 人:罕夷、里克、吕甥、阳处父、巩朔、臾骈。里克曾经权势炙手可热,却因权大逼主而终被杀。

在齐国,7 个世卿之族在 32 位执政中占了 26 席,单个人物仅见王子成父、仲孙湫两人。

在宋国,8 个世卿之族在 60 位执政中占了 50 席,其中华氏家族中有 14 位执政,位居春秋时一个世族出居执政的榜首,单个人物仅见公子 3 人,公孙 2 人,以及曾为司马伐荡泽的老佐和论楚纳鱼石不足患的西鉏吾。

---

[1] 这里所说的"世卿之族"占 24 人,单个人物占 4 人,在总数 31 人中还余下的 3 人是来自仅有一人执政的世族,下同。

卫国执政 32 人，6 个世卿之族占有 26 席，3 位单个人物均为公子。

郑国执政 19 人，七穆在其中占了 12 席，单个人物有四：2 位公子，2 位春秋初年的人物祭仲和叔詹。

楚国执政 50 人，4 个世卿之族在其中占了 24 席，在 22 个单个人物中，有公子、公孙 16 人，其他 6 人是：彭仲爽、然丹、申鲜虞、曼成然、郤宛、子縠。楚国政权基本上掌握在公子和公族手中，初期执政多出自世家，后期几全是个人。

陈国执政 18 人，3 个世卿之族在其中占有 8 席，单个人中有 4 个公子，其他 4 人是仪行父、洩治、司马桓子、公孙佗人。

秦国执政的资料很不完全，在已知的 14 位执政中，仅见有百里奚家族的 2 人。

以上所说的"执政"范围较广，个别人是否确为"执政"很可能有争议，也有的实际上的"执政"（如鲁阳虎）未曾列入，各国执政名称不一，情况不同，有些人苦于资料缺乏而不易验证，但他们基本上是各国政治的重要人物是可以肯定的，另外，我们以一书为据也便于查核。不过，为了对春秋时的"世代卿族"的情况有更确切的了解，我们还可以缩小范围，察看在相当于后世宰相的主政正卿中世族所占的比重。下面是我们根据顾栋高《春秋大事表》中的《鲁政下逮表》、《晋中军表》、《楚令尹表》、《宋执政表》和《郑执政表》所做的统计：

鲁自僖公元年起主政者有 11 人，其中三桓占 9 人；

晋自僖公二十七年起主政者（中军）有 19 人，所有这 19 人均分属于郤、先、赵、中行、范、栾、韩、知这八大世卿之族；

楚自庄公四年起主政者（令尹）有 25 人，其中斗、蒍、屈、囊四个世卿之族占了 14 人；

宋自隐公元年起主政者有 15 人，其中华、乐、向、皇、鱼、仲、荡 7 个世卿之族占了 12 人；

郑国自隐公六年起主政者有 15 人，其中七穆占有 11 人。[1]

以上所列五国主政者共 85 人，其中属于"世卿之族"的有 65 人，百分比为 76%；如果不算楚国而仅统计中心地区的四国，则"世卿之族"在 60 位主政者中占到了 51 席，百分比为 85%，可见"世卿"在春秋时代确已成为普遍现象。如果把出自世族、但非世卿家族的主政者也计算在内，则世族在上述四国主政者中占有 55 人，百分比达到 92%，世族在政治上的重要性已不言自明，而这一百分比还不宜仅视为是一个政治指标，在一个政治权力、经济财富与社会声望趋于一体的社会里，它实际上集中地反映了世族在社会、政治、经济和文化诸方面的综合势力。

三、公族的世袭：以鲁国季孙氏为例

在展示了春秋世族的一般情形之后，我们想再选择两个家族进行具

---

[1] 下面是各国主政者的人名：

鲁：公子友、公子遂、季孙行父、仲孙蔑、叔孙豹、季孙宿、叔孙婼、季孙意如、季孙斯、阳虎、季孙肥

晋：郤縠、先轸、先且居、赵盾、郤缺、荀林父、士会、栾书、韩厥、知罃、荀偃、赵武、韩起、范匄、范鞅、魏舒、赵鞅

楚：斗祈、彭仲爽、公子元、斗穀於菟、成得臣、蒍吕臣、斗勃、成大心、成嘉、斗椒、蒍艾猎、公子婴齐、公子任夫、公子贞、公子午、公子道舒、蒍子冯、屈建、公子围、蓮罢、曼成然、阳匄、囊瓦、公子申、沈诸梁、公孙宁

宋：孔父嘉、华督、公子目夷、公孙固、公子成、公子卬、华耦、华元、乐喜、向戌、华亥、乐大心、皇瑗、乐筏、皇缓

郑：祭仲、叔詹、皇武子、公子归生、公子去疾、公子喜、公子騑、公子嘉、公孙舍之、罕虎、公孙侨、游吉、驷歂、罕达、驷弘

体分析，这就是鲁国的季孙氏和晋国的赵氏。鲁国历史是春秋纪年的主线，记载甚详，晋国则可以说是春秋政治军事的中心，长期称霸，国力最强，人才斯盛。季氏作为公族，在鲁之三桓中居首，主导了鲁国社会政治在春秋中后期的发展；而在其"卑弱公室"的过程中，内部的家臣又开始造反，典型地表现了春秋社会自下而上一层层"翻出"的特点。赵氏作为异姓之族，一步步发展壮大，直到主宰国政，后来却又在濒于覆亡的情况下，奇迹般地起死回生，直到最后与韩魏一起进入"三家分晋"的战国时代。

1. 孙氏之立

季孙氏的世系是：[1]

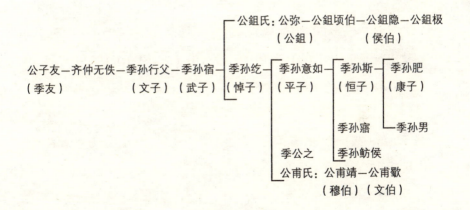

鲁国在桓公、庄公之前，诸公子似尚未形成根深蒂固、代代相传的强大家族，到僖公、文公年间，桓公的三个儿子却不管父辈功罪与否而都相继立家，这看来与当时兴起的各国卿大夫纷纷立族的社会潮流有关。

---

[1] 取自程发轫《春秋人谱》。

季孙氏的创始人是季友。庄公、庆父、叔牙都是他的兄长，庄公无嫡长子继位，其病重时，庆父有意于"兄终弟及"，并得到叔牙的支持。季友则奉庄公之命，使人强迫叔牙喝下了毒酒，鲁人乃立叔牙之子为"叔孙氏"。后来庆父作乱，杀死两个王位继承人子斑和闵公。季友逃亡到陈国，后得到国人的拥护，拥庄公幼子子申回国，立以为君，是为僖公。季友并迫使庆父自杀，使鲁国的政局终于稳定下来，庆父的后人则被立为"仲孙氏"，又称"孟孙氏"。

僖公元年（前659年），季友得到了封赐的汶阳之田费地，并为上卿而执鲁国政，季友的后人就被称为"季孙氏"。汶阳之田离齐国很近，成公8年终被齐国取走。童书业认为，季氏的主要根据地还是在费，费地僻在东南，故长为季氏所有。[1]

2. 季孙氏之嗣世

从僖公元年（前659）到哀公二十七年（前468年）的191年间，[2] 季氏的主系共有8代，现简列如下：[3]

第一代 季友（成季，公子友）僖公元年（前659）受赐，并为鲁执政，僖公16年卒，从受赐至卒共15年。

第二代 齐仲无佚：季友之子，早卒。不知其生年与行迹，从其父卒至其子执政这期间是43年。

第三代 季文子（季孙行父），齐仲无佚之子，文公6年聘于陈，并在那里娶了妻子，受室为卿，宣公8年继仲遂主持国政，襄公5年

---

[1] 童书业：《春秋左传研究》，上海人民出版社1980年版，第331页。
[2] 为统一起见，年数均算头则不算尾，下同。
[3] 其卒年据顾栋高《春秋大事表》，由季康子之立可知，一般父卒即子立，是为同年。

卒，从主政至卒共 33 年。

第四代 季武子（季孙宿）：昭公七年卒，从继其父而立至卒共 33 年。

第五代 季悼子（季孙纥）：昭公十二年未立为卿而卒，从继其父而立至卒共 5 年。

第六代 季平子（季孙意如）：定公五年卒，从继其父而立至卒共 25 年。

第七代 季恒子（季孙斯）：哀公三年卒，从继其父而立至卒共 13 年。

第八代 季康子（季孙肥）：哀公二十七年卒，从继其父而立至卒共 24 年。

以上继立都是父死子继，无兄终弟及之事，而且看来一般都是由嫡子继承，无嫡则立庶子中之长者。这是沿用了周代天子诸侯继承的一般原则，《左传·昭公二十六年》载王子朝言："昔先王之命曰：'王后无嫡，则择立长。年均以德，德均以卜'。王不立爱，公卿无私，古之制也。"这一原则看来也相当广泛地为卿大夫家族所遵循。所以，当季孙宿没有嫡子，庶子中公弥年长，但季孙宿却喜爱悼子，想立悼子为继承人而跟其家臣申丰说时，申丰会不欲遵命而想全家出走，后虽由臧纥定计而立了悼子，但在这一过程中季武子仍有紧张"失色"之态。[1]

另一次继承危机发生在季桓子死的时候，季桓子病重时告诉其宠臣正常说：如果他的妻子南孺子即将生下的孩子是男的，就报告国君立他为继承人，如果是女的，就立季孙肥。桓子死，季孙肥即做了他的继承

---

[1] 《左传·襄公二十三年》。

人,到安葬桓子完毕时,南孺子才生下一个男孩,正常用车载这男孩去报告国君,季孙肥请求退位,但当哀公派人去察看时,有人已经把这男孩杀了。[1]

除了上述的两次事件之外,季氏的世代继承看来还都比较平稳。

3. 与公室的关系

季孙氏与鲁国公室的关系实际上也就是与政治的关系,从这种关系中可以见出世族的实力,公族如何渐渐凌驾乃至压倒公室,政权如何由君主转到卿大夫手中,当然从另一方面看,也说明,大夫阶层若不掌握政治权力就难以庇护其家族,仅仅靠经济势力是不足以"保室宜家"的。

在从僖公元年到定公27年的191年中,季孙氏在约三分之二的时间里主政,而只有70年未曾主政。即便在这70年中,季氏也是或者名义上主政(如阳虎"执国命"的三年),或者虽非主政,但仍列于执政。

但是,主政并不就是完全掌握政权,主政者上面还有国君。鲁国国君权力的下移和公室的削弱是一个逐渐的过程,这一过程同时也就是三桓,尤其是季孙氏强大的过程。现把鲁公室被削弱过程中的重要事件简列如下:

僖公十七年 鲁僖公正在淮地会诸侯,鲁国军队擅自灭了项国,结果齐国人以为这是鲁僖公之命,曾一度不让他回国。

文公十八年 文公死后,襄仲(东门遂)杀死太子恶及其同母弟视,而立庶出之宣公,此举有违齐国之意,季孙行父曾为此往齐国纳贿通殷勤。

---

[1] 《左传·哀公三年》。

宣公十八年 公孙归父因其父襄仲立了宣公，受到宠信，"欲去三桓以张公室"，宣公死后，季孙行父即以追究襄仲杀嫡立庶的名义将东门氏驱逐出国。

襄公七年 季孙氏在费地筑城。

襄公九年 季孙宿在卫国为12岁的鲁襄公举行冠礼。

襄公十一年 鲁三桓将公室的军队分为三军而各掌握一个军，季氏尽取了一军的实力和赋税，孟氏也使一军的子弟一半属于自己（就是取了一军的四分之一的所有权），叔氏则使一军的子弟尽属于自己（就是取了一军的一半的所有权）。[1]

襄公二十九年 襄公朝楚，季孙宿以讨"叛"为名，乘机取了卞地作为私邑，使襄公惊恐而不愿回国。是年范献子来聘，行射礼，公臣中已不能凑出善射的三对士，结果不能不从大夫的家臣中补充。

襄公三十一年 襄公死，季孙宿先立庶子子野，子野不久即死，改立其母之娣的儿子公子裯，是为昭公。

昭公元年 季孙宿攻打莒国占据了郓地，破坏了列国间的盟约，使当时正出使在外的叔孙豹几乎被杀。

昭公五年 废除原一分为三的中军，再把军队一分为四，季孙氏取两军，孟孙氏、叔孙氏各取一军。鲁人都向三家纳征，再由三家转向公室进纳贡赋。

昭公二十五年 昭公攻季孙氏，季孙意如得到叔孙氏、孟孙氏的援助，反败为胜，昭公逃亡出国，自此至昭公三十二年共7年，辗转颠沛于齐晋之间，未再能回到鲁国而客死于国外。其间齐国、晋国虽曾有意送昭公回国，却或因卿大夫受贿，或因本身不肯尽力，均未果。

---

[1] 此是取童书业的解释。童书业：《春秋史》，山东大学出版社1987年版，第202页。

定公元年　送昭公灵柩归国，季孙意如想挖沟使昭公墓与其祖茔隔离，又想给其恶谥。

定公十二年　定公命孔子弟子仲由毁掉三桓的城墙，已毁两都，孟孙氏不肯堕毁其城，定公派兵攻打，却因攻不下来而作罢。

哀公二十七年　哀公担忧三桓的威胁，想要利用越国攻打三桓，于是流亡到越国。《左传》分年记事于此年终。哀公次年卒，鲁国人立其子宁，是为悼公。据《史记·鲁周公世家》记载：鲁悼公之时，三桓势力远胜公室，鲁君有如小侯，卑于三桓之家。

清人高士奇总结这一过程是："故鲁之削，成于三桓，而季为之魁，宿及意如不容诛，而责备贤者乃在季友、行父，以其为事权所由始也。"[1] 顾栋高则将"鲁政下逮"更一般地归咎于"世卿"制，认为："国家大患，莫大乎世卿。""世卿之祸，小者淫侈越法，陨世丧宗，或族大宠多，权逼主上，甚者厚施窃国，陈氏篡齐，三家分晋，故世卿之祸，几与封建等。"[2] 其他儒者对此还有比他们更严厉的谴责，然而，当时生活在春秋时代的人们对此似有不同的反应，可以见出战国前后人们心态的差异。

昭公五年，昭公在晋国参加各项活动均不失礼，然而女叔齐讥其只是知"仪"而并不知为国守民之"礼"；25年，宋元公夫人拟把女儿嫁给季孙意如，得知鲁君准备驱逐季孙意如，通过宋元公问乐祁，乐祁说："嫁给他，如果真像所说的那样，鲁国国君一定不得不逃往国外了，鲁国国君已经失掉民众很久了，怎么还能逞其志愿？"昭公欲讨伐季氏时，曾征询子家懿伯的意见，懿伯认为很难成功；而被许为忠臣的子家子亦曾在季孙

---

[1] 高士奇：《左传纪事本末》，中华书局1979年版，第一册，第114页。
[2] 顾栋高：《春秋大事表》，载：《清经解续编》，上海上海书店1988年版，第一册，第556页。

意如被围时劝昭公放走他；昭公败而出奔，至死不能归国，鲁国国内七年无君，却一切照常，此最可显示出当时世族在社会上的力量。[1] 子犹、范献子受贿于季孙，为季孙氏说好话，兹不必论，但是，史墨回答赵简子的一段著名的话确实反映了当时的客观形势。赵简子问："季孙氏赶走国君，可是民众顺服他，诸侯亲附他，国君死在外边，也没有人去向他问罪，这是为什么？"史墨的回答是："万物生物有两，有三，有五，有辅佐，所以，天有三辰，地有五行，身体有左右，各有配偶。王有公，诸侯有卿，都是有辅佐的，上天生了季氏，以佐鲁侯，时间已经很久了，民众顺服他，不也是应该的吗？鲁国国君世代放纵安逸，季氏世代勤勤恳恳，民众已经忘记他们的国君了，虽然死在外面，有谁同情他？国家没有一定不变的祭祀者，君臣没有固定不变的地位，自古以来都是这样。所以《诗经》说：'高高的堤岸变为深谷，深深的谷地变成山陵。'三王的子孙，在今天也成了庶民，这是主人所知道的。"[2]

总之，鲁公室的削弱并不是由于某几个"乱臣贼子"所致，也不是一家一族所为，而是由于一种大势所趋，个人很难能拗得过这"势"，这种大势所趋表现为一种世袭由王公发展到卿大夫的运动。大势所趋之下，人们的心态和观念也就慢慢地发生了改变。原来觉得完全不可接受的事件，慢慢也就变得可以接受了，即使不表赞成者，也还是不能不有一种无奈。

4. 与其他世族的关系

季孙氏在季友死后相当一段时间里湮没无闻，国政是由东门氏的襄仲（公子遂）掌握，这大概与季友之子齐仲无佚早逝有关。世族是相当依

---

[1] 参孙曜：《春秋时代之世族》，中华书局1931年版，第9章。
[2] 《左传·昭公三十二年》。

赖于主人的寿夭乃至于健衰的。文、宣年间,季友之孙季孙行父基本上是顺从东门氏之意,但当宣公一死,季孙行父立即断然驱逐了东门氏。

除去东门氏之后,迄春秋终,鲁国再无能与三桓相提并论的世族,三桓适逢其会,正好处在春秋各国卿大夫纷纷立家的时代,而在这之后,有限的权力与财富资源不能不限制新兴家族的发展,已有的家族对潜在的新家族的产生和发展也会抱有防范之心,至少在客观上会有一种钳制作用。而且,一个家族的势力和声望往往是建立在传统,或者径直说时间的长久之上的。在鲁国,后来的公室也越来越卑弱,不足以形成产生和支持新兴家族的强大力量,加之,三桓同为桓公的后代,鼎足而三,荣辱与共,所以也常常互相援助而对抗其他家族。三桓在对付公室和其他世族时一般是互相联合的,最为生死攸关的一次当然就是当昭公攻季孙氏时,叔孙、孟孙起而相救。然而,在三桓彼此之间也存在着矛盾和争斗。

三桓除了鲁国军政大事的轮流主政或参与执政外,还有某些职务上的分工,昭公四年杜泄说到季氏任司徒、叔孙任司马、孟孙任司空。又《左传·昭公元年》记载叔孙豹在晋国出使时说:"叔孙出使,季孙守国,从来就是这样的"("叔出季处,有自来矣。")成公十六年,叔孙侨如(宣伯)与成公之母穆姜私通,想要除掉季文子和孟献子,占取他们的家财,这年正是晋楚鄢陵之战的时候,叔孙侨如向晋人告季、孟两人宁可事奉齐、楚而不愿服从晋国,要晋国扣留季文子并杀死他,他再回国杀死孟献子而使鲁国事奉晋国,结果晋人拘捕了季文子。子孙声伯被成公派往晋国请求放回季文子,说季、孟是鲁社稷之臣,如果早晨杀了他们,鲁国晚上就要灭亡,范文子与栾武子也说季文子"忠良",结果晋国放出了季文子,叔孙侨如逃到了齐国,季文子回国后改立了叔孙豹为叔孙氏的继承人。昭公元年,季孙宿不管在外出使的叔孙豹,违反盟约攻占郓地,使叔孙豹几乎被杀,回国后,曾夭为季孙氏驾车去叔孙家,叔孙豹从早晨待到中午,一直不肯出来见他们,曾夭这时提到"鲁以相忍为国",最后,叔孙豹在同意出来见面时说的一句话也颇能说明两家的关系,他指着柱子说:"虽然讨厌这个,难道可以去掉吗?"[1]

昭公四至五年,叔孙家发生了叔孙豹私生子竖牛扰乱其家室,有意杀嫡立庶,欲最后攫为己有的事件。季氏家臣南遗对季孙宿说:"叔孙氏势力强大季氏势力就削弱了,你不要管他家的家乱。"昭公二十一年,晋国士鞅来聘时,叔孙昭子为政,季孙宿为了让叔孙昭子得罪晋国,有意使有司以小国之礼接待士鞅而使之大怒。

但是,总的说,鲁国世族间的争斗,乃至于对公室的侵逼,还是控制在一定范围内的。鲁国作为一个并非强大之国,处在大国之间,不能不以"相忍"为国,不炫武功而修文德。在外交上如此,在国内亦然,鲁人又素重"亲亲",所以虽互相抑制,却很少直接兼并,且常常行"存亡继绝"之事,不仅对三桓中有罪之叔牙、庆父、叔孙侨如此,对他族亦然。宣公十八年季氏驱逐东门氏,不久即以仲婴齐绍其后;对其他负罪出奔者如叔仲氏也是如此。在对公室的关系上,昭公最后七年虽然不能回国,但叔孙昭子为此而求速死,季孙意如也几次表示出诚惶诚恐,请求国君回来的姿态,虽然前者真心而后者假意,但还是可以见出当时鲁人的气氛和心态。

5. 内部家臣的反叛

家臣、家宰一般是不世袭的,但在有些强有力的家宰那里,也有世袭或至少终身制的倾向,例如襄公七年,南遗为费宰,到昭公年间,则是其子南蒯为费宰。昭公十二年,季平子立,对南蒯不够礼遇,南蒯就对

---

[1] 《左传·昭公元年》。

子仲说:"我要赶走季氏,把他的家产归于公室,你来取代他的地位,我带着费邑作为公臣。"南蒯又联络了叔仲穆子等人准备起事,但后来担心打不过季平子,就带着费邑叛变到了齐国。十三年春,季平子在攻费失败后采取了怀柔的政策,使费地人背叛了南氏,十四年,南蒯被迫逃亡到了齐国,在侍奉齐景公喝酒时,齐景公说他"叛夫!"他说"臣下是想加强公室",齐国大夫子韩皙说"家臣而想要加强公室,没有比这个罪过更大的了"。

季孙氏陪臣据邑以叛,见于春秋经传所载者,还有定公12年公山不狃、叔孙辄反对堕费,帅费人以袭鲁,另外在叔孙氏那里也有侯犯、在孟孙氏那里也有公孙宿据邑以叛。这些叛乱都还是依靠城池,基于边境,不足以撼动鲁国中枢。而阳虎则不然,是典型的据鲁中都的"陪臣执国命"。

定公五年,季平子死,阳虎囚禁了季桓子等人,并驱逐和杀死了一些大夫,然后又与季桓子及众人盟誓,在以后的三年多里,实际上是由阳虎主持鲁国国政。定公六年,他强使季桓子、孟懿子向卫侯挑衅,又派孟懿子前去晋国向晋侯夫人回送财礼,和定公与三桓在周社盟誓,和国人在亳社盟誓,在五父之衢诅咒。定公七年,齐国归还郓地、阳关给鲁国,阳虎就住在那里主持政事。但在当年齐国进攻时,阳虎尚为季桓子驾驭战车,并对孟氏家臣公敛处父、大夫苫夷等有所忌惮。定公八年,鲁国侵袭齐国,攻打阳州,廪丘等地,虽未胜而有获。当年秋天,阳虎想采取行动除掉三桓,用季寤取代季孙氏,用叔孙辄取代叔孙氏,自己取代孟孙氏,[1] 十月初三,阳虎率兵车押送季桓子去蒲圃,准备在那里杀死他。行至路上,季桓子请求给他驾车的林楚把他改送到孟氏那里去,进入孟氏家以后,双方交战,阳虎之弟阳越被射死。阳虎劫持了定公而攻打孟氏,孟

---

[1] 季寤为季桓子之弟,叔孙辄为叔孙氏族人,阳虎大概也是孟孙氏旁宗侧室。

氏一个也是极强横的家臣公敛处父早就告诉了孟氏做准备，这时又率领成地人加入了战斗，结果打败了阳氏。阳虎脱掉皮甲进到公宫，拿了宝玉大弓出来，到了五父之衢，不慌不忙地自己睡下让别人做饭。公敛处父请求追赶阳虎，孟孙不同意，公敛处父又想杀掉季桓子，孟孙害怕，就把桓子送回家去。阳虎随后进入阳关而正式叛乱。

定公九年六月，鲁军进攻阳关，阳虎突围而出，逃往齐国，想请求齐军攻鲁，齐侯欲答应，鲍文子劝谏说阳虎有宠于季氏却要杀季孙，亲近富有而不亲近仁爱，因此不能够用他。结果齐侯反将阳虎囚禁起来。阳虎两次被抓，又两次逃脱，先逃到宋国，又逃到晋国，最后到了赵简子那里。

阳虎勇猛、果决而又从容不迫，有野心也有才干，在其执政期间，鲁国在政治、军事上一时颇为活跃，改变了一向"相忍"的国策，甚至对齐国还采取攻势，给一直相当儒雅、文质彬彬的鲁国带来了虎虎生气，这大概就是阳虎在一段时间里有宠于季氏，在软禁季孙之后也颇能服众的原因。[1]但是，这种改变能否成功，甚至能否持久自然都是相当成疑问的。若不能成功，那也就是徒添内乱。而即便成功，也可能只是如高士奇所言："则去一三桓，而得一三桓"而已，[2]并且，这一新"三桓"显然也是很难持久的，世袭制到了春秋晚期，实际上已经进入了"无可奈何花落去"的局面。

阳虎得政后，却仍在战事中为季桓子驾驭战车，说明身份的限制在当时还是严格的，不容易逾越。但阳虎以一介家臣，并无强大的宗族势力，却能问鼎鲁政，在鲁国纵横驰骋三年之久，又说明当时大夫世族的力量已经相当削弱了。在这些世族的背后，已经站着不少胸怀大志而又心存

---

[1]《左传·定公八年》，林楚言："阳虎为政，鲁国服焉。"
[2] 高士奇：《左传纪事本末》，中华书局1979年版，第一册，第125页。

不满的士人，他们虎视眈眈于其后，一有机会就想显示自己的身手。社会发展正逼近一个结构上的大变动。

当时占优势的观念还是家臣须绝对忠于自己的主人。南蒯欲造反时，其乡人批评他的"家臣而君图"，其造反失败后，齐大夫直截了当地对他说："家臣而欲张公室，罪莫大焉。"昭公攻季孙氏时，叔孙氏家臣征询众人意见时也说："我家臣也，不敢知国。"[1] 他最后的决定亦是根据叔孙家族的利益而非国家的利益做出的。然而，叛乱的家臣南蒯、阳虎又都以"张公室"为号召，虽然这可能只是一个幌子，我们却还是可以从中看到向未来君主集权下的官僚制演变的一些雏形：主人将由复数变为一个至高无上的单数，中间也再没有什么过渡环节，处在世袭的君主与非世袭的官吏之间的世族，将不断淡化而退出历史舞台。

季氏专鲁，而阳虎又专季氏。但是，大大小小的"阳虎"们实际再也不可能持久地建立自己以家族为基础的权力。社会将不得不寻求一种新的稳定和发展形式，而这种寻求过程将是漫长的。

6. 结局

季孙氏的最盛期在季文子、季武子两代，季平子虽然得到叔孙、孟孙两家的援助，击退昭公的进攻而幸免覆没，但季孙氏已有衰颓之象。这时的敌人主要不是来自外部，而是来自内部，不是来自名义上的上层，而是来自掌握实权的下层。定公五年，季平子一死，就有阳虎之乱，季桓子有三年多形同软禁。因此，在阳虎之乱平息后，季桓子害怕自己的采邑再被家臣据以叛乱，甚至一度同意毁去费地的城墙。

孔子有一段著名的话，说礼乐征伐若是"从大夫出，五世希不失

---

[1] 《左传·昭公二十七年》。

矣"[1]。验之于鲁国，则"禄之去公室，五世矣。政逮于大夫，四世矣。故夫三桓之子孙微矣"[2]。季孙氏至哀公时已经相当衰微，盛世难再，虽然还有外伐颛臾之事，但正如孔子所言："吾恐季孙之忧，不在颛臾，而在萧墙之内也。"[3]

随着《左传》纪年结束，季孙氏世系的明确记载也就中断了。战国时期的活跃人物大都是个人，而不再见有如春秋时期那样绵延的家族。春秋之后，季孙氏传人有"季昭子"，[4]童书业推测："春秋以上'昭'非善谥，以'昭'为谥者多不得令终，季昭子盖为季氏亡时之主，非被杀即被逐。"其时间大概在鲁元公时期（前429—前408）。[5]

四、非公族的世袭：以晋国赵氏为例

1. 赵氏之立

赵氏的世系是：[6]

```
赵夙─┬─赵衰──┬─赵盾──赵朔──赵武──┬─赵获……赵罗
     │ （成子）│（宣子）（庄子）（文子）│
     │       │                      │ 赵成──赵鞅──┬─赵恒子
     │       │ 赵同                 │（景子）（简子）│ 赵伯鲁──赵周伯
     │       │ 赵括                              │ 赵无恤（襄子）
     │       │ 赵婴齐
     │
     └─赵穿──赵旃──赵胜──赵午（邯郸午）──赵稷──赵朝
```

---

[1] 《论语·季氏》。
[2] 同上。
[3] 同上。
[4] 《礼记·檀弓》载有孟敬子讥讽季昭子之语。
[5] 童书业，《春秋左传研究》，上海人民出版社1980年版，第260页。
[6] 取自程发轫《春秋人谱》。

据《史记·赵世家》，赵氏的先世，与嬴秦同一个始祖。周缪王时，把赵城赐给造父，从此造父的子孙就姓赵氏了。周幽王时赵氏传到叔带，叔带离开了周而来到晋国，叔带五世孙为赵夙。

《左传》记载，鲁闵公元年（晋献公十六年，公元前 661 年），晋献公扩充军队为二军，自将上军，太子申生将下军，由赵夙御公车，毕万为右乘，前往攻伐邻国，灭了耿、霍、魏三个小国，回来时，将耿赐给赵夙，魏赐给毕万，以为大夫，此即为春秋时赵氏之始立。

2. 赵氏之嗣世

6 年之后，鲁僖公五年（晋献公二十二年），晋献公派人进攻公子重耳，重耳逃往国外，开始了他长达 19 年的流亡生涯。这时，跟随重耳的"五贤"中有赵夙的弟弟赵衰。[1] 流亡中，翟君把战争中俘获的两姐妹小的嫁给重耳做妻子，大的嫁给赵衰做妻子，由此生下了赵盾。

僖公二十四年，赵衰随回国即位的重耳回到晋国，是为晋文公元年。晋文公把自己的女儿赵姬嫁给赵衰，先后生下赵同、赵括、赵婴三个儿子，赵姬请求丈夫将赵盾母子从翟国接回来，赵衰不肯，赵姬说："执政者得新宠而忘旧爱，怎能使人信服呢？一定要将他们接回来！"赵衰答应了。赵盾来晋国后，赵姬见他很有才，就再三请求将赵盾立为赵衰的嫡子，让自己生的三个儿子居于赵盾之下。[2]

赵衰于鲁僖公二十七年为原守，三十一年为卿，文公二年佐中军，五年卒。赵盾继之于文公六年代狐射姑将中军，始主国政。后于晋襄公、

---

[1]《史记·赵世家》说赵夙生共孟、共孟生赵衰，但从赵夙被封至此仅 6 年。所以，此从杜预注。

[2]《左传·僖公二十四年》。《史记·赵世家》记载赵衰流亡前已先在晋娶妻并生三子。此亦从左传。

灵公、成公年间长期为晋国执政,在晋景公的时候去世,谥号为"宣孟",其子赵朔嗣位,鲁宣公十二年(晋景公三年)曾将下军与楚王战。赵朔娶了晋成公的女儿为夫人,即赵庄姬。据《左传》记载,鲁成公四年,赵庄姬与其叔父赵婴私通,成公五年春天,赵同、赵括为此把赵婴放逐到齐国,赵婴说:"有我在,栾氏不敢兴起祸害,放逐我,两位兄长恐怕就要有忧患了!且人各有所能,各有所不能,赦免我有什么不好?"赵同、赵括不听,他还是被放逐了。

鲁成公八年(晋景公十七年,前583年),赵庄姬由于赵婴被驱逐,向晋景公诬告赵同、赵括将要作乱,说栾氏、郤氏可以作证,于是晋侯讨伐赵同、赵括,杀死了他们,赵朔之子赵武(赵文子)由于跟着庄姬养在景公的宫里,所以没有被害,但属于他的土地则赏给了祁奚。后来韩厥对晋侯说:"赵衰的功勋、赵盾的忠诚,如果竟没有后代来继承,做善事的人恐怕就要害怕了。三代的贤明帝王,都能数百年保持上天给的禄位,难道中间就没有邪僻的君王?只是靠他贤明的祖先得以免祸而已。《周书》说'不敢侮鳏寡',这是为了弘扬道德。"于是就立赵武为赵氏的继承人,并归还了属他的土地。这次赵氏几乎覆灭,幸赖韩厥才渡过了这一危机。《史记·赵世家》中的记载更富于戏剧性,说诛讨赵氏在晋景公三年,原因是屠岸贾要作乱,故先铲除赵氏,而当时刚生下不久的赵武赖赵氏门人公孙杵臼、程婴保护方免遭杀害,15岁时由于韩厥向景公建言而得重立。[1]

赵武于鲁成公十八年(晋悼公元年)为卿,襄公九年将新军,十三年将上军,二十五年为执政,7年后,于昭公元年卒。其子赵成(赵景子)继立,昭公7年杜预注说他曾为晋中军佐。其后则是赵成之子赵鞅(赵简

---

[1] 高士奇认此为"千古奇案"。此事难以确证,似具文学色彩。

子）立，此时晋公室已经削弱，六大卿族之间开始了激烈的争斗。赵鞅在世期间，他联合知氏、韩氏、魏氏消灭了范氏和中行氏，拥有晋阳、邯郸等强城大邑。赵鞅有一子叫赵无恤，是出身卑微的翟婢女所生，但赵无恤最有才，据说有一次赵鞅叫他的儿子们去常山寻找他藏的宝物，其他儿子都没找到什么，唯无恤回来说找到了，说从常山上逼临代国，可以占领代。赵鞅结果废了太子伯鲁，另立赵无恤为太子。哀公二十年（晋定公三十七年）赵鞅死，赵无恤继立，是为赵襄子。赵襄子灭代国。后来在晋出公二十二年（前453年）又联合韩、魏灭知氏，至此，三家分晋之势已成。

赵氏嗣世中甚可注意的几点是：赵氏中的甚有才能者赵盾、赵无恤均有母系方面的夷狄血统；赵朔娶成公之女赵庄姬几导致赵氏覆灭，赵庄姬的特殊身份使其难于约束而又能向国君进谗言，但为赵氏日后复兴存一血脉（赵武）又亦是赖此；赵盾的继立人赵朔早死，可能也是上述赵氏之难的一个重要原因，这再次显示血统世袭对于人身的依赖性，一族的生死存亡常常系于一身。

3. 与公室的关系

赵氏在晋是异姓异氏。曲沃代晋以后，晋献公剿灭"亲以宠逼"的桓叔、庄伯之族后，解除了来自父、祖辈公族的威胁，又迫使太子申生自杀，公子重耳、夷吾出逃，并发誓不再畜养群公子，公族衰微，这就为异姓的发展提供了机会。赵夙先以御公车得立，赵衰又以跟随重耳而受赐，皆是以亲近国君而得重用。尤其是赵衰在颠沛流离中长期跟随重耳，更可视为是一种长期的，虽然冒险，但一旦成功也获利最大的政治投资（赵衰在决定是跟随重耳，还是其他公子或晋献公时曾卜过一卦）。在春秋早、中期，君侯还是权力与财富的主要来源，晋国又尤甚。

公子重耳出逃时，跟随他的有狐偃（子犯、舅犯）、赵衰、颠颉、魏武子、司空季子。狐偃是重耳的舅舅，最受宠信，是重耳的主要谋士，次之则是赵衰。翟人以二女一嫁重耳、一嫁赵衰亦可显示出赵衰的地位。宋国司马公孙固评论说，晋公子"父事狐偃、师事赵衰"，狐偃"惠以有谋"，赵衰"文以忠贞"。[1] 重耳及其随从在翟国等待机会，待的时间最久，住了12年之后，经卫国往齐国，后又历经曹、宋、郑、楚到达秦国。鲁僖公23年，有一次秦穆公请重耳赴宴，狐偃对重耳说："我比不上赵衰那样善于文辞，让赵衰陪你去吧。"在宴会上，秦穆公先诵咏《采菽》一诗，赵衰立即使重耳"降拜"，说："君以天子之命服命重耳，重耳有安志，敢不降拜？"赵衰又让公子诵咏《黍苗》，表示欲归及仰赖秦君之意，令秦穆公感叹不已，秦伯诵《鸠飞》，重耳又诵咏了《河水》，表示回晋后要服从秦国，秦穆公再朗诵了《六月》一诗，含有希望重耳将来统治晋国之意，赵衰立即高声赞礼道："重耳拜谢秦伯的恩惠！"使公子再次下到台阶上，行"稽首"的大礼，秦穆公表示不敢当，赵衰说："你提出将辅佐周天子的使命要重耳担当，重耳怎敢不拜谢你的厚意啊！"

正是由于赵衰能"文"，故负责外交，而这次外交可以说是大获成功，不久秦穆公就派军队护送重耳回国即位为晋文公，重耳驱杀了怀公，后又赖秦国之力平定了吕甥等人的叛乱。文公以"诸姬之良，掌其中官，异姓之能，掌其远官"。[2] 任命赵衰在新得自周天子的原城做原大夫。与狐偃在回国时似有争功之意而与公子重耳盟誓不同，赵衰作为异姓，回国后表现得相当谦让，他在鲁僖公二十七年晋"作三军""谋元帅"时推举了郤縠，当文公要使赵衰为卿将下军时，他又推让给栾枝、先轸，当将上

---

[1] 《国语》，岳麓书社1988年版，第95页。
[2] 同上书，第102页。

军的狐毛死之后,文公要让赵衰代替他,他又让给了先且居。结果文公"以赵衰之故",在僖公三十一年改"作五军,使赵衰将新上军",[1] 晋文公死后又佐中军。

赵衰于鲁文公五年去世,赵盾很快就继承乃父,进入了晋国的权力中心。文公六年春天,晋国在夷地阅兵,撤销两个军,让狐射姑统帅中军,赵盾辅佐他,不久又调换中军主帅,赵盾父亲原属下阳处父认为赵盾有才能,支持赵盾做了中军主帅,自此开始,赵盾掌握国政二十余年之久,历经晋襄公、晋灵公、晋成公三世。

鲁文公六年,晋襄公死,太子夷皋(即后来的晋灵公)年幼,晋人怕发生祸乱,想改立年长的国君,即改为"兄终弟及",赵盾主张立文公子,襄公弟,正在秦国为亚卿的公子雍为君,而狐射姑(贾季)主张立文公另一子,正在陈国的公子乐为君,并各自派人去迎接。赵盾派人去杀死了公子乐,而这一段时间太子夷皋之母穆嬴天天抱着太子在朝廷上哭泣,说:"舍嫡子不立而到外边去求国君,你们何以处太子?"又抱着太子到赵盾家向他叩头,说:"如果这孩子成材,我是受你之赐,如不成材,我就唯你是怨!"赵盾和大夫们受其逼,就改变了主意,立太子为晋灵公,反而发兵抵御正送公子雍回晋的秦国军队,赵盾将中军,结果打败了秦军。

穆嬴仅以一妇人而迫使赵盾等大夫改变了主意,主要还不是靠她自己的力量,而是有赖先君之余威和"立子立嫡"的传统,这些说明当时晋公室力量还很强大。而赵盾以一异姓之卿而握有废立之权,也说明卿大夫地位正在上升。文公十四年,赵盾与鲁、宋、郑、卫等国君主一同在新城会盟,又亲率诸侯之师欲护送捷菑回邾国为君;以后赵盾亦多次率军和会盟。但是,晋灵公逐渐长大以后,表现得相当残暴,不听赵盾劝谏,并派

---

[1] 《国语》,岳麓书社1988年版,第106页。

武士去暗杀赵盾。鲁宣公二年，晋灵公请赵盾进宫饮酒，又暗伏武士准备在宴席上杀死他。当赵盾及时告退时，灵公唤猛犬追咬赵盾，赵盾在其车右提弥明和倒戈的灵公武士灵辄护卫下脱险之后，正往国外避难却尚未走出国境时，赵盾的同族赵穿杀死了灵公，赵盾于是就返回来了。太史董狐书曰："赵盾弑其君。"说："赵盾身为正卿，亡不越境，反不逃贼。"这之后，赵盾派赵穿往周迎公子黑臀，立以为君，是为晋成公。赵盾以后的事迹不显，但赵氏无疑仍有相当长一段时间在晋卿族中握有大权。鲁宣公8年，晋废胥克，使赵朔佐下军，十五年，晋侯使赵同献俘于周，赵同甚傲而不敬，刘康叔预言："不到十年，赵同将有大难。"成公3年，晋作六军，赵括、赵旃皆为卿。

　　成公八年赵氏遭难，赵朔子赵武因其母为晋成公之女而幸免于难，但赵氏家族甚伤元气。自此有一段时间赵氏不处于晋国权力中心。直到襄公二十五年，赵武于范宣子死后才主持国政，此时晋国仍为各国盟主，赵武命令减轻诸侯的贡物而尊崇礼仪，诸侯或有相侵者，则讨伐而使侵夺者归还其所掠地，所以诸侯皆与晋和好。襄公二十七年又在宋地举行"弭兵"大会，叔向劝赵武让楚国先盟誓，期间宋公设享礼招待晋、楚大夫，以赵武为主宾，郑伯亦设享礼招待赵武，赵武听郑七位大夫赋诗而观其志，此时殆是赵武事业、也是晋国霸业的顶点，此时也是春秋文雅之风最盛的时候，用祁午的话说：赵武在辅佐晋侯做盟主的七年间，两次会合诸侯，三次会合大夫，使齐国、狄人归服，东方国家安宁，平定秦乱、国不疲乏，民无谤言，只是惧其不能令终而已。昭公元年，赵武死，谥曰"文子"，这是一个准确的谥号，这也不仅是一个人的死，而是一个时代的结束。晋国渐失诸侯，公室开始卑微，政权渐渐落到了强宗大姓手中，就谈不上称霸治理诸侯了。昭公三年，叔向告诉晏婴说，晋之公室，已到季世，"民闻公命，如避寇仇"，公族已尽，"政在家门"，此语虽更像是预告，但确实描绘出了一种不可避免的趋势。

当赵鞅（赵简子）代表赵氏在晋国重新活跃的时候，晋国俨然已开始步入一个新的时代，在外交上，兵甲之声已越来越盖过弦竹之音，在国内，则各卿族越来越不把君主放在眼里，忙着互相争夺和兼并。定公十三年，赵鞅先是在本族内讧，后又与范氏、中行氏相攻伐，三家一起违反了晋国"始祸者死"的君命，后来赵鞅只是被迫杀其家臣董安于了事。到赵鞅联合他族消灭范氏、中行氏时，其实力、财富实际已凌驾于晋侯，无诸侯之名而有诸侯之实。晋国在其国内已率先进入自身的战国时代。

总之，赵氏与公室的关系大致是早期赵夙、赵衰以异姓初立，几完全依赖于公室，通过亲近和忠勤而得重用和受赐；中期赵盾虽忠于公室，但由于其家族势力渐趋稳固，赵盾又素以才能著称，所以已经能够参与废立、执掌国命。赵武的才能和功勋却主要是在外交方面，借助于晋国的国力和公室的权威，他成就了春秋时期最为文雅的一段霸业。后来的公室就日渐衰弱了，对赵氏等世族的坐大已难以制约。大致说来，赵衰似"仁者"，赵盾、赵武似"智者"，赵鞅则似"勇者"，时至以力相拼的季世，则自然不是"仁者"而是"勇者"为胜了。

4. 与其他世族的关系

晋国之重要世族有赵、郤、范、先、栾、中行、知、魏、韩、狐、胥、程、祁、羊舌、籍等。其中栾氏、狐氏是出自晋国旧宗的公族，韩氏、郤氏、祁氏、羊舌氏是出自曲沃、桓叔一支的新公族；中行、知、程都是从荀氏分出，荀、魏、籍是与晋公室同姓异氏，完全是异姓异氏的有赵氏、范氏（士氏）、先氏、胥氏等。[1]

---

[1] 钱杭：《周代宗法制度史研究》，学林出版社1991年版，第234—235页。

以上诸氏之兴立，可分四期，以栾、韩二氏兴立最早，鲁桓公二年，栾宾为封曲沃桓叔之傅，桓公三年，韩万御戎，此为第一期；赵、魏、范、郤、狐、羊舌氏之立则都在晋献公年间，此为第二期；晋文公期间则有中行、先、胥氏之立，而赵、狐二氏力量也在此时迅速壮大，此为第三期；最后，鲁宣公至成公年间，则有知氏、祁氏之立，是为第四期。

以上诸氏之废亦可分为四期，第一期是鲁文公六年狐射姑因与赵盾冲突而奔狄，宣公十三年，先氏以战败被废；第二期是鲁成公十七年晋厉公用胥童杀三郤而被弑，而胥童亦随之被杀，郤、胥二氏均灭，而栾氏也在襄二十三年被废；第三期是昭公二十八年羊舌氏与祁氏被废；第四期是范氏、中行氏于哀公五年奔齐而被废。至《春秋左氏传》纪年终（前468年），晋国只剩下赵、韩、魏、知四大卿族（知氏后被三家灭于前453年）。

赵氏与晋国其他世族的关系则颇有一张一弛、一逼一让之势。赵衰甚让，赵盾则已有逼人之势，至赵同等则已相当倨傲，赵氏不久亦罹祸；至赵武则又颇温良恭俭让，赵鞅却咄咄逼人，赵无恤外柔而实刚，颇能"忍耻"，故最后反联合韩、魏而灭了知氏。

赵盾于赵衰死后即与狐偃之子狐射姑（贾季）产生矛盾，狐、赵同为文公旧勋，赵盾得阳处父支持而取代狐射姑为中军，两人又在立君问题上发生冲突，狐射姑杀阳处父而后奔狄，狐氏遂废，但赵盾还是派人把狐射姑的妻室送去，以示礼貌，当文公十三年中行桓子建议请复狐射姑时，赵盾却没有同意。狐射姑对赵衰、赵盾父子的评价是：赵衰是"冬日之日"，赵盾是"夏日之日"，杜预注曰："冬日可爱，夏日可畏。"[1]

鲁成公八年赵庄姬之难时，庄姬谮告晋侯赵氏将为乱，栾氏和郤氏做了不利于赵氏的假证词，使赵氏几乎覆灭，幸赖韩厥得以渡过危机。韩

---

[1]《左传·文公七年》，《十三经注疏》，中华书局1980年版，下册，第1846页。

厥小时为赵盾所抚养，故此有这份情谊。[1] 后来，赵、韩两家的关系一直相当不错。后来定公十三年赵鞅与范氏、中行氏均违君命而行火并，结果范氏、中行氏被逐，赵氏却赖韩魏两家向晋侯请求而得无事。

　　世族之延，固然首先在继承者得人，同时也靠时运。一起一伏常常反而胜过直线上升。"族大多怨"，常成"怨府"，族大逼君，易为"君仇"，一族发展过速反易招致君主猜疑和他族忌恨，郤昭子"富半公室"，"家半三军"，郤氏一氏曾有三卿五大夫，却一朝覆亡；栾怀子好施，"士多归之"，不久却亦及难；范宣子在其盛时畅谈本氏的"死而不朽"，然而范氏隔世亦亡。赵氏的绵延壮大有起有伏，有进有退，结果反而避开了一些最容易招致祸难的时期和事件。赵氏的两次危机都是由内部而起，一次因赵庄姬之谗，一次因邯郸午不肯允诺，而其家臣却甚忠，与季氏家臣颇不同，董安于告赵鞅先备难，后又为防知氏发难、安定赵氏而自尽。各大家族又常联合起来对付公室，晋厉公欲尽去群大夫，而立其左右亲信，结果自己反而被弑；后晋六卿为削弱公室，又尽灭晋之宗家祁氏、羊舌氏，把它们的采邑分为十县，各令其子为大夫。在公室大大削弱之后，六大卿族之间的兼并转趋激烈。赵氏以晋阳为后盾，终立于不败之地。赵氏的结局则已为所知，赵转成诸侯后亦是三晋中的最强者，在战国时与强秦抗衡最久最力。

　　总观春秋列国，非公族的发展看来超过公族，随着公族的普遍积弱，非公族却有几家脱颖而出，呈现出趋强之势。公族占优势的鲁、郑、卫、宋到战国时代均已成蕞尔小邦。而瓜分强晋的三家中，赵、魏二氏均非公族，韩氏也只是桓庄之族的劫余，与异姓的赵氏关系最好，齐国则是

---

[1]《左传·成公十七年》，《十三经注疏》，中华书局1980年版，下册，第1922页，杜预注："韩厥少为赵盾所待养，及孟姬之乱，晋将讨赵氏而厥去其兵，示不与党。"

由外来的陈氏夺国,这几个由世家转变成的国家还要在战国时代上演二百多年轰轰烈烈的戏剧再告消亡。要么上升为诸侯,要么解体为个人,这就是春秋世族的命运。春秋末年已不存在一定数量的世族和平共处,共同发展的形势。任何一个再高贵的家族,任何一种再优越的血统,也不可能永久占有世间的荣华富贵。毋庸下溯很远,迄至春秋之末,无论公族还是非公族,绝大部分显见已脱不了烟消云散的命运,覆灭之劫,百难逃一,正印证了帕雷托(V. Pareto)"历史是贵族的坟场"的名言。[1] 世家大族最大的敌人不是别的,而正是时间,是它们本身的延续。即便它们不面临整个世袭社会的覆灭,它们也会被另一些新兴的世家大族所代替或凌驾。然而,在历史上,又确实有一些时代,这些时代由于各种机缘使贵族得以产生或异常活跃,春秋就是这样的一个时代。对这样一些时代,我们又可以说"历史是贵族的摇篮"或者"时代是贵族的舞台"。

五、世族的文化

世袭社会的文化主要呈现为贵族的文化。假如春秋贵族要面对后人为自己辩护,优雅的文化大概是他们最可能援引的一个理由。贵族文化在西周至春秋时代社会发展到了一个高峰,而最盛期又在春秋襄、昭年间,随后就渐趋枯萎。

周代的文化主要表现为"诗书礼乐",而其中"礼"又可以说是一个总名,一个概括。"礼"实际上是一种等级制的生活和行为方式,从实行

---

[1] Vilfredo Pareto:*The Mind and Society: A Treatise on General Sociology*, New York: Dover Publications, Vol.3, p.1430. 但这首先是指一些世家大族被另一些世家大族所代替,帕雷托同时又认为,即使直接的世袭消失,即贵族社会消亡,间接的世袭倾向也还是会很有力。见上引书,第1425页。所以,如果我们从另一个方面说:"时代总是贵族(或少数人)的舞台。"又依然具有相当的正确性。

者来说，专为贵族所有，即所谓"礼不下庶人"。等级制到处都有，在世界进入现代社会之前，等级制是一种普遍的制度形式。然而，中国古代等级礼制的独特之处在于：其理想形态含有一种精致、文雅和细腻的意蕴，即孔子所谓"文质彬彬"下的"彬彬有礼"。春秋的世家贵族们在某种程度上表现了这种意蕴。虽然春秋时代的贵族文化，至少在孔子之前的时期，主要并不表现于典籍和艺术品的创造之中，而就表现于他们的言行之中。他们的一言、一行、一举手、一投足，揖让进退，歌吟讽咏，俨然就像是一种艺术。那是尚未衰弱和堕落的贵族的一种艺术。当然，其中令人印象最深的还是从那生活中最终凝结成形的一些突出人格和德性。传统社会是重质而非重量的社会，是尊崇人格和德性而非尊崇原则和规范的社会。[1] 所以，我们下面要联系人来观察那时的几种主要文化活动，例如"赋诗"以赵文子，"观乐"以季札，"有辞"以子产，"有言"以几个集体参加的场合，所系的时间主要在赵文子执政的八年（襄公 25 年—昭公元年）。那几年正是贵族文化奏出自己的华彩乐章的时期，也是世家大族的几位顶尖人物最为活跃，并且相当频繁地互相来往的时期。

1. 赋诗

学者们很早就注意到了春秋时代的赋诗现象，在这方面已经积累了相当的文献，且迄今仍不断有研究这一现象的著作陆续发表。[2] 何为"赋诗"？我们观察"赋"字在《左传》中的用法，"赋"字共 104 见，其中与

---

[1] 参见 Alasdair MacIntyre: *After Virtue*, Chpt.10—16, esp. Chpt.16, University of Notre Dame Press, 1984。

[2] 顾栋高：《春秋左传引据诗书易三书表》，《春秋大事表》。钱穆：《国史大纲》1940 年初版，夏承焘：《采诗和赋诗》，最近在台湾又出版了两本研究春秋赋诗的专著：一本是张素卿的《左传称诗研究》，台湾大学出版委员会 1991 年版；另一本是曾勤良的《左传引诗赋诗之诗教》，台湾文津出版社 1993 年版，其中张书列有详细的研究书目。

诗有关的 79 见。这 79 次赋诗似可分为三类：第一类是简单说明创作的由来，如隐公三年："卫人所为赋《硕人》也。"闵公二年："郑人为之赋《清人》。"这里的"赋"即"创作"的意思，所赋诗是《诗经》中的诗。

第二类则不仅是简单交代这种自我创作，而且还呈现出一种或独处或面对的创作场景，所作诗亦非《诗经》中的诗，如隐公元年郑伯庄公入隧道见母亲，赋曰"大隧之中，其乐也融融！"母出而赋曰："大隧之外，其乐也泄泄！"这是面对；又如僖公五年，晋士芳在晋献公、公子重耳与公子夷吾之间感到无所适从，退而赋曰："狐裘龙茸，一国三公，吾谁适从？"这是独白。虽然这种赋诗有时是面对他人，但还是以自我创作的诗句来表达自己的感情。

但是，上述两类赋诗仅见 5 次，且都是出现在春秋初年。所以，我们现在要说的"赋诗"主要是指第三类：即一种引用已有的他人所作的诗篇（一般都见于现存《诗经》），并且在面对他人的场景中抑扬顿挫地将其吟咏出来的活动。

这种赋诗不同于自我创作，自我表达，自我尽兴的赋诗。诗是别人作的，赋诗之意也是希望别人理解自己的心志和感情，而并非是要自我表现和尽兴，所以，这种赋诗总是要面对同等身份、可以交流的他人，它必须要在一个有他人在的场景中发生。也正是由于上述特点，这种赋诗也有别于表演性质的"歌诗"和言谈评论中的"引诗"。"歌诗"一般是由专门的乐工进行，并常伴以舞乐，应当说在艺术形式上肯定会更精致，更好看。但是，"歌诗"之意并不在使表演者自己与观赏者沟通。观者在这种"歌诗"中所欣赏，或者受感动的，并不是作为表演者的那个人，而是所表演的诗篇及表演本身，或者说，他最多会赞扬表演者的技巧，但并不接触到他更深的人格和价值。因为，作为"歌诗"表演者的乐工，并不具备与观赏者沟通和交流的同等身份，而"赋诗者"与"听赋诗者"则都是同等身份的君侯和卿大夫，他们往往同时既是咏者又是听者，他们此时所渴望的是相互沟通，而不是单纯欣赏。

　　赋诗也不同于"引诗"。"引诗"可以出现在与他人当时的谈话中，也可以是在事后"君子"的评论中，而即便是在当时的谈话中，"引诗"也主要是引用诗句来说明自己的理由，加强自己的论点，如果说有交流，那也是更偏于理性的说服，而非感情的沟通，且"引诗"不拘场合、形式、礼仪，也不具表演性质，不必抑扬顿挫地吟咏。

　　因此，赋诗既是一种讲究身份的交往活动，同时又是一种讲究形式和韵味的艺术活动。作为赋诗者，如何根据场合和听者的具体情况选择合适的诗篇，如何优雅地将其诵咏出来；作为听者，如何从诗句及其诵咏理解赋诗者的心志和感情并做出得体的反应，如何揖让进退，做出恰当的评价，这些都涉及一种文化的修养，涉及一种精微的领悟力和判断力。于是，在这样的场合，最高的权威就常常并不是在场的权位最高者，而是最富文化修养者，此时的臣下，甚至能够根据自己对诗意的理解，而命令自己的君主做出某些反应。例如，前述僖公二十三年，赵衰听了秦穆公的赋诗之后，立即命自己的主人公子重耳降拜；又如襄公二十六年，叔向听完齐侯、郑伯二相的赋诗后命晋侯拜二君表示感谢。卿大夫中不懂诗者常常遭到讥刺，例如齐国权臣庆封于襄公二十七年、二十八年两次见到鲁国叔孙穆子，第一次他是聘鲁，叔孙穆子亲赋《相鼠》一诗，讥其失礼，他不知道，庆封回国不久即被逐；他第二次奔鲁时，叔孙穆子则仅使乐工为之诵《茅鸱》一诗，刺其不敬，他仍懵然无知，叔孙穆子说他将有"天殃"，将被"聚而歼之"。而能解诗赋诗者则受到称赞，楚国蒍罢参加晋侯的享礼宴饮将要退出时，赋了《既醉》这首诗，叔向赞扬他敏捷而有礼，说"敏以事君，必能养民"，其后人必将在楚国长享禄位。可见，在春秋盛期，人们对赋诗的活动是相当重视的。

如果按照我们上面的界定,则第三种赋诗见于《左传》所载者一共有 32 场次,赋诗 69 首。赋诗的场合一般都是在外交礼会,有"享"、"宴"、"食"、"饯"以及"见"等。赋诗的人物除了君主之外,都是卿大夫,而且,大都是各国主政或者参与执政负责外交之卿,所与者莫不位尊而权重,其中又以晋、鲁、郑卿大夫为最多。

赵文子(赵武)于襄公二十五年起为晋执政,昭公元年去世。在这八年中,《左传》记载有 7 场赋诗,参加赋诗的人数先后计有 18 位(按每场累计),所赋的诗有 23 首。其中赵文子参与听诗、赋诗的场次最多,共有 3 场,第一次是襄公二十七年弭兵大会期间在郑伯的享礼会上听郑国七子赋诗言志;第二次是昭公元年在楚国令尹子围的享礼会上各自赋诗;最后一次则是同年在郑国的享礼会上与鲁国叔孙穆子、郑国子皮一起赋诗。

襄、昭之间这八年的赋诗之盛,与当时的国际局势及赵文子任晋国主要执政后的举措大有关系。此前,晋、楚、秦、齐等大国为争霸厮杀了一百多年,弄得民生凋敝、国力疲弱,"夫妇男女,不遑启处"。赵文子于襄公 25 年任作为当时盟主的晋国的执政后,命令减轻诸侯的贡物而尊崇礼仪,并表示了以弭兵靖诸侯的希望。襄公二十七年,宋国执政向戌发起了一场弭兵运动,他奔走于晋、楚、齐、秦之间,得到了同意,终于在该年六月在宋国举行了 13 个国家参加的弭兵大会,由晋、楚两国及其附属国订立了和平盟约。在这一过程中,赵文子及其副手叔向在促使盟约成功上起了关键的作用,当时楚国的令尹子木甚为争强,不讲信用,赵文子做了大度的妥协和退让,自此直到定公四年晋为召陵之会侵楚为止,中原地区总算享有了来之不易的四十年的国际和平。

正是在这种崇礼讲信、以玉帛止干戈、以辞令解怨戾、以揖让睦邦交的"会盟政治"的气氛中,文雅的赋诗才有兴盛的可能,而这种文雅的赋诗本身又是一种沟通感情、化解敌意、进行劝诫和巩固盟约的手段。如昭公元年，赵文子与楚令尹公子围会见时，令尹先赋《大明》之首章以自光大，赵文子则赋《小宛》中的两章劝诫令尹"各敬尔仪，天命不又"。赵文子于襄公二十七年弭兵之约完成后的一场赋诗，则洋溢着一种快乐、轻松、"乐只君子"的气氛。赵文子请郑国七位卿大夫皆赋"以观七子之志"，并于每位大夫赋诗之后都作了简要的评论，这些话有道谢、有自勉、有祝愿，也有批评。赵文子回来又告诉叔向，说除了伯有之外，其余六子都是可以传到后世的大夫。当时贵族对保族宜家延祀都极具关心，于赋诗亦可略见一斑。

昭公元年夏天，赵文子与叔孙豹等去郑国，郑简公设享礼招待他们，郑上卿子皮告请的礼仪结束，赵孟赋《瓠叶》一诗，叔孙豹理解他有想要主人向宾客进酒一次的"一献"之意，就将此意告诉了子皮，于是就用了一献。赵文子是主宾，享礼完毕就饮宴，叔孙豹赋《鹊巢》，赵文子说"武不敢当啊"，叔孙豹与子皮又各赋一诗，最后赵文子赋《常棣》，并说："我们兄弟亲密而安好，可以让狗别叫了。"大家喝酒喝得很高兴，赵文子出来后说："我不会再有这样的欢乐了。"当年冬天，他就死了。

《左传》记载了赵文子死前一两年一些人的预言。襄公三十一年春，鲁国穆叔从澶渊参加盟会回来，对孟孝伯说："赵快死了，他的话苟且偷安，年龄没满五十，却絮絮叨叨像八九十岁的人。"孟孝伯却回答说："人生几何？谁能无偷？"于是穆叔出来跟人说，孟孙也快要死了。昭公元年，周天子派刘定公慰劳赵文子，刘定公希望赵文子远继禹的功绩而大庇百姓，赵说："老夫唯恐犯下罪过，怎么可能想那么远？"刘定公回去也对周天子说："谚语说人老了糊涂也就跟着来了，说的大概就是赵孟吧，赵孟过不了这个年了。"同年秦后子进见赵文子，谈到国君无道而粮食丰收，这是上天的帮助，少说也能延续五年，赵文子看着日影说："早晨到不了晚上，谁能等待五年？"后子出来也说"赵孟快死了"。

在某种意义上，赵文子正是他执政的那个时代的象征，是那一和平、优雅与文质彬彬，然而极其短暂的时代的象征，甚至是他所代表的那一世族社会的象征。赵文子机智、博学不如叔向，"立若不胜衣，言若不出于口"，然而却能"好学而受规谏"，且有大臣之风，世族之概，厚实稳重，甚至有一种知命的无奈，这和临终前颇具信心，大谈范氏世禄，"死而不朽"的范宣子截然两态。赵文子似已预感到了不仅个人一姓一氏，而且是整个世族的悲凉命运而不愿做长远计。

诗是艺术，赋诗的人们却是一些政治家和外交家，如此说来，赋诗就是真正的"附庸风雅"了，是在世界其他文明的王侯将相中罕见的一种现象，在中国，君相们不久也就都有些"稍逊风骚"了，但政治与艺术结合的趋势还是相当强劲，这是否有利于它们各自的发展值得怀疑，但在传统中国，尤其是在春秋时代，艺术看来还是受到了政治家相当由衷的尊重而不是被玩弄于股掌之间。另外，春秋时代文化典籍奇缺，各种艺术形式本身尚未分化，与政治也是难分难解，艺术家、学问家与政治家、外交家常常集于一身，在这个意义上，世家贵族们又可以说是"风雅"的主人了。赋诗的"断章取义"在今天的人们看来可能会觉得未免笨拙，这大概也是赋诗不久即衰落的一个属于它自身的原因，但这种活动毕竟是世家大族百年的熏陶和训练所致，其中有些深刻细致的韵味可能还是现代的人们所不易体会到的，而只能从赵文子"吾不复此矣"的感叹略见其陶醉和快乐。

无论如何，赋诗的盛况在昭公年间是急剧地衰落了，在继赵文子主持晋国国政的韩宣子期间，尚有几次赋诗的聚会，其中最后的一次仍是在郑国（昭公十六年），郑六卿饯韩宣子于郊而赋诗，此后迄定公四年，只有零星片断的3次赋诗，再后直到《左传》纪年结束的三十多年间，不再有任何赋诗的记载。

2. 观乐

春秋的音乐听起来究竟如何，究竟美妙到何种程度，我们亦难以得知，只能从孔子在齐听韶乐而"三月不知肉味"略见一斑。然而，音乐在春秋时代的重要性是显而易见的。"乐以成礼""乐以安德""乐以安民""先王之乐所以节百事也"。[1]

襄公二十九年，吴国公子季札来中原各国聘问。据说他是吴王寿梦的幼子，因其贤，国人欲立其为王，他固辞不受，并曾因执意逃国而"弃其室而耕"。季札到了鲁国，想观看周朝的舞蹈，聆听周朝的音乐，于是，让乐工给他演唱《周南》、《召南》，他听了之后说："真美啊！已经奠定基础了，但还没有完成，然而百姓已经勤劳而不怨恨了。"然后又逐一聆听和评论了《卫风》、《王风》、《郑风》、《齐风》、《秦风》、《魏风》、《唐风》、《陈风》等，他觉得《卫风》等甚深厚；《王风》有忧思而不恐惧，大概是周室东迁以后的诗歌；《郑风》虽然美，却过于琐碎，百姓不堪忍受，郑国恐怕要先亡；《齐风》有泱泱大国之风，国家前途不可限量；《秦风》宏大，为周室之旧乐；《魏风》飘灵而悠扬，粗犷而又婉转；《唐风》思虑很深；批评《陈风》说："国家没有主人，难道能够长久吗？"《桧风》以下，就没有批评了，也许是不屑于批评。

季札又听乐工演唱《小雅》、《大雅》，极为赞叹，而当听完《颂》时，他认为"这已达到顶点了！""五声和谐，人音协调，节拍有一定的尺度，乐器有一定的次序，这都是盛德的人所共同具有的啊！"

季札又观看了据说是属于文王时候的两个舞蹈，说："美好啊！但尚有遗憾。"看到跳《大武》舞，他说："美好啊，周朝兴盛的时候大概就是这样吧！"看见跳据说是殷商时候的舞蹈时，他说："像圣人那样宏大，但

---

[1] 《左传·昭公元年》。

还有缺点。"看到跳《大夏》舞时,他说:"勤劳于民事而不自以为有功,不是夏禹谁能做到呢?"最后看到跳据说是属于虞舜时候的舞乐,他说"功德达到顶点了,真伟大啊!如上天一样无所不覆,如大地一样无所不载,不可能比这再增加了。"于是,季札"叹为观止",说他不敢再请求观赏其他的音乐了。

季札的评论自然仍带有传统文化所特有的政治化、道德化的意味(或经过传者的润色),但我们却还是可以由此感受到一个热爱并陶醉于音乐的人格,而这个人尚是来自当时华夏文化的边缘地区。季札代表了另一种类型的贵族,他的主要追求和兴味实际已经不在社会政治或外交方面,而是在艺术、节操、友谊等相当具有个人性的方面,他洁身清行,仰高履尚,曾有言:"富贵之于我,如秋风之过耳。"据说又曾因在往晋国聘问的路上,心许徐国国君归来时赠以宝剑,返回时徐君却已死,于是将宝剑挂于徐君墓旁的树上而去。季札交友的品位亦很高,他在齐国访问时,喜欢晏平仲;在郑国访问时,见到子产,就像见到多年的故交;到卫国,喜欢公子荆、公叔发等人;到晋国,他喜欢赵文子、韩宣子、魏献子和叔向。这些人皆为当时人物的一时之选。季札的聘问与前述的赋诗礼会相比,已经相当地冲淡了抱有较实际意图的国家外交政策的意味,而是更多地具有了个人会友的色彩,就像其观乐比赋诗更多地具有了纯粹个人审美和欣赏的色彩一样。

3. 有辞

"言"与"辞"在《春秋》经传中的使用有联系又有区别。它们同为言说,但"辞"比较正式、规范,常载于书面,又常有文采,是为"文辞",尤为突出所言之"理由";而"言"则比较宽泛、笼统、多指口头言说,所以用义较宽。此外,我们在这里区别"有辞"与"有言"还有一层特定的意思:我们用"有辞"指直接涉及政治、常为执政者或当事人的言辞;用"有言"则指不直接涉及政治、非执政者或当事人的言辞,其议论不仅与政治有关,也伸展到人生的各个方面。换言之,"有辞"大致相应于"政治理性","有言"则大致相应于"舆论空间"。

"有辞"简单说来也就是"有理",失"辞"就是失"理"。桓公十年,虢仲向周天子告他的属大夫詹父,周廷判断"詹父有辞",也就是说"詹父有理",遂率领周王的军队攻打虢国。又同年冬,齐军、卫军、郑军前来鲁国在郎地交战,《左传》记载:"我有辞也",也就是说"我们鲁国有理"。但是,有时这"理"或不知是否成立,不知是否真的言之成理,即使在这样的时候,"有辞"也反映了想讲道理,想给自己或本国的行为寻找理由的意向。另外,即使确有道理,讲说时也还有一个说的方式和技巧的问题,也就是说,还有一个"文"的问题,讲说得好的"辞"才是"文辞"。孔子有一段评论郑国在晋为霸主时攻陈的话最能说明"文辞"的功用,他说:"言以足志,文以足言。不言谁知其志;言之无文,行而不远。晋为伯,郑人陈,非文辞不为功,慎辞哉!"虽然文辞很重要,但更须谨慎,不使它变成狡辩,辞不能离"札",赵文子说:"若敬行其礼,道之以文辞,以靖诸侯,兵可以弭。"

春秋社会早期基本上还是一个"有辞"、或者说大致守礼、试图说理的社会,许多事情基本上还是由传统的道理和礼仪,而不是由赤裸裸的武力来决定的。有实力吞并其他小国的大国,宁愿充当维持当时国际秩序的霸主而并不急于扩大自己的版图,战争的规模和手段也受到了某种限制,这与战国时期的情况大不相同。文公十四年,晋国赵盾率领诸侯之师八百辆战车,浩浩荡荡地要护送捷菑回邾国为君,邾国人讲了他们立君的道理:说齐女生的貜且年长,赵盾说:"辞顺而弗从,不祥。"于是就撤军回去了。襄公二十五年,郑国子产向晋国奉献攻陈的战利品以使晋国默认其攻陈，晋人向子产质问陈国究竟犯了什么罪，郑国为什么侵袭陈国，子产逐一做了回答，赵文子说："其辞顺，犯顺不祥。"于是就接受了郑国的"献捷"。可见，那时的"辞"还相当有力量，只是到了后来，将欲取之，"何患无辞"时，"辞"的意思也就变了。"辞"就不是道理，而常常只是文饰了。

"辞"作为直接提出的理由，一般是附着于政策和行动，应用于政治、外交和军事的领域，所以和一般的言论不同。春秋时代有很多"有辞"的政治家，而在其最鼎盛的年代中最突出的一位则当推子产。襄公三十一年，子产辅佐郑伯到晋国，晋侯没有接见他们，子产派人把宾馆的围墙全部拆毁让自己的车马进去，晋国派大夫士文伯来责难子产，子产回答说：郑国尽量搜索国内的财货带来朝会晋国，却尚未见到，现既不敢不经一定的仪式而奉献，又不敢暴露于外而让它们被风吹雨淋而毁坏。从前晋文公做诸侯盟主时自己的宫室低小，接待诸侯的宾馆却修得富丽高大，安排伺候得井井有条，使"宾至如归"，接见亦有定时。现在晋君的别宫方圆数里，而诸侯宾馆却修得像奴仆住的屋子，接见无时，如还不拆毁城墙放进财物，我们的罪过反而会更大，如能够早点献上财礼，我们愿把围墙修好再走，岂敢害怕辛苦？晋侯听他说得有道理，就以隆重的礼节接见了郑伯并厚予礼物，并开始重筑诸侯之馆。叔向评论说：辞之不可以废弃就像这样吧！"子产有辞，诸侯赖之，若之何其释辞也？《诗》曰：'辞之辑矣，民之协矣。辞之绎矣，民之莫矣。'其知之矣。"[1]

此前，襄公二十四年，范宣子为晋国执政时，诸侯朝见晋国的贡品太重，子产亦曾寓书于子西，使告范宣子"君子长国家者，非无贿之患，而无令名之难"、而"名"为"德之舆"，"德"为"国家之基"，"有德则乐，乐则能久"的道理，结果使范宣子减轻了各国的贡品。襄公二十八年，子

---

[1] 《左传·襄公三十一年》。

产辅佐郑伯去楚国，子产搭了帐篷而不筑坛，楚人责问，子产回答说：大国君主去小国有五种好处，因此筑坛宣扬，小国君臣到大国去却有五种坏处，怎能筑坛宣扬它的祸患呢？以此讥讽当时的大国屡使小国朝贡，奔走于道。又昭公十六年，晋韩起聘于郑，想求一玉环，子产不肯送给他，也不肯让郑国的商人卖给他，子产说："夫大国之人令于小国，而皆获其玉，将何以给之？""大国之求，无礼以斥之，何餍之有？"且郑君又已与郑国商人订有"尔无我叛，我无强贾"的盟誓，不能够背弃盟誓。子产在外交上，常能面对强国做出一般小国所不敢做、有时看来甚至相当逾越常轨的事情，他所依赖的也就是"有辞"，有一般人畏于权势所不敢发，或者溺于常规所不能发的道理。

子产之"有辞"亦表现于内政。昭公二年秋天，郑国贵族公孙黑想发动叛乱，驷氏等大夫也想杀死公孙黑，在此内乱即将爆发的千钧一发之际，子产在边境听到了消息，害怕乘自己的车赶不到，换乘驿车到达。赶到国都之后，子产立即派官员向公孙黑列举其三条罪状，一是专权而攻打伯有；二是与兄弟争夺妻室；三是在盟会上假托君位。说有此死罪三条，怎么能够容忍？若不自尽，死刑也就会降临。公孙黑再拜叩头至地推辞说："我早晚就死，不要帮助上天来虐待我。"子产说："人谁不死？凶恶的人不得善终，这是天命。做凶恶的事情，就是凶恶的人，不帮助上天，难道帮助凶恶的人吗？"公孙黑又请求让他儿子印做褚师的官职，子产说："印假如有才能，国君将会任用他，如果没有才能，将会早晚跟你去，你不忧虑自己的罪过，还请求什么？不立即就死，司寇马上就要来到了。"公孙黑不得不自缢，由此子产避免了一场流血冲突，郑国此后也平静了多年。

4. 有言

春秋时代人们对"言"的重视,可以从叔孙穆子对范宣子所言的"立德、立言、立功"的"三不朽"见出,"立言"的意义不仅高于"世禄",亦高于"立功"。一身会死,爵禄会尽,功亦可能不再泽及后人而只有一种瞻仰的意义,但真正有价值的言论和德行则历久不灭,甚至历久弥坚,历久弥珍。

人们对"言"的重视及流行又可见之于各种礼仪。赵文子成年行冠礼的时候,他需要做的一件事情是以贵族成人装束去拜见各大家族的主人,他将获得并且也最为珍视的是各家主人的赠言,《国语》中记录了这些赠言。其中栾武子对他说:"美啊!我曾服事于庄公,非常荣光,却不知实,请务实吧!"中行宣子说:"美啊,可惜我老了。"范文子说:"从今以后需要警惕自戒了。有才能的人,越是得宠,越是需要戒骄戒傲,先王都痛恨骄傲。"郤驹伯说:"美啊,然而青壮年不如老人的地方很多。"韩献子说:"警惕自戒,这才叫成人。成人在开始就为善,然后不断进善,不善就没法进来了。如果开始就为不善,善就没法进来了。就像草木生长一样,各以其类。人成年而有冠,就像宫室有了墙屋,不断扫除而已,又如何需要增加?"而对这些言论又有评说之"言",赵文子回来见到张老,告诉了他这些话,张老说:"好啊,听从栾伯之言,可以滋生;听从范叔之教,可以壮大;听从韩叔之戒,可以完成。一切都具备了,就看你的志气了,至于郤伯所言,那是要灭亡的人说的话啊,不足称道,而智子所言则是善道,是说先王将庇荫于你。"[1] 在记录春秋时代的典籍中,许多并不位尊权重的人物,正是赖其一二善言佳辞而留于历史。

各种各样的言论也构成了一种舆论的空间,形成了一种舆论的力

---

[1] 《国语·晋语六》。

量。"言"相对于"辞"来说要自由得多,它不必那样负责,也不必那样说理,因而可以有各种情绪、各种嘲讽、讥刺、幽默运行其间。昭公元年,楚国令尹公子围与各国大夫会合,一起重温在宋国缔结的盟约,由于他在国际外交中甚跋扈,在国内又有野心,会盟那天,他陈设了国君的服饰,并用两个卫兵持戈守卫,大夫们看到了,鲁国的叔孙穆子说:"楚国公子的服饰盛美,倒真像个国君啊!"郑国的子皮说:"两个拿戈的人站在前面了!"蔡国的子家说:"蒲宫(公子围在国内已居君之宫)的前面放两个卫士站着,不也可以吗?"楚国的伯州犁解释说:"这是来的时候,辞行时向国君借来的。"郑国的行人挥说:"借了大概就不会还了。"伯州犁反击说:"您姑且去忧虑子晳(郑国权臣)想要背命作乱吧。"郑国的子羽说:"公子弃疾(后为楚平王)还在,借了不还,难道就没有忧虑吗?"齐国的国子说:"我替这两位(指公子围和伯州犁)担心哪!"陈国的公子招说:"不忧虑能办成什么事呢,这两位高兴着呢。"卫国的齐子说:"如果有人事先知道,虽然忧虑又有什么危害?"宋国的合左师说:"大国命令,小国恭敬,我知道恭敬就是了。"晋国的乐王鲋说:"《小旻》的最后一章很好(里面写到'战战兢兢,如临深渊,如履薄冰'),我就照那样去做。"

对这些言论同样又有评论,子羽退出来之后对子皮说:"叔孙的话贴切而委婉,宋国左师的话简明而合于礼仪,乐王鲋的话自爱而恭敬,您和子家的话持其两端而不偏颇,都是可以保持几代爵禄的大夫,齐国、卫国、陈国的大夫却大概不能免除祸难,……听其言而可以知道事情的发展,说的大概就是这种情况吧。"

从以上的描述可以看出,春秋世族鼎盛期的文化仍具有强烈的政治性和行为性,甚至可以说主要表现为一种政治文化、一种行动艺术,其中也表现出一种试图把握事物发展的历史意识,这当然是和延祀保家的心态分不开的。在贵族政治中,有一种对于理性的追求,有一个可以议论品评的空间，但它自然仅限于贵族的内部。在孔子之前，学术文化还没有走向民间，典籍还没有很好地整理和传播，除了一些杰出人物之外，许多贵族还是相当不学无术的，[1]思想学术的真正开展和百家争鸣的繁荣局面还要在战国时期才能出现。

本章第 121 页注释 [1] 的内容

  姚彦渠：《春秋会要》，上海：中华书局1955年版。各国执政名称不一，清人俞正燮《癸巳类稿》中有《左传执政解》一文，认为："执政者，主司其事。""非官名也。"我们这里所说的"执政"，是指同时执掌一国政治的一个或几个主要人物、它和后面要谈到的一个时期只有一个的"主政者"又有所不同。下面是据该书列出的各国执政者人名（重复者剔除）：

  周：郑伯寤生、虢公忌父、虢公林父、周公黑肩、虢公丑、周公忌父、王子虎、周公阅、王叔桓公、王孙苏、召恒公、毛伯卫、召襄公、刘康公、单襄公、周公楚、尹武公、王叔陈生、伯舆、单靖公、刘定公、成简公、单献公、单成公、刘献公、单穆公、刘文公、单武公、刘桓公、苌宏、单平公

  鲁：公子翚、无骇、臧孙达、公子庆父、臧孙辰、公子友、公子遂、公孙敖、叔孙得臣、季孙行父、仲孙毂、仲孙蔑、叔孙侨如、叔孙豹、季孙宿、仲孙速、仲孙羯、叔孙婼、仲孙玃、季孙意如、仲孙何忌、叔孙不敢、季孙斯、叔孙州仇、季孙肥

  晋：士蔿、郤夷、里克、荀息、丕郑、吕甥、郤芮、郤称、郤縠、郤溱、先轸、赵衰、狐毛、狐偃、栾枝、胥臣、先且居、箕郑、胥婴、先都、赵盾、狐射姑、阳处父、贾佗、先克、郤缺、荀林父、

---

[1] 童书业：《春秋时之学问》，《春秋左传研究》，上海人民出版社1980年版，第379、380页。

先蔑、栾盾、胥甲、臾骈、胥克、士会、赵朔、郤克、栾书、先榖、赵同、赵括、士燮、荀首、荀庚、郤锜、韩厥、鞏朔、韩穿、荀骓、赵旃、郤犨、郤至、知䓨、荀偃、栾黡、魏相、士鲂、赵武、魏绛、韩起、范匄、魏颉、栾盈、荀吴、荀盈、程郑、范鞅、魏舒、赵成、荀跞、赵鞅、荀寅、韩不信、魏曼多。

齐：王子成父、国懿仲、高傒、管夷吾、仲孙湫、隰朋、国归父、崔夭、国佐、高固、高无咎、鲍国、崔杼、国弱、庆封、高厚、隰鉏、陈须无、公孙蛊、公孙（？）、晏婴、高鄌、陈无宇、栾施、高张、国夏、陈乞、鲍牧、国书、高无㔻、陈恒、国观。

秦：小子憖、百里奚、由余、孟明视、西乞术、白乙丙、右大夫说、右大夫詹、庶长鲍、庶长武、庶长无地、公子鍼、子蒲、子虎。

楚：斗伯比、斗祈、屈瑕、屈重、彭仲爽、公子元、斗榖於菟、成得臣、蒍吕臣、斗勃、斗宜申、成大心、成嘉、潘崇、斗班、斗椒、蒍艾猎、蒍贾、公子婴齐、公子壬夫、公子贞、公子侧、公子何忌、公子午、公子道舒、蒍子冯、屈建、公子齮、蒍掩、屈到、屈荡、公子罢戎、然丹、申鲜虞、公子围、蒍罢、屈生、公子比、曼成然、阳匄、囊瓦、公子鲂、王子胜、公子申、公子结、郤宛、沈诸梁、公孙宁、公孙宽、子榖。

宋：孔父嘉、华督、公子目夷、公孙固、公子成、公子荡、乐豫、公子卬、华耦、公孙友、鳞矔、华御事、荡意诸、华元、荡虺、公子朝、乐举、公子须、公孙师、乐吕、向为人、鳞朱、鱼石、荡泽、老佐、乐裔、向带、鱼府、乐喜、向戎、华亥、华弱、华阅、皇郧、乐遄、西鉏吾、华臣、华定、皇国父、华费遂、华合比、华喜、乐大心、仲几、向宁、华牼、华　、公子忌、边卬、乐祁、皇瑗、乐筏、皇非我、向巢、皇缓、皇野、皇怀、乐朱鉏、灵不缓。

卫：石蜡、右公子职、左公子洩、石祈子、宁速、元咺、宁俞、孙炎、孔达、孙良夫、石稷、宁相、孙林父、孔烝鉏、宁殖、北宫括、子叔剽、太叔仪、石买、石恶、宁喜、石圃、北宫佗、北宫喜、公子朝、孔圉、公叔发、石曼姑、宁跪、太叔遗、石魋、孔悝

郑：祭仲、高渠弥、叔詹、皇武子、公子归生、公子宋、公子去疾、公子发、公孙喜、公子騑、公子喜、公孙舍之、良霄、罕虎、公孙侨、游吉、驷歂、罕达、驷弘

陈：五父、鍼子、辕涛涂、辕选、孔宁、仪行父、洩治、辕侨、公子招、公子黄、公子过、庆虎、庆寅、孔奂、司马桓子、夏啮、公孙佗人、辕颇

第五章　世袭社会的解体

一、社会流动的结构性改变

自春秋到战国，社会明显发生了一种重大变化，顾亭林如此描述这种变化：

> 如春秋时犹尊礼重信，而七国则绝不言礼与信矣；春秋时犹宗周王，而七国则绝不言王矣；春秋时犹严祭祀、重聘享，而七国则无其事矣；春秋时犹论宗姓氏族，而七国则无一言及之矣；春秋时犹宴会赋诗，而七国则不闻矣；春秋时犹有赴告策书，而七国则无有矣。邦无定交，士无定主，此皆变于一百三十三年之间，史之阙文，而后人可以意推者也，不待始皇之并天下，而文、武之道尽矣。[1]

这种变化显见是一种涉及面甚广的变化，撇开天子诸侯、外交礼仪

---

[1] 顾亭林：《日知录集释》卷十三"周末风俗"，花山文艺出版社1991年版，第585页。

等其他方面的变化不谈，在社会结构和流动的层面，最值得我们注意的当然就是七国时"士无定主"以及再无一言涉及"宗姓氏族"了。许倬云有关春秋战国间的社会变动的定量研究亦证实了这一结论。

许氏在班固《古今人表》所载范围内，比较了春秋与战国两个时期中"新人"在《古今人表》人物总数中所占的不同比重。许氏所谓"新人"，是指那些没有任何正面证据提起他是贵族家庭的成员或亲属的，其姓氏非巨家大族的姓氏，姓氏中也不包括官衔或称号的人们。根据他的统计，在春秋时期，这种出身寒微、来历不明的"新人"平均占总人数的 26%，战国时期则增加到 55%，如果在总人数中剔除那些不可能是来历不明的公子，则春秋和战国两个时期的来历不明者的百分比平均各为 32% 与 60%，两组数字都显示战国时期的社会流动性倍于春秋时期。社会流动在春秋战国之交可以说是骤然加快。[1]

但这还不仅仅是社会流动性的简单上升，因为，即使姓氏中带有祖先曾经显贵的记号，也还不足以说明此人当时后面就有一个家族为其依托，或者说明他是作为一个家族的代表、为了家族的利益及延续在活动。所以，也许许氏的另一调查更应引起我们的注意。他指出，社会流动性加快的倾向，还表明春秋晚期就已见衰落的大夫集团，到战国时代已经完全崩溃。因为，假如原来的社会秩序依然当令，新的家族应当由新贵继续产生，以补故家留下的空缺。但是，对战国宰相的背景作一调查后，发现这种新兴巨族的迹象实在微乎其微。

下面我们即依据许倬云有关战国时代宰相的举例，[2] 对这些主政者的出身略作统计，以与我们前面对春秋时代的主政者背景的统计作一对照：

---

[1] 许倬云：《求古篇》，《春秋战国间的社会变动》，联经出版事业有限公司 1982 年版，第 329、340 页。

[2] 齐思和：《战国宰相表》，《史学年报》第二卷第五期，1938 年。

在其所列的 81 位宰相中，[1] 本人属于本国公子，或属本国宗室、王室姻亲的有 26 人，占总数的 32%，与其他国家王室有关联的有 8 人，约占总数的 10%，两者合计亦只占总数的 42%；与王室完全无关者则有 47 人，占总数的 58%；而即使是与王室有关者，亦非自身构成一世家巨族，在他们中间，仅有楚国召氏二见，如果将其算为世族的话，仅占总数的 3%。

而王室人员执掌权柄的人数增多，亦似只说明国君而非公族权力的上升，与此相应的另一面则是士、庶人势力的大增：赵国的虞卿、廉颇；魏国的惠施、李悝；齐国的邹忌；楚国的吴起；秦国的张仪、甘茂、蔡泽；韩国的申不害等等，都是战国时期执掌大权、声名卓著、但却出身寒微的卿相。

在此两方面势力的夹击之下，原先的世族已难以生存，而新起者亦不再具有重新立族的条件，这与在春秋时期鲁、晋、楚、宋、郑五国有史可稽的 85 位主政者中，世族占 92%、"世卿之族"亦高达 76% 相比，其变化真有如天翻地覆，昔日权威赫赫的世族今日却不见踪影。所以，许倬云的结论是："春秋时政治上具有决定地位的强宗巨室似乎绝迹于战国政治。""整个战国时代几乎未见有春秋时代的那种巨室。若新贵没有填补旧有贵族的社会地位，而且连可以对应的家族也找不着，本文似可说，新的社会结构已经取代了旧有的秩序。"[2]

因此，春秋战国之交所发生的那一场变化，自然不宜仅仅视为是社会流动的简单加速，而且还是社会结构的大变动。这一大变动的实质就是社会上层的构成和来源从根本上被改变了。法国年鉴派史学家布罗代尔

---

[1] 中间个别有重复者，如张仪先在秦、后入魏为相。

[2] 许倬云：《求古篇》中《春秋战国间的社会变动》，联经出版事业有限公司 1982 年版，第 336 页。

认为要打一开始就承认任何社会的基本任务都是要实现社会上层的再生产；[1] 我们也同意这一观点，只是在把眼光投向中国的历史时，对这种再生产是否总是带有激烈的等级斗争或阶级冲突的性质，其改变是否总是要伴随一场急风暴雨式的大革命心存疑问。春秋世族比起在下层革命、平民造反中一朝覆亡的西方贵族来，更像是在时间的甚长流程中逐渐消亡，自我倾覆。虽然春秋世族的这一消亡过程我们不得详闻，但在这一时期里并未发生针对世族制度、波及当时诸国的"起义"似可确证。

但无论如何，我们必须承认，一个社会差不多总是分为上下或多层梯级的，且上层总是少数，[2] 而另一方面，我们也必须看到，社会上层的再生产或者说上下的流动也总是时快时慢、或多或少地在进行之中，这种流动在大多数时候只是数量方面的变化，只是涉及具体个人、家族的变

---

[1] 布罗代尔（F. Braudel）：《15 至 18 世纪的物质文明、经济与资本主义》第二卷，施康强译，三联书店 1993 年版，第 523 页。

[2] 布罗代尔甚至把这看作是一个难解的谜，他说："无论怎样进行观察都只能表明，这种内在的不平等是社会的恒在法则。社会学家也都承认，这是一条没有例外的结构性法则。但是，应该怎样去解释这条法则呢？……人们一眼就看到的，是高踞金字塔尖的少数特权者。……在他们下面的是被统治的群众，地位不等的劳动者和众多的经济工作人员。最底层是大批社会渣滓、无业者的世界。……社会牌局的发牌当然并非一劳永逸，但重新发牌的机会很少，极其难得。人们拼命想提高自己的社会地位，却是枉费心机，往往需要几代人的努力才能成功，而一旦成功后，如果不再奋斗，也就不能维持下去。……管理、行政、司法、宣传、财富积累乃至思想都被上层所垄断；杰出的文化也在上层社会加工和制造。……令人奇怪的是特权者的人数始终很少。既然存在着提高社会地位的可能，既然少数特权者的存在有赖于非特权者向他们提供剩余产品，那么，随着剩余产品的增多，特权者的人数也应增多。事实却完全不是如此，……总之，不管在什么社会，在什么时代和在世界的什么地区，极少数人的统治已成为一条始终起作用的规律。这确实是一条恼人的规律，因为我们弄不懂其中的奥妙。……我们可借用伏尔泰的话作结论：在一个秩序井然的国家里，少数人'使役多数人，由多数人供养，并管理多数人'。"见《15 至 18 世纪的物质文明、经济与资本主义》第二卷，施康强译，三联书店 1993 年版，第 509—515 页。这一现象在剩余资料相当充裕、分配也相当平等的现代社会似乎也没有多少实质性的改变，如果这一现象确实难以改变，那么，由哪一些少数居于上层，他们通过什么渠道进入，在他们不适合时又如何更换的问题就具有头等重要的意义了。

化；但有的时候却涉及整个流动方式的改变，这时的社会流动量和速率当然也急剧改变，然而其中更有意义的是整个社会结构的变化。[1]

春秋战国之交所发生的变化就是这后一种变化。遗憾的是，由于《左传》终笔（公元前 468 年）之后一百多年的史阙无闻，我们虽然对被隔开的这两个时期之迥别有了强烈的印象，却难于详细了解其间的过程。

当然，我们也还是可以从春秋时期的史料中寻得若干转变的痕迹，因为这一过程毕竟从春秋时期就已开始。笔者特别注意世族产生和消亡的自然性，可以说，世族其兴也渐，其亡也渐；其兴也自然，其败也自然。世族自然而然地、自发地在政治的封建诸侯的范例下产生，从各种各样的氏族、家族中脱颖而出，[2] 在其早期，他们的兴起有赖于自身道德的和非道德的某种优越性。[3] 当然有时也可能是纯粹的机会，而人性中根深蒂固的对自我生存和延续的关怀，又使他们在条件可能的情况下把自己获得的好处尽量遗传给自己的子孙，[4] 然后，在延续了几代之后，子孙或由于客观条件的优越而淡忘了创业的艰难，失去了奋斗的刺激动因；或由于在价值观念上更重视生活的精美享受、文化艺术的精致发展（而这在某种意义上也可以说正是世族乃至其他人类群体或个人的斗争所努力追求的目标或

---

[1] 有时在两个朝代之间，也有大量的社会流动，但那只意味着改朝换代，社会结构并没有什么实质性的变化。

[2] 见前第四章第一节。

[3] 犹如在古希腊时代一样，在"virtue"的原始意义下，"德性"与"才能"并不太区分。

[4] 参见迪韦尔热（M. Duverger）：《政治社会学》，华夏出版社 1987 年版，第 157 页："领导者总是倾向于让自己的子女享受自己拥有的好处和威望，这是一种自然现象，任何社会中都将如此。马克思主义的缺点在于，它认为这种现象只存在于生产资料私有制的范畴内，只要消灭了私有制，这种现象就会随之消失。然而，所有的官僚阶层、领导阶层、比较富裕或有地位的阶层、特权集团和尖子人物都企图让后代子承父业。要想不让他们得逞，就必须建立一些制度机制来阻止他们这样做。但这些机制也难以实施，因为执行者通常正是这些机制所要限制的对象。……"

目标之一）而不经意于延续世族的责任，甚至变得萎靡，再加上资源的有限，这种衰亡就几乎可以说是不可避免的。[1]

而更可能的当然是所有这些因素，包括一些我们在此未提及的因素都起了作用，[2] 这就使一些旧的世家大族被新的世家大族所取代。而这一切都是相当自然而然发生的，并且一般来说是渐变的，因而不易引人注目。

这里我们也许有必要澄清这样一个不一定完全准确的观念：即认为在世袭社会里几乎没有什么流动，实际上，即使社会结构并不变动，流动仍然是相当可观的，其原因就在于上述的种种因素，[3] 只是这种流动是限制在一定的范围内，是落实在具体的一些家族和个人身上。周瑷曾在一

---

[1] 在春秋时期，一些最有文化修养、艺术趣味最高的贵族往往是其祖先甚贵，而其后裔却不昌；高尔斯华绥的长篇小说《福尔赛世家》中描绘了继创业的资产者之后的第二代、第三代转向文学艺术的情况；而曾经是极其骁勇、武化的满清八旗贵族，逐渐变成了相当委靡、但却文化味十足，参与创造了老北京一种特殊的生活氛围的"八旗子弟"，更是人们经常引证的例子。然而，人们一般是把这作为反面的例子而引为鉴戒的，这样做可能忽视了事情的另一面：转向文化、注重生活也许正因作为一个自在的目的，正是奋斗者的一个理想，且不说这种转化或迟或早总要发生的，虽然转向什么样的文化、注重什么样的生活在不同文明间、不同情况下会有很大的差异。

[2] 甚至包括生理上的因素，例如布罗代尔写道："由于生物学上的原因，上层社会的人数逐渐减少，遗产和权力更加集中在少数人的手里，但这种集中有一定的临界线，佛罗伦萨于1737年，威尼斯人于1685、1716和1775年都曾达到过临界线。到了那时候，就无论如何也必须开放门户，吸收新贵族，……在我看来，朝气蓬勃的16世纪，或者说1470至1580年间，整个欧洲处于社会地位急剧上升的时期，其自发性堪与生物的成长相比。……可见这是一个普遍的过程，而且具有双重性：在整整一百年内，一部分贵族消失了，他们的位置立即被替代，而在新人占了位置以后，大门又重新关上。"见其《15至18世纪的物质文明、经济与资本主义》第二卷，三联书店1993年版，第517—523页。

[3] 首先可能是一种由于资源有限导致的向下流动，G. Lenski 在其《权力与特权：社会分层的理论》中写道："农业社会常常被描绘成一个很少有垂直流动的社会，事情并不那样简单，……事实上，从长时期看，向下流动远远超过向上流动，……"他并提到在近代革命前欧洲世袭贵族内部已然进行的新陈代谢："比如，尽管罗马国家一直存在到基督教时代，但其旧的元老阶级却没有存在这么久。61个在共和制早期生存的罗马贵族氏族一直是根深蒂固的。但到公元前367年却只有24个生存下来。最近对法国中南部福雷的贵族进行的研究表明，13世纪存在的215个（接下页）

篇名为"矩伯裘卫两家族的消长与周礼的崩坏"的文章中，[1] 通过岐山董家村出土的一批西周铜器上的铭文所记录的矩伯与裘卫两家的三次交换，分析了作为周室重要大臣和显赫贵族的矩伯地位如何一步步下降，经济拮据，不得不以自家的土地、狩猎权，向裘卫换取在周室典礼上必须使用的瑾璋、皮饰、车辆、衣帛的情况，而曾经只是负责制皮作裘的小官的裘卫，数代之后却发展到了能与西周姬姓的头等世家毛伯和成伯通婚的地步，这说明"高岸为谷，深谷为陵"的情况虽然特别强烈地被变革时期的人们所感觉，但在大致平稳的时期实际上也在渐渐地发生。

我们观察东周春秋时代，对世族内外的嬗替更可有一深刻的印象。在春秋时代最为活跃的世家大族，绝大部分都是在春秋早期立家的，如鲁之三桓；晋之赵、韩、魏、范、栾、中行；齐之崔、陈；至于郑国的七穆，更是晚至春秋中期方始立家，比较有把握的在春秋之前就已建立的大概只有齐之国、高，卫之石氏等寥寥几族。但是，我们却不能够确凿地说，世族只是到春秋时期才第一次广泛地建立，有可能世族已经上演过了一轮自己的戏剧，只是史料湮没，无以称述罢了。如前述，"历史是贵族的坟场"，但另一方面，历史也是"贵族的摇篮"，[2] 或者说，历史在其初期相当长一段时间里是"贵族的舞台"。总之，历史是这样一出戏剧，它几乎总是、也不能不是演员少，观众多；台前人少，台后人多；甚至有时演员相当固定，世袭社会就是这样一种演员相当固定的情况。

（续上页）贵族世家，在 13 世纪末有 30% 消失了，在 14 世纪只有不到三分之一的存在下来，在 18 世纪后期法国革命之前，只有 5 个还存在。在英国，很少有大的家族逃过了中世纪的玫瑰战争和都铎王室放逐的虎口。在中世纪，英国贵族家庭的地位是不牢固的，在俄罗斯，许多高贵的家庭由于没收和在男性后代中平分遗产而遭破坏。"浙江人民出版社 1988 年版，第 307 页。

[1] 《文物》1976 年第六期，第 45—50 页。

[2] 在等级社会没有真正倾覆，或者等级流动的制度没有真正稳固地确立和健全之前，世族大家就仍可能悄悄地重新出现，就像东汉以后，门阀士族又渐渐在社会上占据支配地位。

而春秋时代似正可被视为一次难得的史料相对丰富、剧情亦相当完整独立的这样的演出。我们仍沿用前面按每九十年把春秋时代划分为早、中、晚三个时期的做法，这样，我们看到，在第一个九十年，在我们所列出的36家世家大族中，[1] 已经有23家在活动，其中一大半是明确在此期间始立的。在第二个九十年，立族的有13家，明确覆灭的有4家，即晋之栾、郤；齐之崔氏和卫之宁氏。而到了最后一个时期，则已经不见再有世家大族的始立，明确覆灭的则至少有8家，其中周召简公盈被杀，晋范吉射、荀寅出奔齐，以及卫孔悝奔宋、宋华弱奔楚、向巢奔卫、楚斗辛奔随、陈夏区夫见杀；除了分晋之三家，夺齐之陈氏，其他世族如鲁之三桓的覆亡看来也只是一个时间问题了，它们到了七国时期全都无影无踪。

我们可以再扩大视野，根据春秋经传所见世族延续的世代，将它们大致分类如下：[2]

---

[1] 见前第四章第二节。

[2] 所谓世族"世代的延续"，自然非仅仅指身体的存在或子息的繁衍，而是指一个家族社会政治势力的延续，所以，晋范、中行氏奔齐后子孙为庶民，二氏即不再构成为"世族"。下面是根据程发轫《春秋人谱》算出的各国世族延续代数的原始资料（春秋结束时即止）：

周：五至八世：刘、尹、吕、单、周三至四世：王叔、甘、儋、原、内史、樊、祭、成、毛、阴、瑕

鲁：九世以上：臧孙、孟孙五至八世：叔孙、季孙、东门、子叔、孔、秦、颜、申三至四世：展、冉、林、卜

晋：九世以上：韩、范、赵、籍五至八世：栾、祁、郤、荀、魏、梁、史、璧三至四世：狐、羊舌、胥、先、张、董、解、乐、贾、箕、医巫、女叔

楚：九世以上：斗五至八世：蒍（蔿）、屈、申、申叔、潘、工尹、熊三至四世：阳、伍、观、史

齐：五至八世：国、高（姜姓）、鲍、陈、王三至四世：栾、高、崔、庆、卢蒲、闾丘、晏、隰、东郭、管、邴、申、大史、卜祝、嬖

郑：五至八世：罕、驷、乐人师、石三至四世：太叔、丰、印、游、良、国、羽、孔、然、皇、堵、候、洩

卫：九世以上：石五至八世：宁、孙、孔三至四世：齐、子叔、公叔、大叔、王孙、史、褚师、赵、华、祝史（接下页）

国别	九世以上世族	五世以上世族	三至四世世族
周	5	12	
鲁	2	8	4
晋	4	8	12
楚	1	7	4
齐	5	15	
郑	4	13	
卫	1	3	10
宋	1	5	5
陈	1	2	
秦	2		
蔡	1		
合计	9	45	82

其他都是不足三世的世族。而在三世以上的世族中，也以三世至四世的世族为最多，其次则是五世至八世的世族，延续到九世以上仍然显赫的世族显然极少。这些世族在七国时期也都消失，并无此消彼长之情况。

二、世袭社会解体的诸原因

正如我们前面所说，春秋晚期所发生的变化还不仅仅是世族内部的嬗替，而且是整个世袭社会的崩溃，所以我们除了上面约略提到的导致具

（续上页）宋：九世以上：华五至八世：乐、仲、孔、向，鳞三至四世：皇、鱼、荡、褚、嬖

陈：五至八世：夏三至四世：辕、庆

秦：三至四世：子车、医卜

蔡：三至四世：朝

体世族衰亡的原因之外，还须特别注意导致整个世袭社会在春秋战国之交崩溃的诸因素。

管东贵在最近的一篇文章《从李斯廷议看周代封建制的解体》中列举了一些对封建制解体原因的解释：如钱穆说："内废公族，外务兼并，为封建制破坏、郡县制推行之两因。"[1] 瞿同祖、李宗侗等倾向于认为诸侯兼并、阶级破坏是封建崩溃的原因；徐复观把封建没落的原因分为政治和社会两个方面的原因来论说，认为封建社会结构的瓦解是"随"封建政治结构的瓦解而发生；许倬云在为《不列颠百科全书》所写的"周朝与秦朝"条目中，似以"家族纽带愈来愈淡薄"作为周代封建制解体的主要原因，这样，他的观点与李斯廷议中所说的"后属疏远"基本上相同。管东贵自己的看法是：封建制的解体不单是作为一种政治制度的问题，而是连同它所存活的环境整个都发生了根本变化的问题，封建制实行之初是很有效的，后来变得无效，是由于它与环境之间长期的互动互变造成的，首先是宗法制度渐渐松动，慢慢就导致了封建制的解体。[2]

封建世袭社会解体的原因无疑是多方面的，在各种因素之中，肯定有经济的原因。资源有限是一个随着贵族人数增多而越来越起制约作用的客观事实，因为可供分封的土地会越来越少，但是，这一因素更像是一个不止在世袭社会中生效而是会持久地在各种社会中都起作用的因素，同时，通过贵族内部的权益再分配，亦即贵族内部的嬗替亦有可能暂时解决这一问题，所以，最值得我们注意的还是一些试图解决这一问题的新形式，尤其是谷禄制度的兴起。童书业认为：春秋以上但有封土赐田之制，而无谷禄官俸之事。《国语·晋语四》"公食贡，大夫食邑，士食田，……"

---

[1] 钱穆：《国史大纲》上册，商务印书馆1994年版，第82页。
[2] 管东贵：《从李斯廷议看周代封建的解体》，《历史语言研究所集刊》第64本第3分，1993。

可证。甚至大夫之家臣也有食邑或食田,如成公十七年传:"施氏之宰有百室之邑。"襄公二十九年传:"公冶致其邑于季氏,而终不入焉。"所以春秋早期大概没有不得封土、食田之贵族。但到春秋后期,贵族人数日增,渐有无土可封之势,始有所谓"无禄"之公子、公孙(昭公十年传:"凡公子、公孙之无禄者,私分之邑。")。贵族最下层之士此时盖多贫困,亟谋仕进以取禄食,然所取者已为谷禄,而非封邑、食田。《论语·雍也》:"子华使于齐,冉子为其母请粟。""原思为之宰,与之粟九百。"《泰伯》:"三年学,不至于谷,不易得也。"《宪问》:"邦有道,谷;邦无道,谷,耻也。"此孔子弟子之为家臣者,固多取谷禄为俸;即孔子为鲁大夫,亦无封邑、禄田,而但取谷禄。《史记·孔子世家》"卫灵公问孔子居鲁得禄几何?对曰:奉粟六万。卫人亦致粟六万"亦可证。童书业认为这种谷禄制度为建立统一的国家创造了条件:

> 凡有封土即有人民,得组织武装,为独立之资。春秋以来,天子之不能制诸侯,诸侯之不能制大夫,以至大夫之不能制家臣,悉由于此。故封土赐民之制,实为造成割据局面之基础。及谷禄制度兴,臣下无土地人民以为抗上之资,任之即官,去之即民,在上位者任免臣下无复困难,乃有统一局面出现之可能。故谷禄制度之兴,实春秋战国间政治、经济制度上一大变迁。[1]

但就社会内部结构而言,更值得我们注意的是谷禄或俸禄制度所开启的新的上升之阶。韦伯在其对中国儒教与道教的研究中,探讨了战国秦汉时期中国从封建世袭国家向俸禄国家的转变,他首先认为,中国的封建

---

[1] 童书业:《春秋左传研究》,上海人民出版社1980年版,第370—371页。

制与西方的封建制虽然外表有很大的相似性，内部却有相当的不同，在西方，采邑的世袭性，只是一种历史发展的结果；[1] 采邑所有者的身份，是根据他们是否拥有司法裁判权来加以区分的；骑士等级的身份也有别于其他身份等级，甚至有别于城市贵族。而所有这一切，都跟土地世袭占有这一决定性的经济因素有关。而在古代中国，却看来不是土地，而是氏族血统与政治权力的结合起了关键作用。长久以来，神性就不再附着于个人身上，而是附着于氏族。身份等级并非来自通过自愿称臣和授职而获得的采邑，而是恰恰相反，那些贵族氏族的成员，至少在原则上，是根据家庭传统的等级，才有资格获得一定等级的职位采邑，重要的职位，牢牢地掌握在某些家族的手里。在中国，氏族的世袭神性，从很早起就是首要的，具体的采邑的世袭性，并不像西方后来发展的那样，具有决定性的意义，而毋宁说是一种滥用。具有决定意义的，是以在氏族中的世袭地位为基础对一定等级的采邑的要求权。[2]

我们如果通俗地解释韦伯的话，则可以说，首先，在封建时代的中国（指春秋战国之前），不是土地这一经济因素，而是血统这一自然因素更为优先，是"血而优则仕"、"族而优则仕"，而非"土而优则仕"或"富而优则仕"。[3] 其次，在古代中国，血统的优越必须通过政治权力来体现并得到巩固的保障和长足的发展，亦即获得政治权力和官职尤其中枢官职对家族十分重要，家族无官则"无以庇其族"，作为大夫立家之范例的诸侯之始立，亦是政治权力的直接结果，只不过这些被分封者较之西方，带有远为浓厚的血缘色彩。并且，相对于直接的政治权力而言，法律亦退居

---

[1] 正如我们前面所叙述的，大夫家族的世袭，亦是一种历史发展的自然结果，但作为其范例的诸侯的世袭，则看来是一开始就从法律上明确规定了的，是一种直接的政治干预行为。

[2] 韦伯：《儒教与道教》，江苏人民出版社1992年版，第44—45页。

[3] 在西方甚至"仕不仕"也不是很重要，关键是要"有土"，见下条。

于不甚重要的地位。重政治权力、重官职这一特点看来特别反映出中国春秋战国前后两个时代的粘连,说明中国即便在大变动的时代,其断裂也不像西方那样彻底和明显。最后,则是在古代中国,不是武人骑士,而是文人的地位日渐重要,文人(儒士)日益形成一个特殊和固定的阶层。

但在春秋战国之后,等级的差别虽然仍旧保留着,世袭神性却瓦解了。在封建时代里,采邑制度是与世袭神性的等级层次相一致的,分封制废止之后,俸禄制度则与取而代之的官僚行政相适应。这意味着封建主义的全面废除。[1] 随着官阶等级制的确立与巩固,出身卑微的人的晋升机会大增,新的皇权与平民的力量联合在一起,最终战胜了封建贵族势力。一种凭个人功绩获取官职的政治制度建立起来了:[2] 只有个人的功绩,并且只有功绩本身,才是取得官职的必备条件,这就是"开明的"家产制的新原则。[3]

尽管韦伯甚重经济因素的作用,但他已经注意到中国社会历史的特殊性,注意到文化和价值因素在中国社会历史演变中的特殊意义,注意到中国的封建时代与西方的封建时代就已有一定差异,中国自春秋战国以后与西方就更是分道扬镳,走了两条不同的道路,[4] 而在这其间,价值的观念和体系起了关键的作用。这一看法与梁漱溟的观点颇有相合之处。梁漱溟自他探讨中国文化历史一开始,就反复申明中西异途、中西文化之异是

---

[1] 韦伯:《儒教与道教》,江苏人民出版社1992年版,第47页。由于"封建社会"与"世袭社会"的并行性,我们经常对两者不加区别。

[2] 或更准确地说"功名",这是随着选举制度的发展而逐渐定形的。

[3] 《儒教与道教》,第55、58页。有关"家产制"可参见韦伯《儒教与道教》第48页注:"'家长制的'(Patriarchical)当然不等于是苏丹制的,而是指一以礼仪上的最高祭司长来呈现世袭神性的家父长制。"这一早期的家长制在变革之后作为唯一世袭的制度(亦即君主制)依然保留,甚至得到强化。

[4] 《儒教与道教》,江苏人民出版社1992年版,第260页。

类型之别,而非阶段之差的观点,在他解释中国古代封建解体的原因时,他认为是由文化和政治开其端,其具体表现即在贵族阶级之融解,而士人出现。封建阶级(实则并包封建而上至古代之贵族阶级),第一是建立在武力上,第二是宗教有以维系之。从来贵族与武装与宗教三者相联;西洋如此,到处亦皆如此。因此,除后世以逐利殖产而起之阶级,或稍形散漫外,凡贵族阶级在其社会中例必为集团之存在。然而奇怪的是中国竟有些例外。梁启超的《中国文化史》,尝论中国贵族政治最与欧洲异者,有三点:第一,无合议机关,如罗马元老院者。第二,贵族平民身份不同,然非有划然不可逾越之沟界。第三,贵族平民在参加政治上,其分别亦只是相对的,而非平民即不得闻政。这三点恰透露当时贵族不成一集体。大抵阶级成见不深者,其种族成见亦不深,其国家成见亦不深,三者恒相关联。又章太炎所著《社会通诠商兑》一文,亦借春秋时代许多事例,辨明中国早没有像一般宗法社会那样种族排外情形。[1]

然而,为何中国古代封建贵族阶级自身这样松散,其对人这样缓和呢?梁漱溟认为,这是因为古代中国人理性早启而宗教不足,而宗教不足则集团不足。"封建所依靠者,厥为武力和宗教;而理性恰与此二者不相容,理性早启,则封建自身软化融解,而无待外力之相加。其松散,正由人们心思作用萌露活动,宗教统摄凝聚之力不敌各人自觉心分散之势。而当时的周公礼乐,复使人情温厚而不粗暴,少以强力相向,阶级隔阂不深,则又其对人缓和之由来。"[2]

因此,中国古代贵族亦可以说是"自毁长城"、"自掘坟墓",是无意的,有时甚至是甘心情愿地"自毁长城"、"自掘坟墓",不仅作为集体行

---

[1] 梁漱溟:《梁漱溟全集》第三卷,《中国文化要义》,山东人民出版社1990年版,第173—174页。

[2] 同上书,第174页。

为是这样,作为个人行为更是如此。不仅贵族中那些文化修养最高者因对贵族衰亡的大势有预感、有无奈而并不深以世代延祀永续为意,[1] 其中的最杰出者甚至对下层被埋没的有才华者抱有同情,至于那些贵族中的最强悍有力者出于野心或迫于压力所进行的激烈争斗和兼并,客观上亦加速了贵族作为一个阶级的覆亡。但是,在贵族阶级自身覆灭的过程中扮演了关键角色的自然还不是上层的世家大族,而是下层的士人,而且这一士人阶层正处在一种由武人向文人转化的过程之中,梁漱溟曾言:"贵族阶级之融解,盖早伏于阶级之不甚凝固,缺乏封畛。在此宗教不足的社会里,贵族而脱失于武力,其所余者还有何物?那就只有他累积的知识和初启的理性而已。这就是士人。中国封建毁于士人。他力促阶级之融解,而他亦就是阶级融解下之产物,为中国所特有。中国封建之解体,要不外乎阶级之解消,而仿佛将以理性相安代替武力统治。它不同乎西洋之以新阶级代旧阶级,为武力更易其主体。此即其先由文化和政治开端之说也。"[2]

中国古代封建的解体,是否就意味着阶级或等级的消失,这一点我们还须在后面探讨。但文化和理性在中国历史发展早期就已表现的独特而重要的作用确实令人注意,梁启超甚至认为,贵族政治的消失,其主要原因就是文化知识的下逮。他说:

> 若夫贵族平民两阶级,在春秋初期以前,盖划然不相逾,百姓与民对举,士大夫与庶人对举,君子与小人对举,经传中更仆难数,乃至有"礼不下庶人刑不上大夫"等语,似并法律上身份亦不平等,关

---

[1] 例如昭公六年子产在回答叔向对郑国铸刑鼎的指责时说:"侨不才,不能及子孙。吾以救世也。"

[2] 梁漱溟:《中国文化要义》,《梁漱溟全集》第三卷,山东人民出版社1990年版,第175页。

于此方面真相如何虽未敢确答,要之政权恒在少数贵族之手,则徵之左传中所记诸国情事,甚为明白,盖封建与宗法两制度实行之结果,必至如是也,虽然,此局至孔子出生前后,已次第动摇。……

贵族政治之完全消灭,在春秋以后,其促成之者,孔墨诸哲学说与有力焉,说详次篇,兹不先述,然而环境之孕育此变化,实匪伊朝夕,其主要原因,则在智识之散布下逮,封建初期,政治教育与政治经验,皆少数贵族所专有,一般平民,既无了解政治之能力,复无参加政治之欲望,及其末期,则平民之量日增,而其质亦渐变,第一,小宗五世则迁,迁后便与平民等,故平民中含有公族血统者日益加多,第二,当时贵族平民,互相通婚,故实际上两阶级界限颇难严辨。第三,各国因政变之结果,贵族降为平民者甚多,例如前文所举"栾郤胥原,降在皂隶"。第四,外国移住民,多贵族之裔,例如孔子之祖孔父,在宋为贵族,而孔子在鲁为平民,此等新平民,其数量加增之速率远过于贵族,而其智识亦不在贵族之下,此贵族政治不能永久维持之最大原因也。[1]

而在这一过程中,孔子起了一种独特的、承前启后的作用,此正如梁漱溟所言:"一般都说,孔子私人讲学,有教无类,乃学术平民化之开端,并为后世开布衣卿相之局。士之一流人,如非孔子开创,亦必为其所发扬光大。这话虽大致不错,然须知远在孔子之前,暨其同时,有学养之人散在民间而不仕者,或疏贱在野之贤才起而当政者,既不少见。有孔子乃有后世之士人,亦唯有这些先河,乃有孔子。孔子非突然出现,他实承先而启后,使历史浸浸发展到社会之丕变。士人非他,即有可以在位之资

---

[1] 梁启超:《先秦政治思想史》,中华书局1936年版,第44—45页。

而不必在其位者是也。其有可以在位之资与贵族同，其不必定在位与贵族异。假使一天，贵族少至绝迹，而在民间此有可以在位之资者推广增多，政治上地位悉为他们所接替，人无生而贵贱者，这就是中国封建解体之路。而春秋战国实开其机运。一方面战国霸主竞用贤才，相尚以养士，他们的出路大辟。孔子恰生在春秋与战国之间，以讲学闻政为诸子百家倡，就起了决定性作用。"[1] 最后，梁漱溟的总结是：

> 西洋封建解放，起于其外面之都市新兴势力之抗争侵逼；中国则起于其内部之分化融解。西洋是以阶级对阶级，以集体对集体，故卒为新阶级之代兴。中国新兴之士人，是分散的个人，其所对付之贵族阶级亦殊松散。及至阶级分解后，以职业分途代阶级对立，整个社会乃更形散漫。
>
> 西洋以工商发达为打破封建之因，文化和政治殆随经济而变，颇似由物到心，由下而上。中国以讲学养士为打破封建之因，文化和政治推动了经济（士人无恒产，不代表经济势力，而其所作为则推动了经济进步，李悝商鞅其显例），颇似由心到物，由上而下。
>
> 以上是说明中国封建解体之由来，同时亦就是指出：中国从这里起，便缺乏阶级，不像国家。[2]

然而，在中国古代封建解体、春秋时代的世族消失以后，社会究竟朝着什么方向发展，中国还是不是一个阶级或等级社会，或者说，是一个什么样性质的阶级或等级社会，孔子在这一新社会取代旧社会的过程中究

---

[1] 梁漱溟：《中国文化要义》，《梁漱溟全集》第三卷，山东人民出版社1990年版，第176页。
[2] 同上书，第178—179页。

竟起了何种独特的作用，我们还可以做一些进一步的探讨。

三、承前启后的孔子

有关孔子的思想学说在封建世袭社会解体的过程中究竟起了何种作用的问题，还可以从另一个更宽广、当然也更有争议的角度提出，这就是孔子思想的历史地位问题。20 世纪之前，孔子思想的至尊和正统地位绝无疑问，五四以来，这种地位却遭到几番强烈冲击而致动摇倾覆。近数十年来，当代新儒家代表人物苦心孤诣，力挽狂澜，对孔子思想的意义阐发良多，但这种阐发多集中在哲学的形上学方面，而在孔子的社会、政治、历史观点方面却或者是虽有心回护但言而不详，甚或有所回避，乃至亦进行批评攻击（自然常常是以批判孔子后学例如荀学的名义）。[1] 总之，在社会架构或"礼学"的层面，捍卫孔子之学的许多学者似远不如在内在精神或"仁学"的层面来得理直气壮和撷精抉微，[2] 然而，他们可能没有充分注意到（或有意无意地忽略了）：对孔子及儒学的攻击实际上主要是来自这一方面的，因而，他们的捍卫与对方的攻击就常常不能相应。一些基本的疑问仍然保留着：在孔子那里，是否存在着民主性或人民性的因素？这些因素是否构成他社会政治观点的主要倾向？以及更深一层的疑问：是否只有这些因素才是核准其社会政治观点的正当性的基本标准或理由？孔子的社会政治观点是否必须与现代民主接榫，甚至还要能够从其开出现代民主才算合理？

我们无法在此考虑所有这些问题，也不欲对孔子的社会政治观点匆

---

[1] 其结果是常常导致除了孔子之后寥寥几个人物之外，其他儒者都是"贱儒""伪儒""小儒"。

[2] 因而他们也往往更强调"仁"在孔子思想中的核心地位。

忙作价值上的褒贬,现在引导我们的首先是一种学术上的兴趣,也是许多学者都早已注意到了的一个问题:人们大都承认孔子是生活在一个衰落的旧时代的结尾,在孔子之后的战国秦汉则开始了中国历史的一个新的时代,新的单元,并且孔子的思想中明显有一种保守或非革命的倾向,然而,孔子的思想为什么却成了后来漫长的新时代的统治思想?孔子本人也成为其后两千年中国社会的"至圣先师"、"百世师表"?类似的问题也以稍微不同的方式对许多马克思主义的学者构成了一个难题:为什么作为"反动奴隶主贵族代言人"的孔子,又成了后来"封建社会"的"圣人"?我们现尝试从社会结构变迁的角度对这一问题提出一种新的解释,并由此显示孔子个人及其所代表的文化因素在新旧社会嬗替中的巨大作用。

上述问题的郑重提出可见之于顾颉刚在1926年11月分别给程憬与傅斯年的书信,他提出"孔子学说何以适应秦汉以来的社会"的问题,现综合他的疑问如下:

第一,在孔子的时代,因经济情状的改变,政治和道德亦随之改变,而孔子以保存旧道德为职志,何以他反成了新时代的适应者?

第二,秦汉以下直到清末,都适用孔子一派的伦理学说,何以春秋时的道德观念竟会维持得这样长久?春秋时的时势与秦汉以下的时势毕竟不同,而终不能改变春秋时的道德,这是什么缘故?

第三,战国以来,创新道德和新政治的人还不少,例如商鞅、赵武灵王、李斯、王安石、永嘉学派等,何以他们终不能在新时代中立一稳固之基础?商鞅一辈人何以造成了新时代之后,反而成为新时代中的众矢之的?何以他们终于还是被传统的儒者打倒了?

第四,在《论语》上看,孔子只是旧文化的继续者而非新时代的开创者,用唯物史观来看孔子的学说,他的思想乃是封建社会的产物,但秦汉以后是一新时代,秦汉以下不是封建社会了,何以孔子竟成了后来这个时代的中心人物?何以他的学说竟会支配得这样长久?[1]

顾颉刚并试着作了如下初步的解释:

> 孔子不是完全为旧文化的继续者,多少含些新时代的理想,经他的弟子们的宣传,他遂甚适应于新时代的要求。
>
> 商鞅们创造的新时代,因为太与旧社会相冲突,使民众不能安定,故汉代调和二者而立国。汉的国家不能脱离封建社会的气息,故孔子之道不会失败。汉后二千年,社会不曾改变,故孔子之道会传衍得这样长久。[2]

总结顾氏的意思是:从孔子这方面说,他的思想中也有新的因素,而从社会这方面说,孔子之后的社会也有旧的成分,这里实际上已经涉及我们本书最后两节要说的主旨,即孔子思想中既有保守的一面,又有开新的一面;既有承前的一面,又有启后的一面。社会亦然。孔子从来不是一个激烈的革命者,但却仍然是一个革新者,然而,在雅斯贝尔斯所说的发生于公元前800至前200年的中国、印度、西方的"轴心时代"(axial age)的那些伟大的革新者中,或者说,在帕森斯所说的"哲学的突破"(philosophic breakthrough)的代表人物中,相对于古希腊苏格拉底、柏拉图等哲学家、犹太教先知和佛教创始人,他大概又是最不激烈、最温和的一个。[3] 在中国的早期尤周代文化中,也许是由于血缘基础的浓厚特色所

---

[1] 顾颉刚编著:《古史辨》第二册,上海古籍出版社1982年版,第144、150、151页。

[2] 同上书,第150页。

[3] K. Jaspers: *The Origin and Goal of History*, New Haven: Yale University Press, 1965. esp. pp. 28—50, 126—140. T. Parsons "The Intellectual: A Social Category", in P. Rieff, ed: *On Intellectuals*, (接下页)

致，已经有一种"不为已甚"的传统，[1] 而孔子的思想又进一步加强了这种传统。

大陆经历过在"文化大革命"的"批林批孔"运动中达到最高峰的对孔子的激烈批判和全盘否定之后，近年来已有一些学者重新回到对孔子的崇敬与弘扬，还有许多学者谈到孔子思想的两面性或"中道"特色，[2] 现在的问题是，从本书的主旨观察，在孔子的社会政治思想中，究竟哪些是保守或承前的成分，哪些又是开新及启后的成分呢？

我们在此所说的"承前启后"是指思想上的"承前启后"，"承前"的思想可能不仅在孔子之前的人那里存在，在孔子那里存在，也在孔子的后继者那里存在，而"启后"的思想也可能不仅在孔子之后的人们中广为流传，在孔子之前的人那里就已有萌芽。当然，具体到个人身上，这些思想的比重则各有不同，包括在一些人那里有比较集中或比较极端的表现，而孔子的意义则在于，他处在一个历史枢纽的中心地位，作为一个集大成者，作了一种伟大的、流播久远的综合。

我们现在就来注意孔子思想中"承前"的一面，简单地说，这一面就是等级秩序的思想。在孔子之前，这就已是一般人当然尤其是社会上层、统治者的共识，这也是与孔子同时代的人的共识，而且，它还是此后两千多年社会的共识或居支配地位的思想，我们想强调的是，孔子并没有改变这一古老的思想，而是基本上继承了这一思想。

我们在前面的第三章分析了春秋社会的等级分层，指出当时社会可

（续上页）New York：Doudleeay, 1969, pp.3—25。雅斯贝尔斯：《智慧之路》，中国国际广播出版社，第 69—70 页；帕森斯：《知识分子：一个社会角色范畴》，收在《文化：中国与世界》第三辑，三联书店 1987 年版，第 355—377 页。

[1] 张荫麟：《中国史纲（上古篇）》，正中书局 1948 年版，第 58 至 59 页所举春秋时代"存亡继绝"、"不为已甚"的数例。

[2] 冯友兰：《中国哲学史新编》，人民出版社 1982 年版，第 127 页。

以大致分为两大等级：包括大夫与士的贵族等级，与包括庶民与奴隶的非贵族等级；而作为居住地域之分的"国人"与"野人"，社会职能之分的"劳心者"与"劳力者"，也都含有等级差别的含义。这些等级差别，亦深深地渗透在人们的意识之中：

> 《左传》成公十三年，刘子："君子勤礼，小人尽力。"
> 襄公九年知武子："君子劳心，小人劳力，先王之制也。"
> 襄公十三年君子曰："君子尚能而让其下，小人农力以事其上。"
> 《国语·周语》，严公："君子务治而小人务力。"
> 《国语·周语》，内史过："庶人工商各守其业以共上。"
> 《国语·鲁语》，公父文伯之母："君子劳心，小人劳力，先王之训也。"

孔子无疑承袭了这些思想，他在评论昭公29年晋赵鞅铸刑鼎一事时说：

> 晋其亡乎！失其度矣。夫晋国将守唐叔之所受法度，以经纬其民，卿大夫以序守之，民是以能尊其贵，贵是以能守其业。贵贱不愆，所谓度也。文公是以作执秩之官，为被庐之法，以为盟主。今弃是度，而为刑鼎，民在鼎矣，何以尊贵？贵何业之守？贵贱无序，何以为国？[1]

无等级、无差别即无以为序，而铸刑鼎明确使"民在鼎矣"，又使"刑

---

[1] 《左传·昭公二十九年》。

上大夫",已含有一种在刑法面前贵贱形式上一律平等的含义,所以,这种崇尚某种形式平等的法与实质上分别贵贱的礼是有矛盾的,而孔子是站在"道之以德,齐之以礼"的礼治立场上,他维护和怀念一种温情脉脉、彬彬有礼,尽量不诉诸法律,不撕破脸来,甚至不轻易说破的礼治秩序。

但礼治仍是一种等级秩序自然是无疑义的。学者们对孔子维护周礼和正名的学说已经有相当多的阐述和分析。扼要地说,礼是等级之礼(虽然不仅于此),名是等级之名(虽然也不仅于此),但其中心内涵有等级之意却已是毋庸多言了。孔子对等级差别的维护是敏感和全面的,他不仅注意贵族与平民之间的社会鸿沟,对贵族内部的差别、名分也甚为(甚至更为)注意。他认为"礼乐征伐自天子出",诸侯、大夫、陪臣一级级约束,各守其名分才是"天下有道"。[1] 维护等级秩序最重要的是从上面做起,以避免上行下效逾越的行为。

客观而论,相对许多时人及后人,孔子对地位、尊卑的等级秩序并没有给予太多直接的强调,孔子对社会的其他方面以及个人非社会的方面,可以说倾注了更多的关心,但社会区分为上下两层,一个有德(或至少应当有德)的少数治理一个广大的多数的观念还是作为一种在其看来不必明言的常识流溢其各种言谈之间。我们试以孔子对"民"的论述为例,"民"自然是一个多数,构成一个国家的人口主体,孔子有关"民"的思想主要是:首先要安民、养民、足民,要"博施于民而能济众"[2],圣王"其养民也惠"[3],要"因民之所利而利之"[4];其次才是教民,使民,

---

[1] 《论语·季氏》。

[2] 《论语·雍也》。

[3] 《论语·公冶长》。

[4] 《论语·尧曰》。

以君子之德感染、影响民俗，如风之吹草，使"民德归厚"[1]，使"民与于仁"[2]，使民"不偷"[3]，统治者役使民众必须谨慎合理，要"使民如承大祭"[4]，"使民也义"[5]，"君子信而后劳其民"[6]，我们在此可以发现后来在孟子那里更进一步阐扬了的惜民爱民的"民本"思想，但在这些字里行间，我们无论如何也不可能找到由民参政、多数裁决的"民主"的影子。相反，"上"与"民"的界限是清楚的，是不可逾越的，统治的目的是使民"服"，使民"敬"，使民"信"，使民"归心"，而绝非使民主政，所以所述都是取一种居上而"临民"的姿态："上好义则民莫敢不服，上好信则民莫敢不用情。"[7] "上好礼则民易使也。"[8] 而这种姿态又是与一种对民众或多数人事实上的性质的看法分不开的："民可使由之，不可使知之。"[9] "困而不学，民斯为下矣。"[10] "中庸之为德，民鲜久矣。"[11] 但我们要注意，孔子的这些看法是在把民众或大众作为一个整体来说的，孔子绝不否认出身庶民的任何个人，无论他出身多么低微，都有从众人中拔出的可能。

等级观念是为孔子当时及前后人们的常识、共识，我们还可以从比孔子稍后、颇有平民宗教教主特点的墨子的言论见出。墨子对当时的传统

---

[1] 《论语·学而》。
[2] 《论语·泰伯》。
[3] 同上。
[4] 《论语·颜渊》。
[5] 《论语·公冶长》。
[6] 《论语·子张》。
[7] 《论语·子路》。
[8] 《论语·宪问》。
[9] 《论语·泰伯》。
[10] 《论语·季氏》。
[11] 《论语·雍也》。

政治文化采取了一种相当激烈的批判态度,他否弃礼乐,反对世袭贵族,主张尚贤、禅让、选举,但是,他并不否认社会有立天子、王公、诸侯、将军大夫的必要,[1] 并且说:"义者政也,无从下之政上,必从上之政下。"[2] 庶人由士政之;士由将军大夫政之;将军大夫由三公诸侯政之;三公诸侯由天子政之;天子由天政之。"义不自愚且贱者出,必自贵且智者出。"[3]

明此背景,我们就可知为什么孟子会说"劳心者治人,劳力者治于人,治于人者食人,治人者食于人"为"天下之通义"。[4] 我们还有必要注意:儒家上述立论并不是纯粹从统治阶层,甚至不纯是从国家的立场提出的,而主要是从天下,或者说社会的立场立论的,这一点在荀子的"礼论"中显示得最为明白。荀子首先明确地指出,礼基于等级制:"礼者,贵贱有等,长幼有差,贫富轻重皆有称者也。"[5] 但为什么要有这种等级制呢?或者说,礼是为何起源的呢?荀子认为:人生而皆有欲,并大致欲望相同的东西,且欲望不易满足,如果放纵每个人的欲望,则必然"势不能容,物不能赡",[6] 天下大乱,"故先王案为之制礼义以分之,使有贵贱之等,长幼之差、知愚、能不能之分,皆使人载其事而各得其宜,然后使愨禄多少厚薄之称,是夫群居和一之道也"[7]。此即"明分使群",[8] 正如书所曰是"维齐非齐"。[9]"故仁人在上,则农以力尽田,贾以察尽财,百工以巧尽械器,士大夫以上至于公侯莫不以仁厚知能尽官职,夫是之谓

---

[1] 《墨子·尚同》。
[2] 《墨子·天志上》。
[3] 《墨子·天志中》。
[4] 《孟子·滕文公上》。
[5] 《荀子·富国》。
[6] 《荀子·荣辱》。
[7] 同上。
[8] 《荀子·富国》。
[9] 同上。

至平。故或禄天下而不自以为多，或监门、御旅、抱关、击柝，而不自以为寡。"[1] 各个等级各安其分，各尽所能，"不同而一"。所以，荀子亦言："少事长，贱事贵，不肖事贤，是天下之通义也。有人也，势不在人上，而羞为人下，是奸人之心也。"[2]

这种等级思想上接伊尹、周公、管仲、子产，中经孔、墨、孟、荀、商、韩，下历董仲舒、葛洪、韩愈、司马光、程朱、陆王、顾亭林、曾国藩，直到中国进入近代社会之前，其核心内涵和支配地位迄未有实质性的改变。此正如曾国藩在《讨粤匪檄》中所言："自唐虞三代以来，历世圣人扶持名教、敦叙人伦，君臣父子、上下尊卑、秩然如冠履之不可倒置。"[3] 此一等级思想并非孔子所发明，但却由其所承继，这可以说是他社会政治思想中基本上属于"承前"的一面。这也是孔子之所以能被变化了的后世，尤其是被后世君主接纳的一个重要原因。

至于孔子社会政治思想中"启后"的方面，创新的方面，当然并不是说在他之前就毫无这方面的思想端绪可寻，而是说孔子在这方面作为一个伟大的综合者的历史地位是无可替代的。这一启发了后人，塑造了后来的中国社会面貌的思想也就是孔子等级流动开放的思想。

古代早已有"贤贤"的观念。据《孟子》追述，齐桓公召集的诸侯"葵丘之会"，其中第二条盟约即言"尊贤育才，以彰有德"。[4] 当时齐国有周天子所封的国、高两氏，世袭为齐国的上卿，但实际大权则由地位较低、曾迫于贫困而与鲍叔"为贾"的管仲掌握。《国语》载管仲佐政、又行考选制度，每年由乡长将子弟中之贤者报告给国君，国君召见，试以官职，

---

[1] 《荀子·荣辱》。
[2] 《荀子·仲尼》。
[3] 曾国藩：《曾文正公诗文集》下册，商务印书馆1937年版，第168页。
[4] 《孟子·告子下》。

成绩好的可以上升到"上卿之赞","是故匹夫有善,可得而举也。""夫是,故民皆勉为善。"[1] 这似乎是说的从平民中举贤,职位并可上升到卿佐,但不知是否真的实行,实行的效果如何,坚持得怎样。在春秋有名有事可稽的人物中,罕见有庶民出身的人,更勿论平民出身的卿相了。《国语·齐语》又载管仲有使士、农、工、商各自分开居住,使"士之子恒为士","工之子恒为工"、"商之子恒为商"、"农之子恒为农",但"其秀民之能为士者,必足赖也",有司见而不告,且有罪。综上所述,似民之秀异者虽可被选拔,但主要是被选为士,士亦可上升,但很难越级,更难为卿执政或主政。[2] 春秋社会的流动性主要还是表现在贵族内部的流动,上层贵族有一个他人很难进入的圈子,重要的选贤举才都是在这个圈子里进行。相形之下,作为贵族下层的士阶层却相当活跃,不那么封闭,民之秀异可跻身其中,士之顽劣大概也会下降为民。葵丘之会的第四条盟约是:"士无世官,官事无摄,取士必得,无专杀大夫。"[3] 汉赵岐的注读"士"为"仕",以为"士无世官"就是"仕无世官",但恐怕还是原文更妥,赵岐是以后世之"仕"去理解春秋之"士"了。

贵族内部的"选贤"还可见之于晋文公复国后的举措,在"昭旧族,爱亲戚"之后即为"明贤良",使"诸姬之良掌其中官,异姓之能掌其远官"。[4] 又《左传·宣公十二年》载晋随武子赞扬当时楚国的政治说:"其君之举也,内姓选于亲,外姓选于旧,举不失德,赏不失劳。"《国语·晋语》载曹负羁所言:"爱亲明贤,政之干也。"以上"明贤"均在"亲亲"之后。周富辰谏襄王说应当"尊贵、明贤、庸勋、长老、爱亲、礼新、亲

---

[1] 《国语·齐语》。
[2] 见第四章第二节的统计。
[3] 《孟子·告子下》。
[4] 《国语·晋语》。

旧",但其"明贤"的例证是说襄王不应亲狄而蔑郑。所以,顾颉刚说,这里的所谓"明贤"还只是贵族的贤。[1] 子产在郑国执政后亦曾在贵族内部努力举贤用才,"择能而使",[2] 并且强调从政之前先要"学":"侨闻学而后入政,未闻以政学者也。"[3] 但这学也还是贵族的"学"。

但是,"明贤"的思想毕竟确立了,问题是在于能否打破等级之间的界限,变封闭为流动,并指出一条实际可行的道路来,而这正是孔子的伟大贡献。如果说孔子所言:"举直错诸枉,则民服。"[4] "举贤才。""举尔所知,尔所不知,人其舍诸?"[5] 还是在一般的甚至传统的意义上强调选举的社会意义和个人方式,那么他的"有教无类"的思想与实践,则为社会开辟了一条新路。

时人多以"有教无类"仅仅作为孔子的教育思想,而很少从社会结构与好的生活的角度来认识此事。孔子反对铸刑鼎,颇不以在刑罚面前对所有人一视同仁为然,因为那毕竟是刑罚,是痛苦,而孔子的态度是对触刑之民"哀矜而勿喜"[6],其理想是"其无讼乎!"[7];但在幸福、快乐,同时合乎正道地在社会地位方面上升和合乎尊严地在精神境界方面上升的问题上,孔子却希望对所有人一视同仁。"有教无类"[8],用今天的话说就是:"人人我都教育,不加任何区别。"不区别地域、贫富,而尤其重要的是,不区别血统、出身,不管其是来自贵族还是非贵族,"自行束修以上,

---

[1] 顾颉刚:《顾颉刚古史论文集》第一册,中华书局1988年版,第308页。
[2] 《左传·襄公三十一年》。
[3] 同上。
[4] 《论语·为政》,又见《论语·颜渊》。
[5] 《论语·子路》。
[6] 《论语·子张》。
[7] 《论语·颜渊》。
[8] 《论语·卫灵公》。

吾未尝无诲焉"[1]，而这一学费（束修）是当时不难置办的。[2] 推而广之，也就是说，人人都应当享有平等的受教育的机会。考虑到古代教育资格与其他人们所欲对象（名望、权力、财富）的紧密联系，这其中还隐含着要求人们发展自己的机会平等、起点平等。

这一受教育或求学的机会平等，在古代远比现代意义重大。张荫麟说，"士"字原初指武士，后指文人，这是春秋以前和以后的社会一大差别。"在前一个时代所谓教育就是武士的教育，而且唯有武士是最受教育的人；在后一个时代，所谓教育就是文士的教育，而且唯有文士是最受教育的人。士字始终是指特别受教育的人。"[3] 在春秋时代及其之后，平民的上升必须通过教育，必须通过士这一阶层。郭沫若甚至以他惯有的决断口气把话说得更率直，他说："士根本就是一些候补官吏。所谓'学而优则仕'，'学古入官'，倒不限于儒者，就是墨法名道诸家都是一样。……可知学为士，就是学为官，不是学为农，学为工，学为商。"[4]

这话在孔子那里自然并不完全切合，"学"在孔子那里实际有两个方面的意义，一个是社会政治和经济的层面，即"学而优则仕"[5]。"学也，禄在其中矣"[6]，此即"子张学干禄"[7]之学。但还有另一个层面是个人的、精神追求的层面，"学"本身自有其意义，自为目的，此时的"学也"本身即"乐在其中"，此是"学者为己"的方面，此即孔子晚年"发愤忘食，

---

[1] 《论语·述而》。
[2] 陈槃：《春秋时代的教育》，《历史语言研究所集刊》第四十五本，第四分，第 750 页。
[3] 张荫麟：《中国史纲（上古篇）》，正中书局 1948 年版，第 43 页。
[4] 郭沫若：《十批判书》，收入《郭沫若全集》（历史编）第二卷，人民出版社 1982 年版，第 92 页。
[5] 《论语·子张》。
[6] 《论语·卫灵公》。
[7] 《论语·为政》。

乐以忘忧，不知老之将至"之所学，亦即颜回之所学。但是，我们在此不欲深入这后一个层面，而是想强调由于古代教学与社会政治有一种如此紧密和直接的联系。孔子的"有教无类"绝不止是一种教育思想，还有一种使人不拘出身，各尽所能，秀异者居上的社会理论的涵义。

孔子的"有教无类"不是简单提出的一个举措，而是与孔子的整个思想体系，尤其是孔子的仁学有着深深的关系，其后隐藏着一种悲天悯人、所有人的人格均为平等、均应享有发展机会的忠恕思想和人道精神。孔子在等级制方面的保守，亦有拒斥暴力、不欲流血、不欲使生灵涂炭，因而不欲轻易置换政治秩序的动机，而在使上层向平民开放这一面，则更体现出孔子作为仁者的积极精神。

春秋战国时的各家，尤其墨家，也都有类似的开放上层而"贤贤"的思想，但为什么唯独儒家在其后的中国社会成为正统呢，这除了儒家在这方面的思想比其他诸子各家中正博大精微之外，还在于孔子身体力行，率先走出了一条打破贵族的文化专利、使学术平民化的道路。他以在野一身之力，聚集、培养和造就了一大批人才，那是一个新的不再以出身为标准，而是以学问品德为号召的士人阶层的雏形，这种士人阶层后来成了中国社会政治的主干。

孔子的学生可以说是来自五湖四海，有老有幼，有贫有富，有贵有贱。并且是贵者少，贱者多，富者少，贫者多。在《史记·仲尼弟子列传》所列的"受业身通者七十七人"中，唯一的贵族是司马牛。此外，从其他典籍中知为孔子弟子的贵族亦只有孟武伯、南宫敬叔和孟懿子等寥寥数人。[1] 故钱穆说："孔子弟子，多起微贱。颜子居陋巷，死有棺无椁。曾子耘瓜，其母亲织。闵子骞着芦衣，为父推车。仲弓父贱人。子贡货殖，

---

[1] 陈荣捷：《初期儒家》，《历史语言研究所集刊》第四十七本，第四分，第724页。

子路食藜藿,负米,冠雄鸡,佩猳豚。有子为卒。原思居穷阎,敝衣冠。樊迟请学稼圃。公冶长在缧绁。子张鲁之鄙家。虽不尽信,要之可见。"[1] 而他们中许多人后来却在政治或社会工作方面甚为活跃,各有成就,地位显赫,影响巨大。正如钱穆所说:"其见于列传者,冉求为季氏宰。仲由(子路)为季氏宰,又为蒲大夫,为孔悝之邑宰。宰我为临淄大夫。端木赐(子贡)常相鲁卫。子游为武城宰。子贱为单父宰。高柴为费郈宰。其见于论语者,原思为孔父宰。子夏为莒父宰。"[2] 如果不是通过孔子的教学和游说活动,这些人很难有政治上发展的机会,更难形成一种独立于家族和君主之外的强大社会势力。

陈荣捷说:"在儒家第二、三、四代一百五十年当中,孔门非常活跃,成就也高。人数比任何学派为多,版图也比他们为大,几乎分布全国。他们分两途并进,一是从政,一是教学。"[3] 两方面皆有可观成就,而教学方面成就尤其辉煌。在相当长一段时期里,孔门的"有教无类"、"学而优则仕"还主要是在思想观念方面发挥影响,其制度化及制度的定型完善尚需时日。但在战国时期,随着社会情势的进一步改变,儒家的主要代表孟子、荀子等显然更为直接和公开地阐扬了这一等级开放意义上的"贤贤"原则。孟子说:"尊贤使能,俊杰在位,则天下之士皆悦,而愿立于其朝矣。"[4] 而此一"尊贤使能",按其所举例证:"舜发于畎亩之中,傅说举于版筑之间,胶鬲举于鱼盐之中,管夷吾举于士,孙叔敖举于海,百里奚举于市。"[5] 显然是不应当受到任何血统、出身限制的。至于荀子所

---

[1] 钱穆:《孔子弟子通考》,《先秦诸子系年》,中华书局1985年增订版。
[2] 同上。
[3] 陈荣捷:《初期儒家》,《历史语言研究所集刊》第四十七本,第四分,第758页。
[4] 《孟子·公孙丑上》。
[5] 《孟子·告子下》。

说:"虽王公士大夫之子孙也,不能属于礼义,则归之庶人;虽庶人之子孙也,积文学,正身行,能属于礼义,则归之卿相士大夫。"[1] 则是更明确的对于世袭社会"血而优则仕"原则的否定,而其依文学品行为新标准的取士选官原则,则在后世逐渐得到了相当彻底的实现。

总之,孔子社会政治思想中承前或保守的一面可以说是等级名分的思想,而其启后或开新的一面则表现为对血统论的打破,主张通过一种"有教无类",使学而优者入仕的方式来不断补充和更换社会上层的思想。社会的等级秩序仍须保持,然而究竟由哪些人居于上层,他们依据什么标准,通过何种渠道进入上层却发生了变换。并且,在孔子思想中,这不变与变的两个方面并非是互不相涉的,而是相当有机地结为一体的。这一点,我们可以从孔子对"君子与小人"的论述中发现。

梁启超认为,孔子之所以能为百世师表,非以其哲学论、政治论等有以大过人处,而在于教各人立身处世之道。或者说,孔子教义第一作用是在养成人格,造就"君子"(即为西人之所谓 gentlemen)。[2] 又顾颉刚也说:"我们读《论语》,便可捉住它的中心问题——造成君子。"[3] "君子"一名的原始义是国君之子,是一国的贵族,与"公子"、"王孙"等同义。这是社会等级涵义上的"君子",是旧的涵义,在《论语》中仍有使用,如:"先进于礼乐,野人也,后进于礼乐,君子也。如用之,则吾从先进。"[4] 此处与"野人"(庶民)相对的"君子"即指贵族。又如"君子而不仁者有矣夫"[5],亦是。但孔子还赋予了"君子"以一种新的涵义:

---

[1] 《荀子·王制》。

[2] 梁启超:《孔子教义实际裨益于今日国民者何在,欲昌明之,其道何由》,《梁启超哲学思想论文选》,北京大学出版社 1984 年版,第 235—242 页。

[3] 顾颉刚:《春秋的孔子与汉代的孔子》,《古史辨》第二册,朴社 1930 年版,第 133 页。

[4] 《论语 先进》。

[5] 《论语·宪问》。

即指那些品行高尚的人们，这些人之被称为"君子"与他们的出身了无关涉。这是新意义的"君子"。在《论语》中，在这一新意义上使用"君子"一词远比在旧意义上使用为多。但是，这两种用法仍然是同时存在的，并且，在孔子的政治思想中，亦明显含有应当让这些道德上的"君子"居于社会上层之意。

同样在孔子那里，"小人"也有两层涵义，它既可以专指在社会等级阶梯上居下的平民，如"小人之德草"[1]，"唯女子与小人为难养也"[2]；同时也可专指在道德品质上低下的那些人，如"无为小人儒！"[3] "小人比而不周"[4] "小人之过也必文"[5]，但这两种涵义有时也不易区分，如"小人怀土"[6] "小人怀惠"[7] "小人喻于利"，[8] 似既指品性又含等级意。再如"小人学道则易使也"[9] "未有小人而仁者也"[10]。这些话，是否意味着出身下层的人即使再学习也不可能跻身上层呢？这似乎与孔子的主旨不合，恰当的理解可能是这样：作为一个多数、一个整体的较广大的下层，大部分人可能只能如此，这个较广大的下层始终存在，但作为个人，则每个人都有潜在的可能上升，而在社会未以客观有效的手段加以识别之前，更不能扼杀任何一人这种可能的机会。所以，虽然即便再公正的遴选制度也只能保证少数人由多数人中脱颖而出，在等级制度下，被挑选的总

---

[1] 《论语·颜渊》。
[2] 《论语·阳货》。
[3] 《论语·雍也》。
[4] 《论语·卫政》。
[5] 《论语·子张》。
[6] 《论语·里仁》。
[7] 《论语·里仁》。
[8] 《论语·里仁》。
[9] 《论语·阳货》。
[10] 《论语·宪问》。

是少数，且作为少数被选出才有意义，却还是应当确立一种所有的受教求学者机会平等，不因血统出身受到区别对待的原则。所以，上述的"小人"可能仍有两层涵义：作为一个整体，一个阶层，这个阶层始终存在，其职能也就在此；而作为个人来说，这个阶层是由那些学行不足以上升到君子阶层的个人构成的，而不管他们原来的出身如何。

这样就涉及"有教无类"的另一面——虽然并非是首要的方面，即在这一机会平等之后潜藏的不平等。也就是说，贯彻这一形式平等原则并不可能避免（甚至还可能固定和扩大）实质上的不平等。孔子一方面说人"性相近也，习相远也"[1]，认为人天性有大致相同的一面，故而应有大致相同的后天发展机会，应当"有教无类"；另一方面又深深意识到人们之间在材质上的差异，甚至说"唯上智与下愚不移"[2]，人有"生而知之"、"学而知之"、"困而学之"、"困而不学"等种种差别，[3] 所以又主张"因材施教"，而最大的"因材施教"自然是对少数上层（君子）与广大下层（小人）实施的不同教育，这两种教育在目的、性质、方式上均有很大不同，如"君子学道则爱人，小人学道则易使"。这一"因材施教"的思想也可以上溯到孔子之前，如晋文公时胥臣说："聋聩不可使听，童昏不可使谋。质将善，而贤良赞之，则济可俟。若有违质，教将不入，其何善之为！"但这不是说不要教学，所以胥臣又说："文益其质，故人生而学，非学不入。……夫教者，因体能质而利之者也。"[4] "教"在某种意义上主要是因势利导。孔子及后来的儒者对人事实上的差别都相当敏感，甚至认为人们在材质和努力上的差别应当反映到社会地位上来，这就是社会等

---

[1]《论语·阳货》。

[2]《论语·阳货》。

[3] 见《论语·季氏》，但孔子认为自己也只是"学而知之"。这里显然最好不因人而论，而不如说在一个人那里，"生知"会影响"学知"，"学知"中亦有"生知"。

[4]《国语·晋语四》。

级之别,是"君子"与"小人"之别。社会还是要有贵贱上下的分野,但这种分野不宜再依赖于人们不可改变的自然差别——血统,而是应基于人们在文学品行方面的优异和成功——这既有赖于人们后天的努力,当然也与人们先天的资质有关,但这种自然资质并不像血统那样是不可改变的。

所以,"有教无类"实行的结果却还是有可能形成一个社会地位特殊,人数较少的士人阶层,"君子"阶层,虽然其中具体的个人会不断变换、不断流动,但它始终是一个由少数组成的阶层。孔子在强调人们的人格平等、受教育的机会平等的同时,又注意到人们在事实上的差别,而在承认和接受这种差别的同时仍然坚持人们在人格、机会上应当一律平等。人格平等与社会等级的思想在孔子那里同样根深蒂固,并且互相关联。

四、解体之后

春秋战国之后,随着贵族的消亡、世袭制的崩溃,中国社会的结构究竟发生了何种变化?它在直到晚清的两千多年间,又大致朝着什么样的方向演变?这是我们想作为余论在本节中予以关注的问题。

清人赵翼说:

> 盖秦汉间为天地一大变局。自古皆封建诸侯,各君其国,卿大夫亦世其官,成例相沿,视为固然。其后积弊日甚,暴君荒主,既虐用其民,无有底止。强臣大族,又篡弑相仍,祸乱不已。再并而为七国,益务战争,肝脑涂地,其势不得不变。
>
> 而数千年世侯世卿之局,一时亦难遽变,于是先从在下者起,游说则范雎、蔡泽、苏秦、张仪等,徒步而为相;征战则孙膑、白起、

乐毅、廉颇、王翦等，白身而为将，此已开后世布衣将相之例。而兼并之力，尚在有国者。天方借其力以成混一，固不能一旦扫除之，使匹夫而有天下也，于是纵秦皇尽灭六国以开一统之局。使秦皇当日发政施仁，与民休息，则祸乱不兴。下虽无世禄之臣。而上犹是继体之主也。唯其威虐毒痈，人人思乱，四海鼎沸。草泽竞奋，于是汉祖以匹夫起事，角群雄而定一尊。其君既起自布衣，其臣亦自多亡命、无赖之徒，立功以取将相，此气运为之也，天之变局，至是始定。

然楚汉之际，六国各立后，尚有楚怀王心、赵王歇、魏王咎、魏王豹、韩王成、韩王信、齐王田儋、田荣、田广、田安、田市等。即汉所封功臣，亦先裂地以王彭、韩等，继分国以侯绛、灌等。盖人情习见前世封建故事，不得而遽易之也。乃不数年而六国诸王皆败灭，汉所封异姓王八人，其七人亦皆败灭，则知人情犹狃于故见，而天意已另换新局，故除之易易耳。而是时尚有分封子弟诸国，迨至七国反后，又严诸侯王禁制，除吏皆自天朝，诸侯王惟得食租衣税，又多以事失侯，于是三代世侯世卿之遗法，始荡然净尽，而成后世征辟、选举、科目、杂流之天下矣，岂非天哉！[1]

赵翼强调了这一转变之"势"，之"天意"，是"人情""故见"所难以扭转。继世袭之后，则是选举的天下。然而，这是否意味着此后社会就不再是一种阶级或等级的结构呢？梁漱溟的结论是否定此后有阶级结构，他认为："中国之封建贵族，唯于周代见之。……战国而后，自中央到地方，一切当政临民者都是官吏。官吏之所大不同于贵族者，即他不再是为他自己而行统治了。他诚然享有统治之权位，但既非世袭，亦非终

---

[1] 赵翼：《二十二史札记》，中国书店1987年版，第21—22页。

身,只不过居于一短时之代理人地位。……而况做官的机会,原是开放给人人的。如人们在清季之所见,任何人都可以读书,任何读书人都可以应考,而按照所规定一旦考中,就可做官。这样,统治者与被统治者时常易位,更何从有统治与被统治两阶级之对立?"[1]

梁启超亦认为中国两千年前即已无阶级。他在谈到先秦政治思想的三大特色为世界主义、平民主义、社会主义时说:

> 平等与自由,为近世欧洲政论界最有价值之两大产物。中国在数千年专制政体之下、宜若与此两义者绝相远,然而按诸实际,殊不尔尔。除却元首一人以外,一切人在法律之下皆应平等,公权私权皆为无差别之享用,乃至并元首地位,亦不认为先天特权,而常以人民所归向、所安习为条件。此种理想,吾先民二千年前,夙所倡导,久已深入人心,公认为天经地义。事实上确亦日日向此大理想进行,演成政治原则,莫之敢犯。其最显著者,则欧美贵族平民奴隶等阶级制度,直至近百年来始次第扑灭,其余烬之一部分,迄今犹在。我国则此种秕制,已成二千年僵石。欧人所谓"人权",全由阶级斗争产来,其得之也艰,故其爱护之也力。我国则反是,斯固然矣。然必有阶级,然后有斗争之主体,在久无阶级之我国,兹事自不能成问题。[2]

梁启超并认为:假如勉强要说中国有阶级,则中国大概是有业阶级与无业阶级相对,而非有产阶级与无产阶级相对,而看趋势大概是无业

---

[1] 梁漱溟:《中国文化要义》,《梁漱溟全集》第三卷,山东人民出版社1990年版,第151—152页。

[2] 梁启超:《先秦政治思想史》,中华书局、上海书店联合1986年版,第3页。

阶级要胜利，[1] 他说这话时是 1925 年，正处在一个大规模的社会革命的前夕。

他如章太炎亦曾于 1897 年 8 月 12 日在《经世报》上发表一篇名为《平等论》的文章，认为平等"非拨乱之要"，因为如果说中国魏晋南北朝时期尚严种姓之辨，自唐、宋以后已相当平等，无须倡平等之说以救弊，他说：

> 今也罪人不奴，民无僮仆，昔之男子入于罪隶，女子入于舂稿者，今亦及身而息。自冕黼旒钺以逮蓝褛散衣者，苟同处里闬，一切无所高下。然则以种族言，吾九皇六十四民之裔，其平等也已久矣，复从而平之，则惟去君臣、绝父子、齐男女耳。[2]

亦即中国早已实现了社会平等、种族平等，剩下的唯有君臣、父子、男女间的不平等（三纲）。而随后的辛亥革命打翻君主，五四运动冲击家族的纲常，这些方面的不平等似也趋消失。以上可以说是持春秋战国以后无阶级论者的一些典型观点。

相形之下，本世纪以来，认为中国社会自春秋战国以后仍然是一个阶级社会的观点自然要远占上风。在马克思主义史学方面，郭沫若认为，春秋战国之变使中国社会从一个奴隶主与奴隶对立的社会，变为一个地主与农夫对立的社会，即一个"真正的封建制度"的社会，其与古代"封建"所不同的"只是封建诸侯的世袭与郡县官吏的不世袭罢了"。[3] 范文澜则

---

[1] 梁启超：《无产阶级与无业阶级》，《梁启超哲学思想论文选》，北京大学出版社 1984 年版，第 463—464 页。

[2] 章太炎：《章太炎政论选集》上册，中华书局 1977 年版，第 26 页。

[3] 郭沫若：《中国古代社会研究》，《郭沫若全集》（历史编）第一卷，人民出版社 1982 年版，第 155 页。

认为这一时期的变化只是由领主与农奴对立的社会转为地主与农民对立的社会。[1]

还有一些学者，如侯外庐，根据列宁有关奴隶社会和封建社会的阶级同时也是一些特别的等级，阶级是通过法律明文规定的等级来表现的观点，相当重视古代中国社会的等级结构。[2] 李学勤亦根据近年来的考古材料写道，东周时期礼制规定的等级遭到冲击，出现了一定变化，"不过决不能认为等级的阶梯已经彻底摧毁了。"[3]

许多非马克思主义学者亦认为贵贱对立并不因春秋封建解体而消失，士、庶之分仍是两大对立阶级，如瞿同祖认为：

> 我们都晓得封建社会中贵贱之对立极为显著，为封建关系所必具之基础。孔、孟、荀子以及其他见于《左传》、《国语》中的关于君子小人的理论都产生于此时代。但我们应注意贵贱的对立并不曾因封建组织的解体而消失，士大夫（君子）与庶人（小人）的分野自周代以迄清末的三千年间一直似为社会公认的，重要的，二种对立的阶级，只是这一时期的士大夫与封建时代的士大夫不同，以另一种姿态出现而已。儒家关于君子小人及贵贱上下的理论仍为社会的中心思想，习俗和法律一直承认他们之间优越与卑劣关系之对立，承认他们不同的社会地位，承认他们不同的生活方式，赋予士大夫以法律上、政治上、经济上种种特权。如果我们称之为特权阶级，而以非特权阶级为

---

[1] 范文澜：《关于中国历史上的一些问题》，《范文澜历史论文集》，中国社会科学出版社1979年版，第26页。

[2] 侯外庐：《中国封建社会史论》，人民出版社1979年版第40页以下；又见张岂之在为葛承雍所著《中国古代等级社会》所写的"题辞"中的回忆，陕西人民出版社1992年版，第1页。

[3] 李学勤：《东周与秦代文明》，文物出版社1991年版，第206页。

庶人的代名词或无不当。从主观的社会评价和阶级意识以及客观的权利和生活方式各方面看来，实已具备构成阶级的条件。[1]

他显然不同意梁漱溟所说中国社会已非"阶级对立"而仅仅是"职业分立"的社会，在他看来，可以将士大夫（包括已退休的官吏），农、工、商，还有奴仆、娼优等贱民目之为三种不同的阶级，而以特权阶级为士大夫的代名词。[2]

费正清的看法稍有不同，在他那本影响很大、多次再版的《美国与中国》一书中，他认为社会的主要划分是城市和乡村：

> 因此，自古以来就有两个中国：一是农村为数极多的从事农业的农民社会，那里每个树木掩映的村落和农庄始终占据原有的土地，没有什么变化；另一方面是城市和市镇的比较流动的上层，那里住着地主、文人、商人和官吏——有产者和有权势者的家庭。那里没有永远不变的社会等级制度，因此从农民地位上升的机会是有的。然而，中国仍然是个农民的国家，有五分之四的人生活在他们所耕种的土地上。所以社会的主要划分是城市和乡村，是固定的土地上的百分之八十以上的人口和百分之十到十五的流动上层阶级人口之间的划分。这种分野仍旧是今天中国政治舞台的基础，使国家统治权难以从少数人手里扩散给多数人。[3]

这一划分使我们想起古代的"国人"与"野人"之分以及马克思主义

---

[1] 瞿同祖：《中国法律与中国社会》，中华书局 1981 年重印版，第 136 页。
[2] 同上书，第 161—162 页。
[3] 费正清：《美国与中国》，商务印书馆 1987 年第四版，第 16 页。

者所说的"城乡对立",它自然仍具有等级差别的涵义,但城居与乡居,以及其他种种形式——诸如财产、名望、礼仪、婚姻、服饰、建筑、舆马、丧葬、祭祀的差等,似乎都只是等级的表现或结果,而更值得注意的还是等级形成的原因,上层人物的来源、成分和渠道。但无论如何,透过以上种种论据,晚清以前中国社会的等级状况看来是一个难以否定的事实,这种等级结构也体现了春秋战国前后两个社会的连续性:它们都属于等级社会。但即使承认此,古代"等级"与近代"阶级"究竟有何不同?春秋前后的两个等级社会又有何根本差异?上层人物的来源和成分究竟发生了何种变化?这种变化是否具有社会基本结构而不仅仅是具体制度上的意义?这些都还需要结合具体的历史进行深入细致的探讨。

最近一些年,台港、海外的一些学者对春秋战国之变及其以后的中国社会作了相当拓展的研究。他们的研究往往撇开意识形态之争而深入具体的问题。例如管东贵认为:周代封建制的解体是连同它的社会环境的一种"大时代"的转变,这一转变的种种迹象包括:

姓(姬姓之族)——分解(宗法秩序的崩解)——→氏
世袭(行政首领)——(除天子外)转变——→尚贤
庙堂论政(祭政复合)——分化——→朝廷论政(祭政分离)
财产公有————转变————→财产私有
阶 级 制————转变————→齐民化
封 建 制————转变————→郡县制

他认为其中最重要的是宗法制的解体,这一解体导致了其他方面的许多变化。

如果不仅观察战国秦汉间的数百年,而且瞩目于战国至晚清的两千多年，一种在社会制度中的长远趋势，一种对社会结构而言日益重要的新发展就变得引人注目了，这就是历经察举、科举的选举制度的发展所确立的一种新的、越来越稳固的社会架构，当大陆的史学工作者相当注意研究在改朝换代等非常态期间的农民战争和造反的同时，海外一些学者则在相当努力地探寻那些在和平时间悄悄发生的社会变化和社会流动。许倬云、杨联陞、余英时等对春秋战国至两汉期间的社会变动及社会势力和政治势力间的关系的研究，[1] 毛汉光等对中古时代（两汉至隋唐）统治阶层社会基础和成分的研究；[2] 何炳棣、张仲礼等对明清科举和社会流动状况的研究，[3] 已经开始连成了一线。而从最近几年大陆的出版物看，对中国古代选举制度的兴趣也转趋浓厚。[4]

也许，中国自战国至晚清一段漫长的、迥别于西方的社会历史，在某种程度上仍然是"一个谜"，也许，本世纪对这一段社会历史仓促提出的解释将显得很不够，不得不由其他的解释来补充、丰富乃至替代，因为20世纪越来越显得只是一个过渡时代，就像战国那样。而我们现在正在步入一个新的、但看来会长期稳定成型的社会。我们今天相对来说已经可以比较心平气和地看待中国社会的历史，持这种心态也许最易窥见历史的真相；我们也想弄清正在来临的新社会的性质和主要特点，而这不能不借

---

[1] 许倬云：*Ancient China in Transition*, Stanford University Press, 1965. 他这方面的论文还有：《西汉政权与社会势力的交互作用》，《历史语言研究所集刊》第 35 本，1964；《三国吴地的地方势力》，《历史语言研究所集刊》第 37 本上册，1967。

[2] 毛汉光：《中国中古社会史论》，联经出版事业公司 1988 年版。

[3] Chang, Chung-li: *The Chinese Gentry: Studies on Their Role in Nineteeth-century Chinese Society*, University of Washington press, 1955; Ho, Ping-ti: *The Ladder of Success in Imperial China-Aspects of Social Mobility*, Columbia University press, 1962.

[4] 近著有黄留珠：《中国古代选官制度述略》，陕西人民出版社 1989 年版；金诤：《科举制度与中国文化》，上海人民出版社 1990 年版；阎步克：《察举制度变迁史稿》，辽宁大学出版社 1991 年版；刘虹：《中国选士制度史》，中国教育出版社 1992 年版等等。

助于历史的回顾；最后，我们还预感到文明在这一新的社会形态中仍将受到考验，我们若要做出创造性的回应，就不能不从我们的历史中汲取灵感和资源。

附 录 权与名

——对六朝士族社会的一个初步观察

笔者曾在 20 世纪 90 年代研究西周至晚清的中国社会形态的历史,[1] 得出的基本结论是认为从西周到春秋的社会是一个"世袭社会",而从秦汉至晚清两千多年的社会发展趋势看,最终是走向了一个"选举社会"。但在我的《选举社会及其终结》导论的最后一个注里,我提到魏晋南北朝,尤其东晋时期的历史应当作为一个特例来处理。这段历史似乎打破了社会发展的连续性或直线性,表现出一种对"世袭社会"的复归或回潮,值得做一种特别的研究。现在笔者就来尝试做这样一件事。

然而,本文只是一个初步的观察和解释,观察的视野且未触及北朝,而主要是考察从魏晋到南朝四代的历史,尤其是观察士族社会的最高峰——东晋。我更感兴趣于士族社会的渊源和起因,同时也为了说明我所采取的划分社会形态的标准——在传统中国社会中尤显特色的是一种权名关系——而又追溯到了东汉末年。最后我尝试对六朝社会的性质作

---

[1] 何怀宏:《世袭社会及其解体》,三联书店 1996 年版;《选举社会及其终结》,三联书店 1998 年版。

出一种解释。

一、划分社会形态的标准

我在对中国从西周到晚清的社会形态演变的描述中，所采取的划分社会形态的标准是看其如何分配三种主要的社会资源——政治权力、经济财富和文化名望，简略的说法即"权钱名"（power, wealth and fame）的分配。这一标准主要是从借鉴韦伯等学者的社会分层理论而来，它自然不是唯一的，而只是一些可能的标准中的一种，但我认为它是重新审视和反省以往流行标准——例如"五阶段论"——的一种富有意义的视角，同时也是一种历史正义的观察视角。

在我看来，"权钱名"这三种资源是社会性质的，即和基本的政治经济制度有关的。这对政治权力来说自然是毫无疑义的，政治权力本身就是一种基本的制度权力。对经济财富来说，则是特指那些其获得和应用都是和政治制度有关的财富。对文化名望来说，则是指那种包含了社会地位的文化能力和名望。

另外，在对社会形态或社会结构的观察中，这三种资源也是具有"溢出"效应的，亦即高于平均水平的。这样，我所说的"权力"就不同于广义泛化的、即包含了一种潜移默化的影响力的"权力"，它就是纯粹政治的权力，是毫不含糊的、硬邦邦的权力，后面有武力和惩罚作为后盾。这种权力自然不是像近代的"权利"（rights）那样是所有人都能平等地具有的，而总是为少数人所有或由一部分人执行。或者我们可以具体地说，这种权力就表现为各种官职的权力。至于我们这里所说的"财富"，也是高于一般的生计，是真正的高于物质生活和收入平均线的"富有"。而"名望"自然也高于一般的"承认"（recognition）或"尊重"，和前两者一样，它事实上也只是为少数人所享有。

这样，我们对中国社会历史的观察从社会结构或分层的角度看，就主要是看社会统治阶层或更广义的上层是如何不断再生产的；从生活在其中的人的角度看，就主要是看其中的人们是如何上升的，即他们要上升到社会的上层，他们主要是凭借什么，关键是要获得什么。

在我看来，从西周到春秋的社会，基本上是一个"世袭社会"，即权钱名的分配主要是根据血统，或者通俗地说"血而优则仕"。经过过渡的战国时代的扫荡和秦朝统一官僚体制的确立，从西汉到晚清的中国社会的发展趋势，则是一种向"选举社会"的演变，亦即在实现一种"学而优则仕"，权钱名的分配越来越主要是根据一种学术能力或文化能力。这里的"仕"或者说获得政治权力始终是至为重要的，即获得政治权力才能获得或巩固财富和名望；但是，文化的能力和名望却又成为获得权力或官职的基本手段或主要途径。我们或可据此说：政治是本位，文化是关键。而相对于政治权力与文化名望来说，经济的财富却处于一种相对不那么重要的地位，它虽然也还是起着一种要真正享受权名生活而不可或缺的基础的作用，但财富本身并不足以获得政治权力或文化名望，而它如果不能获得这两者，它甚至难以持久有效地保护自己。所以，在观察中国社会的历史结构时，我们更重视对权名关系而非权钱或钱名关系的探讨。

如前所述，从西汉到晚清，基本的社会演变趋势是走向一个现代"选举社会"（selection society 而非 election society）。这一演变可分为两个阶段，一是从西汉到隋以前的察举荐选阶段，一是从唐到晚清的科举考选阶段。荐选是直接根据个人的文化名望来推荐的，而考选则是通过考察个人的文化能力之后的"功名"来进行选择。在具体落实到标准上，选举社会也可以说是一个"权名社会"。但是，这一走向"选举社会"的演进并不是连续的、直线的，而是出现了一个很特别的历史时期，这就是魏晋南北朝时期。在这一时期,面向个人的察举制度仍然保留着,但却不再像两汉时期那样是选举的主轴。在这一时期,社会似乎又回到了根据高贵家族或门第血统来分配权钱名的"世袭社会",九品中正制变成了它的一个橡皮图章。但它又不像是西周世袭社会那样产生的始因是由于西周初年基于亲亲原则或者武功的封建,其最初的原因仍是基于一种文化名望。所以,我们仍可说它是一个"权名社会"。只是个人的文化名望渐渐变成了家族的文化门望。一个高门子弟不必再一代代、一个个人去重新争取文化门望,而是常常依其门望就可"平流进取"、"坐致公卿"。但这也不是绝对的,即便在门第社会的盛期,士族中也还是有彼消此长,归根结底还是个人的政治与文化能力及名望要起作用。

因为想重点探讨士族兴起的渊源,我在这里将我对士族及其权名关系的观察上溯到东汉末年。这样就大致分为三个阶段:一是东汉末年,这一时期士族初兴,名望的构成主要是儒家的名节德行,权名关系处在一种紧张的冲突之中;二是魏晋之际,这期间士族大抵已经形成,名望的构成由儒入玄,权名关系处在一种疏离的状态之中;三是东晋时期,这期间士族的实力达到其最高峰,乃至形成与皇权"共天下"的门阀政治,名望的构成主要是儒玄兼修,权名关系处在一种相倚的状态之中。至于南朝士族的发展,则主要是在"士族的延续"一节中略加描述。

二、士族的兴起

对"士族的兴起"可以从两个角度去观察:一是从整个社会着眼,为什么在某个时代的社会出现了大量士族这一现象,甚至其数量和地位使这个社会构成了一个士族占主导的社会?以及其后面的原因和条件,其形成的途径和动力等。二是从具体士族着眼,为什么是这样一些士族而不是那样一些士族兴起？为什么有些士族延续数十代数百年，而有些只持续几代即消失不见？以及这后面的原因和条件等。我们现在这里先考虑第一个问题，后一个问题在第四节考虑。我们先要确定一下"士族"的概念，这或许需要追溯一下由"士"到"士族"的演变。

和西方与日本的封建社会一样，中国也曾有一个武士阶层。其最早的"士"原来也是"武士"。"士"是西周贵族的最下层，是和"民"最为接近、甚至有时不易分别的一层，但也是贵族中人数最多，后来也最为活跃的一层。春秋时期，孔子基本上使作为一个阶层的"士"完成了从"武士"到"文士"的转换，这是一个影响深远的转换，使中国日后两千多年的"贵族"——无论是真的世代权名相承的"士族"还是仅仅文化意义上的"士绅"——都具有和欧洲、日本的贵族相当不同的特点，即不是重武而是重文，甚至完全偃武修文。这是中国贵族一个基本的、也是在世界文明史中非常独特的一点。我们下面还要反复谈到这一特点，正是这一点最显中国社会分层结构的特色，但也使域外学者不是很容易理解和把握中国的世袭社会或"贵族社会"，更勿论长程的古代"选举社会"。

春秋社会大致仍是一个从西周封建传承和扩衍而来的世袭社会，但当时社会中主导的世袭家族主要是"士"之上的大夫家族。士阶层也偶有上升立族者，然而更多是发出机会平等的呼声。从春秋末到战国时期，社会的主要趋势是打破世袭。战国时代的"士"基本是处在一个"游士"的时代，即"士"一般都是以个人身份出现，而且常常游历各方和各国，由个人去努力争取机会施展自己的才能。他后面一般没有什么家族的依托，他所得到的权力和名望也基本上没有什么制度手段或社会习惯荫庇到族人或后人，或者说，当时的时代还没有这种可能。在战国那样一个激烈动荡的时代，权名容易得到也容易失去。惠及于"族"的延续还必须依赖于某种传统的积累与相对和平的条件。到秦王朝建立，"废封建而建郡县"，除了最高一人皇帝的世袭，社会上各个阶层，尤其是上层的世袭真的基本上被打破了，只有一个最后都是对最高统治者负责的官僚体系，有官职的分别，官民的分别，但不再有贵族与平民以及贵族内部等级的分别。西汉初曾分封，但后来基本上还是承袭了秦的郡县官僚制，只是到汉武的时代又有了一种新的格局和浩大气象，这就是开始使察举制度化并独尊儒学，建立了使社会精英上升到政治统治阶层的稳定通道。这种推荐形式的察举是要根据名望的，这种名望的性质从所举的名称"孝廉"、"秀才"已略见一斑，即主要是德行和才学两方面的名望。这是一种深受儒家影响的、文化性质的名望而非武德。个人通过这种名声有望获得权力和财富，但是却不易家族世代传承。比如我们看后来成为东晋第一士族的琅琊王氏的西汉远祖王吉，传到三世也就长久湮没无闻，直到魏晋时期才又光大。

"士族"究竟应如何定义？我们或可界定为：顾名思义，"士族"以"士"区别于其他豪族大姓，即它是以文化名望和政治权力的结合为其标志的；而"士族"也以"族"区别于个别的士人、游士、文人、学者和官员等，它是以家族共同体为基础的，在政治、经济和文化上是延续和传承的。再者，我们这里说"士族"或"士族社会"的"兴起"，就的确还不是指几个士族的兴衰，而是指出现了相当多的士族，形成了一种强劲的社会潮流，乃至走向士族与皇权共治天下的局面。

那么，这种"士族"究竟兴起于何时？其形成的过程如何？我们可以先来看几种观点。

余英时认为到西汉末年就形成了士族。汉武帝时还没有形成士族，根本的原因是那时的士尚未能普遍地确定地取得政治地位，因此也就不能形成他们的宗族。而自汉武崇儒之后就不一样了，士族逐渐发展，西汉社会经历了一个士族化的过程。到西汉末，随着学校之设和私人教授的增多，士人数量剧增，士人不再是无根的"游士"，而是具有深厚社会基础的"士大夫"了。这种社会基础，具体地说，就是宗族。士与宗族的结合，就形成了中国历史上著名的"士族"。[1] 他认为士族的发展似乎可以从两方面来推测：一方面是强宗大姓的士族化，另一方面是士人在政治上得势后，再转而扩大家族的财势。而他对"士大夫"的理解，认为至少到东汉建立之际，"士大夫"已不仅限于追随光武起事的少数功臣，还可以在概念上将士族、大姓、官僚、缙绅、豪右、强宗等不同的社会称号统一起来，从而了解到士族在当时社会上尤其具有主导性质的事实。并认为东汉政权的建立是以士族大姓为其社会基础，且在这一过程中，"不是士族跟着大姓走，而是大姓跟着士族走"[2]。

这一对"士族"的理解，看来是一个比较宽松和基本的理解，所谓"宽松"，即认为构成"士族"基础的"士大夫"也包括了武人、豪右等；所谓"基本"，即认为士人一旦和宗族结合就可以称之为"士族"了，且不是在比较严格限定、前后一致的意义上使用"士族"概念。[3] 这种"士大夫"和宗族"结合"而成的"士族"似可理解为只要士人后面有一个家族，这个家族支持他的事业（比如求学、入仕和置产），他也关照这个家族（或更进一步说，家族构成他上进的主要支持，他也以关注这个家族为其主要的责任），就构成"士族"了。这和通常所理解的"士族"似不太一样。如果要说构成"士族社会"的"士族"，就还要看是否文化衣冠的"士族"比较稳定地构成了社会的统治阶层，而且是这种统治阶层再生产的主要来源，且有必要明确地将"士族"与其他大姓家族比如说"豪族"区分开来，

---

[1] 见余英时著，《士与中国文化》，上海人民出版社 1987 年版，第 220 页。

[2] 同上书，第 284—285 页。注意这里是区分"士族"和"大姓"的。

[3] 即他一方面谈到包含了"大姓、豪右、强宗"的"士大夫"和宗族的结合构成了"士族"，另一方面又谈到"士族"与"大姓、豪右、强宗"有别。或者我们可理解为这里的"大姓"和"士大夫"是一个可以包含"士族"，但范围更广的概念。

方能显示出中国重文的世袭社会和其他民族重武的世袭社会的不同特点。

唐长孺认为东汉以来生长的大姓名士是构成魏晋士族的基础。一方面是大姓,郡县僚佐所谓"大吏"、"右职"例由大姓充当,州郡大吏就渐有了一种世袭性。大姓、冠族又累世通过察举和辟举跨出地方,为朝廷登用。但更重要的是名士。主持乡里清议的即所谓"名士"。这些名士"依倚道艺",也即依托经术。或者说"经明行修",即一是经术,一是德行。两者关系在唐长孺看来是:名士固然不一定从大姓冠族中产生,但出于其间的恐怕要占颇大的比例。除了大姓冠族,还有一类在地方上拥有实力的人物,即"同为编户齐民而以财力相君长者"的"豪人"。唐长孺认为这些"豪人"是大商人、大地主,也能够自己组织武装队伍,但是我们还没有看到有哪一个人列于汉末群雄之中,往后更看不到他们或其后裔的活动。这些财富巨亿的豪人似乎在大动乱中间悄然隐去、销声匿迹了。也就是说,单纯财富甚至地方武力并不起很大的作用。汉代大姓、名士是曹魏选拔臣僚的基础,其士族地位决定于某一家族在魏晋时的政治地位,特别是魏晋蝉联的政治地位,所以说门第的高低最终还是决定于当时的官位。[1]

唐长孺所理解的"士族"看来是比较严格狭义的一种。他说:"门阀贵族被称为士族,此外便都是寒门或庶族。因而士庶之别一方面是阶级区分的等级形式,所有一切被压迫阶级都是庶族、寒人;另一方面又是统治阶级内部上下层的等级区分。"他又解释说:"士庶从来有别,但是怎样才算士族却缺乏明确规定。按照门阀贵族的观点是只能限于若干魏、晋旧门和个别的获得他们承认的新兴家族。……享受免予征发的特权。这是最

---

[1] 《唐长孺文存》,上海古籍出版社 2006 年版,参见《东汉末期的大姓名士》、《士族的形成和升降》等篇。

起码的条件，至于出身秘书东宫官属其为士族便不须说了。"[1] 唐长孺还在《士人荫族权和士族队伍的扩大》中指出，晋灭吴后制订的户调式规定按品官荫族、荫客和占田，基本精神是保证当代各级官僚贵族的特权，有关"士人子孙"的补充规定，确立了士人的荫族特权，从而确立了士之为族，"士族"的名称也开始出现。确立士人的条件是凡"父、祖、伯、叔、兄弟仕州"即任州从事以下均荫及其亲之族。[2]

毛汉光认为，在汉武帝崇尚儒术之后，两汉的士大夫主要还是个人参政。至东汉末出现两种拥有社会势力者，一是凝结中的士族，二是地方豪强。曹魏和西晋政权均以士族与地方豪强作为基石，但士族至西晋已成为居上位的主导者。士族居统治阶层五品官以上之绝对多数，也在此间升起。西晋政权已有浓厚的士族色彩，东晋更是"优借士族"。[3] 毛汉光在其《中国中古社会史论》一书中所做统计的"士族"定义，包括一切三世中有二世居官五品以上的家族，比一般所谓"高门大族"之门第的范围为广，是广义的"士族"。[4] 毛汉光根据其诸多统计数据指出：曹魏西晋是士族社会架构的上坡面，自此以迄唐末，士族居统治阶层的绝对多数。在他看来，是地方豪族的士大夫化，以及士大夫的家族化，走向了中古士族的道路。士族这个社会阶层在东汉末年党锢之祸以后，由于同舟共济，密集交往的结果凝固越来越成形，其演变的方向是：由武力团体而兼及文章世家、由地方性人物而中央性人物、由社会体而兼具政治性、由经济性而

---

[1] 《唐长孺文存》，上海古籍出版社 2006 年版，第 305—306 页。

[2] 转引自陈爽《近 20 年中国大陆地区六朝士族研究概观》，载《中国史学》第十一卷（2001），魏晋隋唐史专号。

[3] 毛汉光：《中国古代社会史论》，上海书店出版社 2002 年版，第 7—12 页。

[4] 同上书，第 37 页。毛汉光并指出：常有大士族称次级士族为"寒族"、"寒门"，这是相对的称呼，其实次级士族也是士族。他的区分只是为了而在士族与寒素之外，他再列"小姓"类，认为这类人物之存在，可见于《华阳国志》中各县的大姓、豪富；永嘉乱后北方的坞堡，梁末侯景之乱时的县姓、地方酋豪、洞主。

形而上或玄学化。[1]

以上所涉的诸家对士族的界定和兴起时代的推定，看来是以余英时对士族的界定最为宽泛，也因此所推定时代最早，而唐长孺则对士族的理解最为严狭，这或许是因为他主要是从法律规定的角度着眼来界定士族。毛汉光对"士族"的定义，则比较强调其担任的官职，这也是为了观察社会与政治的关联和统计的便利。我以为按照"士族"的本义，即"士族"是"士"和"族"的结合，或者通俗地说文化人和宗族的结合，那么，它虽然可以包括在一个广泛的"世家大族"的概念之内，但是，如果单独提出"士族"的概念，则应当和其他的世家大族区别开来，这种区别主要是和其他主要依赖土地、财富、武力、扎根地方的世家大族或者说"豪族"的区别。而"士族"真正要成"族"，大概也少不了为官，但"士族"也不等同于"官族"，比如"官族"中也有立功的武人。[2] 另一方面，"士族"的范畴似又不应仅限于形成了门阀政治的高等士族，而是也应将其他同样是文化与家族结合的次等士族或"寒素"包括进来，这些"寒素"其实也常常进入中央权力，就像赵翼所指出的"南朝寒素多掌机要"。中国的"士族"似还不同于有国家法律明文规定的西方贵族，而更多地像是一种习惯法，虽然一度也是门第森严的习惯法。

总之，士族区别于中国历史上其他性质的大姓家族的特点、同时也区别于其他文明贵族的特点不在"族"而在"士"，而这"士"又非"武士"而是"文士"。这就是中国贵族的一个主要特点。大家族代代都有，

---

[1] 毛汉光:《中国中古社会史论》，上海世纪出版集团2002年版，见《中古士族性质之演变》一文。

[2] 亦如阎步克所言："官场有官僚世家，乡里有豪族世家，士林中有文化世家。'士族'的特征是'士'与'族'的结合，'士'即士人，文化人，古人有云：'学以居位曰士'，'士族'就是士人官僚的家族，他们通过雄厚文化而世代居官，由此建立了崇高门望。"见其著《波峰与波谷》，北京大学出版社2009年版，第120页。

显赫的家族也不罕见。但是，在数百年的时间里，相当自然地形成了一种以文化名望为其主要标志的士族社会却是六朝社会的一个基本特色。不是财富，也不是武力或者政治和法律特权，而正是这种文化精神构成了士族基本的内在特质，形成了它们的家学家风，像陈寅恪和钱穆等学者，都相当强调士族的家学家风。[1]

这里特别需要比较一下的是"豪族"与"士族"。豪族多倚仗武力和财富，而士族则主要凭借文化和名望；豪族扎根于乡里土地，而士族往往最终会闻名并获权于中央。两者已都在东汉出现，前者甚至可能出现得更早，且一度更占当时社会重心和更引人注意。但后来士族则明显上升，豪族若非转化为士族，则大都衰落和隐没不显。我们若从名称上检索一下，似乎也可为这一观察提供一个佐证。"豪族"一名在正史中的出现早于"士族"，今检得"豪族"最早是在《后汉书》中有三条，[2]而"士族"一名则最早是出现于《晋书》，只有四条，[3]据此或可提供一证说地方豪强以

---

[1] 如钱穆在《略论魏晋南北朝学术文化与当时门第之关系》中说："当时门第传统共同理想所希望于门第中人，上自贤父兄，下至佳子弟，不外两大要目：一则希望其能具孝友之内行，一则希望其能有经籍文史学业之修养，此两种希望，并合成为当时共同之家教。其前一项之表现，则称为家风，后一项之表现，则称为家学。"又陈寅恪《唐代政治史述论稿》中篇《政治革命于党派分野》云："夫士族之特点既在其门风之优美，不同于凡庶，而优美之门风，实基于学业之因袭，故士族家世相传之学业乃与当时之政治社会有极重要之影响。"转引自毛汉光《中国中古社会史论》，上海世纪出版集团 2002 年版，第 86—87 页。

[2]《列传》卷八十六："王龚字伯宗，山阳高平人也，世为豪族。"《列传》卷八十六："郡中豪族多以奢靡相尚；"《列传》卷九十一："左雄字伯豪，南阳涅阳人也。安帝时，举孝廉，稍迁冀州刺史，州部多豪族，好请托。"

[3]《列传》卷八十："许迈字叔玄，一名映，丹杨句容人也家世士族。"《载记》卷一百五："徙朝臣掾属已上士族者三百户于襄国崇仁里，置公族大夫以领之。"以及"勒清定五品，……典定士族，副选举之任。"《载记》卷一百二十四："垂死，其年宝嗣伪位，……定士族旧籍，明其官仪。"这些检索是根据台湾中研院的汉藉电子文献的瀚典检索系统，并根据上海古籍出版社、上海书店 1986 年出版的《二十五史》之第二卷《后汉书·三国志·晋书》核对原文。以下正史引文也均用此版本。

致豪族早就存在，到东汉尤其明显；而主要由文化衣冠和政治官职结合而成的士人家族（"士族"）之稳定的形成，则是到魏晋时代才比较明确。[1] 正如前面的学者谈到过的，一部分豪族其时是能够、事实上也通过转向文化学术而士族化了，从而获得了中央官职而光大家族。

大致而言，我们或可说士族主要源起于东汉末年，在三国西晋时期正式形成，在东晋其势力达到最高峰，在南朝延续，而在隋唐渐渐衰落，再经过五代的扫荡，到宋代完善的科举制度下，"取士"就完全"不问家世"，而"士大夫"也就"多出草野"了。下面我想再按照一般到特殊的次序，尝试提出有关士族兴起的原因或动力的一些观察，这些观察或对前面几家的观点也能提供一些解释。

从士之世族形成最一般的原因或动力来说，这是和人性有关。人性中有一种对自我的关怀，包括对自己后代的关怀，他们希望关照自己的儿女，希望自己的子子孙孙中不断出现"佳子弟"，并会为此做一些可能的关照和努力，比如经济上、教育上，乃至社会和政治关系方面的关照和努力。这在他们看来是一种责任，也是一种自然的感情。这是很一般的原因，但也是很根本的原因，是始终起作用的动力。故此，一有条件，世袭社会就有可能复归。人们很难直接谴责这种感情本身，因为换上谴责者处在相似的地位大致也同样会为子孙谋。这里如果说可以、也需要做出一种道德限制的话，当是来自对公平正义的考虑，即还应当考虑社会的资源应当比较公平地分配，不宜使一些人的发展隔断和阻碍其他人的"贤贤"之路。

其次，在中国的历史文化中，很早就形成了一种重视家族的传统，尤其是重视"亲亲"、"慈孝"，乃至"不孝有三，无后为大"和"扬名显亲"、"光宗耀祖"、"光大门楣"的观念。而其他共同体的意识，诸如国家意识，

---

[1] 又有诸多称呼如"官族"等。

以及宗教共同体、行业共同体的意识在中国都相对淡薄，这都使人们更为重视家族共同体。这样，仅此两点，如果有合适的土壤和条件，就会自然而然地产生出一些大姓名族。这就可以解释，为什么如余英时所言，在西汉末年也可以说就有了一些世家大族，包括一些书香世家。一个社会承平日久，如果没有其他人为的干预或政治法律的严格限制，就都会出现一些比其他家族更多地掌握了权力、财富和名望的世家大族，这种现象可以说是相当自然的。还有在动乱的年代，一些旧的家族会被冲击或毁灭，但另一些新的家族也还可能借机兴起。动乱时代家族的凝聚力会更加增强，人们会努力通过家族来得到保护，而在动乱中生存下来的家族，也会在和平年代努力寻求各种资源，这里最重要的当然是政治资源，尤其对要出人头地的人们来说更是如此。当然，要形成家族，还需要时间，且需要和平，即便是以武力起家的家族，也最终还是需要和平。而重视文化的士族，更天然地与和平有一种紧密关系。

以上两点或可比较一般地解释为什么在两汉就出现了一些大家望族，甚至能够解释只要社会政治条件适合，在中国的土壤上就很容易出现这样的大族。至少，在这方面，个人形成其家族的动力或动机总是不会缺乏的。但仅仅根据上面两点，我们还不能解释为什么这些大族多是文化衣冠的士族？出现这种士族看来和汉武时代独尊儒学和确立常行的察举制度有重要的关系，也和东汉特别推崇名教、砥砺名节的政策和风气有关。士族的形成与儒家有不解的渊源。

问题还可以再特殊到为何恰恰在魏晋时出现了大量的士族，走向了一种士族居主导的社会政治，乃至在东晋形成一种与皇权共天下的门阀政治，以及为何这些士族在精神文化上大多开始由儒转玄？这里我们也许可以指出以下一些重要的原因：诸如中国由统一变成分裂割据、战乱不断、皇权更迭频繁。士族不易在两汉形成大气候，与国家统一、皇权集中且连续稳定是有关的,而汉末开始发生的连年动乱和战争使人更重视家族。皇朝更迭频繁也使人比重视"忠"而更重视"孝"。至于由儒转玄,或是因为主观上士人对社会政治失望,受名教束缚日久欲求解脱,更重视个人审美理想和个体自觉,文化趋于精致化和超越化,而名教与自然又毕竟还是可以协调乃至互补,甚至不排除有某些扭转精神氛围的个人因素等等。但我们不拟再在这里一般地探讨这些原因和条件,而准备在后面结合对名望和权名关系的分析,以及对具体士族的延续的观察来比较具体地探讨这些问题。

三、名望的分析

日本学者谷川道雄曾经谈到,日本的京都学派,即内藤湖南及其学统的继承者,例如冈崎文夫、宫崎市定、宇都宫清吉、宫川尚志、川胜义雄等人,基本上都认为中国的中古社会,即魏晋南北朝乃至到隋唐,是一个贵族社会,并强调这种贵族的性质是一种官僚贵族,即以累世官宦为基础,谷川道雄更提出了一个概念:"名望家统治"。[1] 但他们似乎对中国中古贵族作为"士族"的文化性质都认识不足或强调不够,而是更强调一种作为"豪族"的乡土性质。如谷川道雄使用"名望家统治"一词,是试图定义豪族对于宗族、乡党所实施之社会行为以及由此所产生的强大影响力。所以,他所重视和关注的是这些名望家在缺乏生活物资的时代所实施的赈恤行为,他认为这种对乡人的赈恤行为在名望家的统治之中是占据最重要位置的。而且他同意内藤湖南的观点:认为六朝时代名望家的形成是累世官宦的特定之家的缘故,说如果一个家族累世为官僚的话,那么这一

---

[1] 谷川道雄:《中国中世社会与共同体》,马彪译,中华书局2002年版,第266页。

家被人视为产生卓越人格的特别家系,就是很自然的事情。如此,可以说名望家的出发点在于个人。还有文化教养,特别是儒学的素养也是很重要的。这些都有赖于个人的努力。名望家是由个人与家族的相互作用而形成的,名望家成员的人格还包括名望家的道德。名望家统率的军团也曾在六朝时代扮演过重要的角色,"由此说明名望家统治作为当时社会的基层构造,成了权力形成的基础"。[1]

我认为用"名望家的统治"这一概念来分析六朝社会是富有启发性的。而且,说"名望家的出发点在于个人",其发展和延续则在于个人与家族的互动也颇有道理。但是,我以为"名望家的统治"主要不是存在于社会基层,而是存在于社会上层,或者说上下层的结合部,由此形成了一种"权名社会"的结构;此外,与其说是名望来自官位,不如说是官位来自名望,虽然权力仍然是关键的因素,但是,由名望而得官却成了当时社会一个基本的上升通道;而且,这种名望的构成和来源也主要不是武力的,或者慈善救济的,面向普通民众的,而主要是文化的、自我展现的,面向一群文化精英的。而其展现也不再是单纯儒家人格和道德的,而是一种更为全面,但也更为复杂而精致的人格、才能和品性的展现。

下面我就尝试来分析这种名望。我选择《世说新语》作为一个基本的分析文本。这本在刘宋时期编写的记述后汉至当时名士言行的书,是一个很好的历史观察点。那时正好是在士族文化刚刚走过其最高峰的时期,可以展示其最精彩的部分,但又不是用较远的后人的新眼光、而仍是用士族的眼光来分类整理。它能比较真实地告诉我们士族社会的人们最看重什么、最欣赏什么、最追求什么、最珍惜什么。[2] 鲁迅曾说该书是"一部名

---

[1] 谷川道雄:《中国中世社会与共同体》,马彪译,中华书局2002年版,第266—282页。

[2] 正是因此之故,我们在《世说新语》中分析的对象不限于仅仅六朝士族的人物,而也涉及那些因为各种原因而未能成"族"的个人名士,乃至魏晋以前的人物,因为在对他们的描述(接下页)

士底教科书。"或者我们还可以说这是一部"名望书"。我尝试从德行、才华、品性和鉴评四个方面来分析其中所展示的名望，探讨名士的名望缘何而起，那些造成名望的言行品性主要是一些什么样的言行品行，名望又主要通过什么样的途径来形成。

1. 德行

《世说新语》将"德行"一门列为第一。但在其全部36门的内容中，真正有关道德的内容并不多，"方正"一门讲坚持原则，但看来除了有的涉及正邪之分，更多的是有关交往的原则，尤其是坚持门第高下、士庶有分。"自新"一门有两条，一条是说周处因民怨而知耻，从而改过自新；一条是说戴渊曾攻掠商贩，最后也改弦易辙。这里有两点值得注意，一是说周、戴两人过去也都不是碌碌之辈，等闲之人，他们都有一种"侠"气，有力有才，有勇敢或者指挥若定等"武德"。二是点拨人陆机所说的话，他对周处说自新不晚，"且人患志之不立，亦何忧令名不彰邪？"鼓励他走获得"令名"而非"恶名"的正路，像周处过去的那种类似乡里豪强的"侠气""武德"，在他看来显然不是成名正途。而他由于观察到戴渊"神姿峰颖"，因而说："卿才如此，亦复作劫邪？"也是从其才华来对其点醒和提携，而不是从德行的角度来教导他改邪归正。

还有一些有关善恶正邪之德行的条目，散见于其他一些门类中。特别值得我们注意的是：从传统三纲五常或五伦的仁义道德的角度看，很少

（续上页）和评论上，也反映出了士族社会的价值观念。我们的分析对象甚至也包括一些真实性存疑的传闻，因为这些传闻及评论也同样反映出士族社会人们的眼光，反映出他们在追求什么、重视什么。至于刘宋时候的该书编者对真实材料（包括魏以前的材料）的选取，也反映着他们究竟看重和褒贬什么。我们主要关心的正是这种看重和褒贬，而非材料的真伪和时代，并认为编者的价值观大致反映了当时士族的流行价值观。

涉及"君为臣纲"的"忠"的内容，或含义有转换，试看下面几条：[1]

  桓南郡既破殷荆州，收殷将佐十许人，咨议罗企生亦在焉。桓素待企生厚，将有所戮，先遣人语云："若谢我，当释罪。"企生答曰："为殷荆州吏，今荆州奔亡，存亡未判，我何颜谢桓公？"既出市，桓又遣人问："欲何言？"答曰："昔晋文王杀嵇康，而嵇绍为晋忠臣。从公乞一弟以养老母。"桓亦如言宥之。桓先曾以一羔裘与企生母胡，胡时在豫章，企生问至，即日焚裘。（德行 1.43）

  诸葛靓在吴，于朝堂大会。孙皓问："卿字仲思，为何所思？"对曰："在家思孝，事君思忠，朋友思信，如斯而已。"（言语 2.21）

  桓公入峡，绝壁天悬，腾波迅急，乃叹曰："既为忠臣，不得为孝子，如何？"（言语 2.58）

  初，荧惑入太微，寻废海西，简文登阼，复入太微，帝恶之。时郗超为中书，在直。引超入曰："天命修短，故非所计。政当无复近日事不？"超曰："大司马方将外固封疆，内镇社稷，必无若此之虑。臣为陛下以百口保之。"帝因诵庾仲初诗曰："志士痛朝危，忠臣哀主辱。"声甚凄厉。郗受假还东，帝曰："致意尊公，家国之事，遂至于此。由是身不能以道匡卫，思患预防。愧叹之深，言何能喻？"因泣下流襟。（言语 2.59）

---

[1] 以下《世说新语》引文，主要根据余嘉锡：《世说新语笺疏》（上中下三册），中华书局 2007 年版。

> 王经少贫苦,仕至二千石,母语之曰:"汝本寒家子,仕至二千石,此可以止乎!"经不能用。为尚书,助魏,不忠于晋,被收,涕泣辞母曰:"不从母敕,以至今日。"母都无戚容,语之曰:"为子则孝,为臣则忠,有孝有忠,何负吾邪?"(贤媛 19.10)

以上正面的"忠"言论只有诸葛靓一条,也是作为一种应对的机辩;行为只有王经一条,但魏其实也是不久之前篡汉而来,士臣确有难为处,"忠"的标准似也不好深究。罗企生所言"忠"虽也引嵇绍为例,但从其言其意看,不像是忠君倒更像是忠于上司或座主。而将桓温所言与所行对照,恰成一种讥刺。而简文帝引诗所叹,也表明"忠"在当时还是比较稀缺的一种德性。《世说新语》中有多条倒是显示出东晋时的君臣关系(或准君臣关系、以及上下级关系)相当平等和随意,[1] 至少在清谈一类的私下交往中是这样,甚至可以互相批评乃至攻难。东晋可以说是君权最为薄弱的朝代,而官本位也比其他朝代淡化。夫妻之间的关系似也相对平等,女性固然没有入仕的机会,但是,也没有贞洁、节烈的普遍要求,也不很讲究严格的男尊女卑的礼仪。[2]

相形之下,褒扬"孝"名的分量是很重的。在《世说新语》中,除了记载有著名的王祥对不慈之继母的纯孝、王戎"哀毁骨立"的"死孝"、王导父子的慈孝之外,还有像王安丰、祖光禄、陈遗、吴道助、附子兄弟等

---

[1] 如:"许掾尝诣简文,尔时风恬月朗,乃共作曲室中语。襟情之咏,偏是许之所长。辞寄清婉,有逾平日。简文虽契素,此遇尤相咨嗟,不觉造膝,共叉手语,达于将旦。"(赏誉 8.144)

[2] 尤其是名家有才女子,如:"温公丧妇。从姑刘氏,家值乱离散,唯有一女,甚有姿慧。姑以属公觅婚,公密有自婚意,答云:'佳婿难得,但如峤比,云何?'姑云:'丧败之余,乞粗存活,便足慰吾余年,何敢希汝比?'却后少日,公报姑云:'已觅得婚处,门地粗可,婿身名宦尽不减峤。'因下玉镜台一枚。姑大喜。既婚,交礼,女以手披纱扇,抚掌大笑曰:'我固疑是老奴,果如所卜!'"(假谲 27.9)

多个孝顺的例子，而王敦想废明帝，竟然也想以其"不孝"为名。而展示朋友之间的"信义"的材料亦复不少，尤其是展示名士之间的友谊，例如：

> 荀巨伯远看友人疾，值胡贼攻郡，友人语巨伯曰："吾今死矣，子可去！"巨伯曰："远来相视，子令吾去，败义以求生，岂荀巨伯所行邪！"贼既至，谓巨伯曰："大军至，一郡尽空，汝何男子，而敢独止？"巨伯曰："友人有疾，不忍委之，宁以吾身代友人命。"贼相谓曰："吾辈无义之人，而入有义之国。"遂班军而还，郡并获全。（德行 1.9）

还有像郗鉴救亲养孤，刘道真重资赎囚、裴楷乞物行惠、顾荣将心比心体会侍者之欲等德行，但总的说，具体的行为德目还是不多，而还常以比较笼统的、作为一种个人修养的境界和风骨来展示人的道德。如开篇谈到汉末黄权度之德难以形容地宽广和清高，其间包括非功利，不鄙吝的内容，由此已可看出世风向魏晋请谈、玄谈转变的端倪。又如陈季方说："吾家君譬如桂树生泰山之阿，上有万仞之高，下有不测之深；上为甘露所沾，下为渊泉所润。当斯之时，桂树焉知泰山之高，渊泉之深？不知有功德与无也。""功德"之高深甚至到了不知"功德有无"的境界。最高的德无可称之，成为一种难以言表的至高境界，接近于"无"了。

这里还要特别说到对权力、财富和功利的一种道德态度。即一种"清"——清高、清廉的德性。这表现在对隐逸、隐退的格外推崇，这在比较管宁、华歆和王朗三人中可以一见。魏晋名士大概是最想和政治权力保持距离的。他们本性是将个人的超脱和审美的生活看得更高，但为了家族的发展甚至保身也常常不得不出。谢安长久不出，获得很高权力之后也不恋栈。然而，就让不爱权力的人掌权也不失为一种让政治还保存一些清明之气的办法。六朝乃至上溯到两汉传记中多有面对征、召、辟、举等人仕或升迁机会时，传主多有不应、不起、不报、不行者，而朝野也依然重视这些人，而名望乃至因此愈高，如："殷渊源在墓所几十年。于时朝野以拟管、葛，起不起，以卜江左兴亡。"（赏誉 8.99）又："谢公在东山，朝命屡降而不动。……诸人每相与言：'安石不肯出，将如苍生何！'"（排调 25.26）后来谢安"不免"出山，被人引一药两名而讥其一人由"远志"变为"小草"，谢安也感到有些羞惭。

2. 才华

士风会受到政治尤其最高权力的影响，比如我们上面在"德行"中看到的重孝而很少提忠，就显然受到了西晋朝廷提倡"以孝治天下"的影响。而更往前，还有曹魏不重道德、"唯才是举"的数道求才令，也同样对士风有颇大的影响。但士风也有自己的发展逻辑，比如后来不仅连德行也向清玄的方向演变，士林所推崇的才华也已超越曹操时代所渴求的治国任事之才，而更多的是一种优雅文化的才能。从魏晋士人所追求的价值和名望来看，他们早已不限于汉儒的"经明行修"，而是追求一种更为全面的人格德性和更为宽广精致的才华品性了。

所以，在《世说新语》中，"政事"只占一门，或还可将"规箴"、"豪爽"的一些条列入接近政事的一类；而"言语"、"文学"一类却占了很大的比重。我们即便在政事一类记载中，也可以看到对事的轻视和对人的重视。士族政事多趋轻松宽简甚至无为不治，士族官员更重视和贤人与名士的交往。比如：

> 王安期为东海郡。小吏盗池中鱼，纲纪推之。王曰："文王之囿，与众共之。池鱼复何足惜！"（政事 3.9）

王安期作东海郡，吏录一犯夜人来。王问："何处来？"云："从师家受书还，不觉日晚。"王曰："鞭挞宁越以立威名，恐非致理之本！"使吏送令归家。（政事3.10）

王丞相为扬州，遣八部从事之职，顾和时为下传还，同时俱见，诸从事各奏二千石官长得失，至和独无言。王问顾曰："卿何所闻？"答曰："明公作辅，宁使网漏吞舟，何缘采听风闻，以为察察之政？"丞相咨嗟称佳，诸从事自视缺然也。（规箴10.15）

罗君章为桓宣武从事，谢镇西作江夏，往检校之。罗既至，初不问郡事，径就谢数日，饮酒而还。桓公问有何事？君章云："不审公谓谢尚是何似人？"桓公曰："仁祖是胜我许人。"君章云："岂有胜公人而行非者，故一无所问。"桓公奇其意而不责也。（规箴10.19）

王子猷作桓车骑骑兵参军。桓问曰："卿何署？"答曰："不知何署，时见牵马来，似是马曹。"桓又问："官有几马？"答曰："'不问马'，何由知其数？"又问："马比死多少？"答曰："'未知生，焉知死。'"（简傲24.11）

王东亭与张冠军善。王既作吴郡，人问小令曰："东亭作郡，风政何似？"答曰："不知治化何如，唯与张祖希情好日隆耳。"（政事3.25）

最后一条可以和《世说新语》开篇第一条比照：陈仲举为豫章太守，到就先去看久已闻名之徐孺子，而不是入府问事。士人不以吏能为能，不以治事为高，他们更看重的、也能够造成名望的主要还是言语和文学的才能，尤其对于未入仕者。他们并相当欣赏那些很小就显示出言语才华的早慧者，如"言语"门中所载的幼年徐孺子、孔文举、又孔文举二子、陈元方、锺毓与锺会兄弟、谢仁祖、张玄之、顾敷等，又"夙慧"门中所记的陈元方与季方兄弟[1]、何晏、韩康伯等，他们寄托着家族的希望。至于诸名士所谈，或以谈玄论道为主和为高，但也不止于此，以下几条可略见所谈的内容和场景：

> 诸名士共至洛水戏，还，乐令问王夷甫曰："今日戏乐乎？"王曰："裴仆射善谈名理，混混有雅致；张茂先论史、汉，靡靡可听；我与王安丰说延陵、子房，亦超超玄著。"（言语2.23）

> 何晏为吏部尚书，有位望，时谈客盈坐。王弼未弱冠，往见之。晏闻弼名，因条向者胜理语弼曰："此理仆以为极，可得复难不？"弼便作难，一坐人便以为屈。于是弼自为客主数番，皆一坐所不及。（文学4.6）

> 殷中军为庾公长史，下都，王丞相为之集，桓公、王长史、王蓝田、谢镇西并在。丞相自起解帐带麈尾，语殷曰："身今日当与君共谈

---

[1] 陈元方和季方兄弟的早慧在"方正"中也有记载。但是，有些言辞也可能流于机锋好辩，仅仅"以辞胜人"，尤其是对少年来说。如："庾园客诣孙监，值行，见齐庄在外，尚幼，而有神意。庾试之曰：'孙安国何在？'即答曰：'庾稚恭家。'庾大笑曰：'诸孙大盛，有儿如此！'又答曰：'未若诸庾之翼翼。'还，语人曰：'我故胜，得重唤奴父名。'"（排调25.33）但少年过于争强好胜，太小出名可能还影响后来大器。陈寔说："小时了了，大未必佳"不是没有道理。又如："孔融被收，中外惶怖。时融儿大者九岁，小者八岁，二儿故琢钉戏，了无遽容。融谓使者曰：'冀罪止于身，二儿可得全不？'儿徐进曰：'大人岂见覆巢之下，复有完卵乎？'寻亦收至。"（言语2.5）。如此"了无遽容"，倒是让人感觉沉痛，或还是童蒙无知。

析理。"既共清言，遂达三更。丞相与殷共相往反，其余诸贤略无所关。既彼我相尽，丞相乃叹曰："向来语，乃竟未知理源所归。至于辞喻不相负，正始之音，正当尔耳。"明旦，桓宣武语人曰："昨夜听殷、王清言，甚佳，仁祖亦不寂寞，我亦时复造心；顾看两王掾，辄翣如生母狗馨。"（文学 4.22）

殷中军、孙安国、王、谢能言诸贤，悉在会稽王许，殷与孙共论易象妙于见形，孙语道合，意气干云，一坐咸不安孙理，而辞不能屈。会稽王慨然叹曰："使真长来，故应有以制彼。"即迎真长，孙意已不如。真长既至，先令孙自叙本理，孙粗说己语，亦觉殊不及向。刘便作二百许语，辞难简切，孙理遂屈。一坐同时拊掌而笑，称美良久。（文学 4.56）

除了言谈，也有文辞，有作诗和作文之雅集。而"文学"一门也包括学术。时人也注意到言谈、文字和思辨这几种才能既有联系，又也还有差异，例见：

乐令善于清言，而不长于手笔。将让河南尹，请潘岳为表。潘云："可作耳，要当得君意。"乐为述己所以为让，标位二百许语，潘直取错综，便成名笔。时人咸云："若乐不假潘之文，潘不取乐之旨，则无以成斯矣。"（文学 4.70）

太叔广甚辩给，而挚仲治长于翰墨，俱为列卿。每至公坐，广谈，仲治不能对；退，着笔难广，广又不能答。（文学 4.73）

江左殷太常父子,并能言理,亦有辩讷之异。扬州口谈至剧,太常辄云:"汝更思吾论。"(文学 4.74)

　　当然,与后世科举不得不均以文名不同,当时多以言名,也大致有一个放松和自由的言论空间。

3. 品性

　　相对于上节所说的才能,这里所说的"品性"指比较稳定的品格、气质。品性有先天遗传继承、后天家庭和交往熏染,也有个人意志和努力造成,而这些因素经常交互作用,并不容易明确区分。《世说新语》中最为推重的品性大概是"雅量"的品性。

　　"雅量"是一种大气,一种大度包容,也表现为一种镇静,一种荣辱不惊。雅量也是一种忍耐,一种宽容,一种坚韧。雅量还是一种独立,往往是有异于众人所为,而坚持自己所认为的当为,不为他人所动。这一特性似最能表现不仅中国士族,也是一般贵族的特点。这是一种坚定,是一种不以为然,不屑、不在乎——无论面对的是死生、功利,还是荣华富贵、官职等等,无论是突发灾难还是突然喜讯等,皆含蓄而深藏不露、从容、若无其事、旷达、安静、保持常态。具体的例子如顾劭知失子内心悲痛但"不形于色",嵇康"临刑东市,神气不变。索琴弹之,奏广陵散。""裴叔则被收,神气无变,举止自若。""夏侯太初尝倚柱作书,时大雨,霹雳破所倚柱,衣服焦然,神色无变,书亦如故。"褚公荣辱不惊,"言色无异,状如不觉。"

　　这种雅量与权力的关系在于:在时人看来,不仅是须有一定的度量才能担当职责,还须有此雅量方可担当重任,尤其公卿之任。

顾和始为扬州从事,月旦当朝,未入,顷停车州门外。周侯诣丞相,历和车边,和觅虱,夷然不动。周既过,返还,指顾心曰:"此中何所有?"顾搏虱如故,徐应曰:"此中最是难测地。"周侯既入,语丞相曰:"卿州吏中有一令仆才。"(雅量 6.22)

谢太傅盘桓东山时,与孙兴公诸人泛海戏。风起浪涌,孙、王诸人色并遽,便唱使还。太傅神情方王,吟啸不言。舟人以公貌闲意说,犹去不止。既风转急,浪猛,诸人皆喧动不坐。公徐云:"如此,将无归!"众人即承响而回。于是审其量,足以镇安朝野。(雅量 6.28)

王东亭为桓宣武主簿,既承藉,有美誉,公甚欲其人地为一府之望。初,见谢失仪,而神色自若。坐上宾客即相贬笑,公曰:"不然。观其情貌,必自不凡,吾当试之。"后因月朝阁下伏,公于内走马直出突之,左右皆宕仆,而王不动。名价于是大重,咸云:"是公辅器也。"(雅量 6.39)

又人多视"任诞"为名士鲜明特点,这在魏晋早期可能是如此,在《世说新语》中也专有"任诞"一门,所载也多是东晋以前的人物,尤其是竹林七贤,且大多涉及饮酒,其好酒醉酒,直追殷商。表现任诞乃至佯狂,这和当时这几个人的才高名高,而政治又是险地有关。而在看似"任诞"的品行中,也多有雅兴。"任诞"也是一种与众不同,但是是一种大不同,甚至有意为异,惊世骇俗。没有其高品大才者,可以欣赏,却不宜仿效。包括阮籍、嵇康都不愿自己的儿子仿效自己。"任诞"之外,又有"排调"、"轻诋",类似幽默,调侃以致自嘲,也是后人失之久矣的一

附录 权与名

种品性。[1]

还有外在的"容止"即容貌，如"时人目夏侯太初'朗朗如日月之入怀'。""李安国'颓唐如玉山之将崩。'""嵇康身长七尺八寸，风姿特秀。""有人叹王恭形茂者，云：'濯濯如春月柳。'"乃至因容貌改变命运。如苏峻兵变攻入建康后，庾亮与温峤欲投陶侃，陶怪罪庾氏，本欲杀之，但"庾风姿神貌，陶一见便改观，谈宴竟日，爱重顿至"。[2] 这或有些夸张，以此外形作为一种推崇的品性也似有违精神文化，但当时士人的确认为容貌也是精神气质的某种表征，还反映了某种家族的遗传和文化的熏陶，核之以像古希腊人也甚重视容貌，其时也确实多有男性英俊女性姣好，这也就不难理解了。

4. 鉴评

名望的兴起自然主要是依靠个人的德才和品性，但也有赖于名士圈子的鉴赏互评造成一种上达政治高层以致天听的舆论。故《世说新语》中专有识鉴、赏誉、品藻三门。其中有褒有贬，有评一个人，也有比较两三人（比较多在"品藻"一门）。所评论的内容涉及德行、才华、品性以致预测以后的前程和命运。而许多品评可为后来的事实所印证。这种鉴识并不容易，一般要是鉴识者本人也有相当的才华，即"以才识才"，且能有机会真正虚心接触方可明鉴。试举一例：

---

[1] 这种士族的幽默甚至也濡染到女性、皇帝。如下面两条稍涉颜色、却还风雅的两条笑谑："王浑与妇钟氏共坐，见武子从庭过，浑欣然谓妇曰：'生儿如此，足慰人意。'妇笑曰：'若使新妇得配参军，生儿故可不啻如此！'"（排调 25.8）"元帝皇子生，普赐群臣。殷洪乔谢曰：'皇子诞育，普天同庆。臣无勋焉，而猥颁厚赉。'中宗笑曰：'此事岂可使卿有勋邪？'"（排调 25.11）

[2] 这条有人指为不实，《世说新语》中也另有条目说到庾亮态度恭谨，或可说是各种因素综合起了作用。

王汝南既除生服,遂停墓所。兄子济每来拜墓,略不过叔,叔亦不候。济脱时过,止寒温而已。后聊试问近事,答对甚有音辞,出济意外,济极愧愕;仍与语,转造精微。济先略无子侄之敬,既闻其言,不觉懔然,心形俱肃。遂留共语,弥日累夜。济虽俊爽,自视缺然,乃喟然叹曰:"家有名士三十年而不知!"济去,叔送至门。济从骑有一马绝难乘,少能骑者。济聊问叔:"好骑乘不?"曰:"亦好尔。"济又使骑难乘马,叔姿形既妙,回策如萦,名骑无以过之。济益叹其难测,非复一事。既还,浑问济:"何以暂行累日?"济曰:"始得一叔。"浑问其故,济具叹述如此。浑曰:"何如我?"济曰:"济以上人。"武帝每见济,辄以湛调之,曰:"卿家痴叔死未?"济常无以答。既而得叔,后武帝又问如前,济曰:"臣叔不痴。"称其实美。帝曰:"谁比?"济曰:"山涛以下,魏舒以上。"于是显名,年二十八始宦。(赏誉 8.17)

当然,在名士们看来,名士也不会很多,[1] 总是少数,即所谓"出类拔萃"者是也。

四、权名关系

观察六朝的权名关系,需要追溯到东汉末年,由此可约略分出三个演变的关节点:第一是东汉末年党锢之祸所表现的"权与名的冲突";第二是魏晋之际竹林七贤盛期所表现的"权与名的疏离";第三是两晋之际所表现的"权与名的互倚"。之后由于权与名的关系大致理顺,两者之间有了比较稳定的通道,大致就是奉行故事了。

---

[1] 如:"王夷甫语乐令:'名士无多人'。"(赏誉 8.31)

两汉所实行的选举制度：察举和辟召等，主要是根据名望来推荐和选择，官员也多以名节自励。东汉太学诸生又曾达到数万人，形成一股主要依靠名望的力量。而在东汉晚期，皇帝的大权先是旁落于外戚，后皇帝依赖宦官夺回政治权力后，又多受宦官左右。这就渐渐酿成一种权与名之间的激荡和冲突。极端地说，一边是"无权力的名望"，一边是"无名望的权力"。当然，"名望"这边并非全无权力，而是说有名的士人、包括受其影响的一些官员主要还是靠名望的力量，而且当时官员权力与最高权力之间的正常通道受阻，从而官员的权力也受到了限制和威胁。然而，一些官员、名士和太学生虽然无望参与或影响最高权力的决策，但他们掌握着社会舆论。而另一方面，宦官作为皇帝身边最亲近、最被信任和重用的人，他们所掌握的政治权力却的确是一种全无名分、没有声望，甚至没有前途的权力。他们在身份甚至在生理上就被人看不起，被视作低下、卑微、不正常的"阉人"、"腐夫"。

当时的形势是："太学诸生三万余人，郭泰及颍川贾彪为其冠，与李膺、陈蕃、王畅更相褒重。学中语曰：'天下模楷李元礼；不畏强御陈仲举；天下俊秀王叔茂。'于是中外承风，竞以臧否相尚，自公卿以下，莫不畏其贬议，屣履到门。"[1] 此时名望对权力已形成相当大的制约，可谓声势浩大，也有了某种松散的组织，更有相当多的官场同情者和广泛的士林支持者，有些官员做出了捕杀宦官所善者等激切之举，于是皇帝在宦官影响下震怒，造成了公元166年第一次党锢之祸，二百多人下狱，后虽得释，但书名三府，禁锢终身，不得为官。然而，"李膺等虽废锢，天下士大夫皆高尚其道而污秽朝廷，希之者唯恐不及，更共相标榜，为之称号：以窦武、陈蕃、刘淑为三君，君者，言一世之所宗也"。李膺、荀翌、杜

---

[1] 司马光：《资治通鉴》卷五十五，汉纪四十七，中华书局1987年版。

密等为"八俊","俊者,言人之英也"。郭泰、范滂等为"八顾","顾者,言能以德行引人者也"。"张俭、翟超等为"八及","及者,言其能导人追宗者也"。"度尚及东平张邈等为"八厨","厨者,言能以财救人者也"。[1] 三年后,在陈蕃、窦武欲杀宦官失败后,又有了第二次党锢之祸,"凡党人死者百余人,妻子皆徙边,天下豪杰及儒学有行义者,宦官一切指为党人;有怨隙者,因相陷害,睚眦之忿,滥入党中。州郡承旨,或有未尝交关,亦离祸毒,其死、徙、废、禁者又六七百人。"司马光评曰:"党人生昏乱之世,不在其位,四海横流,而欲以口舌救之,臧否人物,激浊扬清,撩虺蛇之头,践虎狼之属,以至身被淫刑,祸及朋友,士类歼灭而国随以亡,不亦悲乎!"[2]《后汉书·陈蕃传》也论曰:"愍夫世士以离俗为高,而人伦莫相恤也。以遁世为非义,故屡退而不去;以仁心为己任,虽道远而弥厉。……功虽不终,然其信义足以携持民心。"[3]

这是对这次冲突的公允评论。而时人申屠蟠亦有独特的先见之明:"初,范滂等非讦朝政,自公卿以下皆折节下之,太学生争慕其风,以为文学将兴,处士复用。申屠蟠独叹曰:'昔战国之世,处士横议,列国之王至为拥彗先驱,卒有坑儒烧书之祸,今之谓矣。'"[4]虽然有些激切之举在激切的人看来不能不激切,但的确还是可以有温和一些的选择。如太学生的领袖郭泰(林宗),"虽好臧否人伦,而不为危言核论",故不及祸。又陈寔、贾彪的态度亦与众不同,最后看来还得到了众人的赞许。在第一次党锢之祸时,"事亦连寔。余人多逃避求免,寔曰:'吾不就狱,众无所恃。'乃请囚焉。遇赦得出。灵帝初,大将军窦武辟以为掾属。时中常侍

---

[1] 司马光:《资治通鉴》卷五十五,汉纪四十七。中华书局1987年版。
[2] 同上书,卷五十六,汉纪四十八。以下叙述形势多据通鉴,叙述人物多据正史本传。
[3] 同上书,汉纪四十八。
[4]《后汉书》卷九十六,列传五十六。

张让权倾天下。让父死,归葬颍川,虽一郡毕至,而名士无往者,让甚耻之,寔乃独吊焉。及后复诛党人,让感寔,故多所全宥。中平四年,年八十四,卒于家。何进遣使吊祭,海内赴者三万余人。"[1] 也是在第一次党锢之祸时,党人岑晊逃亡,"亲友竞匿之;贾彪独闭门不纳,时人望之。彪曰:'传言相时而动,无累后人。公孝以要君致衅,自遗其咎,至已不能奋戈相待,反可容隐之乎!'于是咸服其裁正。"[2] 宦官一方无人同情,而他们其实也是一种残忍制度的牺牲品,忍受着难以忍受的各种歧视,这对双方实际都是悲剧。

而到了魏晋之际,权名关系则成一种疏离状态。一边是"迅速更迭的权力",一边是"迅速更迭的名望"。在权力方面,魏代汉不久,又被晋代;在名望方面,则是由儒入玄,名望渐由砥砺名节的儒生转变为清谈放逸的名士。一方面,汉末久历战乱,又裂成三国,各方主政者求才颇急,力求得人以固政权而争天下,但是,人才既已分散,求来的人才又常常在政权的更迭和战乱中丧生,故人才愈加难得,而又在频繁的更迭中缺少稳定的信任和有效的保障,于是有许多即使是有"济世之志"的名士也伏而不出,甚至出而又隐。另一方面,儒家名士在党锢之祸中已遭重击,新起的名士对世事常感失望,对长久支配士林的儒学,尤其是对寻章摘句的恒饤之学也生厌倦或感不足,尤其是一些才高者,如好玄思者可能不满足于儒家的朴素伦理,好审美者不满足于儒家的名教约束,所以有了正始的玄学之思和清谈之风;又有了放任自然、栖逸林下的歌啸吟咏和任诞之风。

尤其在"竹林七贤"活跃的时代,更是鲜明地显示出这样一种权力

---

[1] 《后汉书》卷九十二,列传第五十二。

[2] 《后汉书》卷九十七,列传第五十七。

与名望之间的疏离。其中才华最高、个性也最独特的两位——阮籍和嵇康，他们并不想和权力对抗，但也不想加入其中，而是希望尽可能地和政治保持距离。然而，在当时，保持距离也很不容易。古代政治精英和文化精英其实是一个相当小的圈子，彼此都相当熟稔或至少知名，而且，即便是不愿入仕的隐者，也需要自己的朋友交往，这就自然形成了一种团体。而重要的名士一旦从政，绝不会是从官僚阶梯的下层苦熬一般拾级而上，而是可以迅速荣登重位。而这又恰恰使身处不稳之世的执政者担心甚至防范，不为己用就可能为政敌所用，而即便用也还可能在政治斗争中发生变化，再加上还有其他人的嫉妒和仇隙，就可能有预先除之而后快之举。而当时的一些名士又脱离儒家名教，乃至非议礼法和孝道，这些人又名望很大，对士林和社会的风俗可能产生颇大的影响，这在即便是摆脱了政治风险的统治者看来也是不利于其统治天下。所以，在当时"天下多故，名士少有全者"的形势下，也受自身喜欢的审美观念的牵引，"竹林七贤"这样的独特人物和生活方式就应运而生。

阮籍尽管发言玄远，口不臧否人物，喜怒不形于色，但他总还是不免表示出对礼法之士的鄙视，例如他著名的"青白眼"。还有他的行为也是不拘礼教。如此他一生就已是多风险，有一次是"曹爽辅政，召为参军。籍因以疾辞，屏于田里。岁余而爽诛"。还有像"钟会数以时事问之，欲因其可否而致之罪，皆以酣醉获免"。醉酒是要免祸，也免政治之烦。他有一次是成功了，"文帝初欲为武帝求婚于籍，籍醉六十日，不得言而止。"还有一次却没成功："会帝让九锡，公卿将劝进，使籍为其辞。籍沈醉忘作，临诣府，使取之，见籍方据案醉眠。使者以告，籍便书案，使写之，无所改窜。"醉酒也是要浇他胸中的"块垒"，他心中似有深深的郁结，过得并不痛快。也许因为他还是有"济世志"始终未泯。我们看他"时率意独驾，不由径路，车迹所穷，辄恸哭而反"，又"尝登广武，观楚、汉战处,叹曰:'时无英雄,使竖子成名!'"[1]就可见他心底还是有英雄救世的梦想。但生其所处之世,并没有轰轰烈烈、正大光明的竞争和决战,而只有惨烈的政治阴谋和倾轧,他面对当世或许会在心底叹道:"英雄无时,使竖子成名!"而他也不喜欢"行欲为目前检,言欲为无穷则。少称乡党,长闻邻国。上欲图三公,下不失九州牧"的礼法之士,想他后来对哪怕是清虚的名声也会感到厌倦。

嵇康小阮籍十三岁,也和阮籍一样博览但好老庄,他主张"越名教而任自然",说:"越名任心,故是非无措也。"但他不是说所有人都能够这样,而只是说一部分君子可以这样"心不措乎是非",而仍然"行不违乎道者也"。如果说汉末名士如"陈仲举言为士则,行为世范,登车揽辔,有澄清天下之志"。那么,竹林名士早就不作此想了。竹林名士主要考虑的不再是政治和社会规范,而是个人的适意和自我的解放。当然,这"个人"也可以是"每一个人",即所有人。但如果连裴楷这样的人也说"我俗中之士,故以轨仪自居",连乐广这样的人也说"名教中自有乐地",那么,可以说,能够那样"心不措乎是非"而仍然"行不违乎道者也"的人就只能是极少数人。大概只有很少的像阮籍、嵇康这样的人能够"是故傲然忘贤,而贤与度会;忽然任心,而心与善遇;傥然无措,而事与是俱也"。亦即这种境界大概只适用于精神极富、境界极高的很少数人,其他人只能欣赏,却难以仿效。这大概也就是连阮籍、嵇康都不愿自己的儿子走自己的路的缘故。而政治社会本来是应当保护和欣赏这样个别的独行君子,但当时政治的确是险恶的。故而山涛将去选官之职,举嵇康代己时,嵇康写信与之绝交。当然,这绝交与其说是要断绝与山涛的友谊,毋宁说是要斩断与政治的联系。所以他临死时交代儿子说还有山涛照顾,后来也

---

[1] 《晋书》卷四十九,列传第十九。

的确是山涛选拔了嵇绍。嵇康最后还是未能身免,系狱后作《幽愤诗》曰:"古人有言,善莫近名。……庶勖将来,无馨无臭。"因为当时已经形成了这样一种形势:只要有名,就脱不了政治的干系,甚至名望越高,危险越大。上面就会注意,或者欲其入仕,否则周密防范乃至断然处置。就像钟会对文帝所说的:"嵇康,卧龙也,不可起。公无忧天下,顾以康为虑耳。"[1]这已经说明了个人"名望"的影响之大。

嵇康死后,和他一起打铁的向秀不得不入仕。他和文帝之间的对话值得玩味:"康既被诛,秀应本郡计入洛。文帝问曰:'闻有箕山之志,何以在此?'秀曰:'以为巢许狷介之士,未达尧心,岂足多慕。'帝甚悦。"但是,向秀"在朝不任职",也只是"容迹而已"。其他竹林名士或其子弟也是"少无宦情,兼拙于人间",有时入仕就官,是因为"既不能躬耕自活,必有所资",如谢鲲"优游寄遇,不屑政事,从容讽议,卒岁而已"。竹林七贤之中,只有山涛比较认真地做官,但后来也是屡让不止。王戎年龄最小,已小阮籍二十多岁,倒也荣登高位,但后来变得贪鄙琐屑,不知是否竟是一种"自垢"之计?至于后来的任诞名士,如胡毋辅之、毕卓、王尼、羊曼、光逸等,虽也有"四友"、"八伯"、"八达"之名,但才华品性已等而下之,而世事也已鱼烂,这些名士的命运多很悲惨,如王尼,"早丧妇,只有一子。无居宅,惟畜露车,有牛一头,每行,辄使子御之,暮则共宿车上。常叹曰:'沧海横流,处处不安也。'俄而澄卒,荆土饥荒,尼不得食,乃杀牛坏车,煮肉啖之。既尽,父子俱饿死。"[2]

虽然这一类名士在魏晋之际最为引人注目,但也有另一类士人,虽然风流倜傥不及这些名士,但兼有政治的能力且乐在名教,却慢慢在此期

---

[1]《晋书》卷四十九,列传第十九。
[2] 同上。

间夯实了家族兴旺的根基,例如王祥、王览等。又加制度方面魏初建立的九品中正制渐渐演变为巩固士族门阀的利器,思想上名教与自然也得到相当的调和,到东晋偏安江左,权名关系就凸显了一种"权与名互倚"的局面。这也是我们要讨论的重点。

权名两者之间毕竟总是有一种互相需要:权需要名,需要名士的个人才能、也需要社会上业已形成的高门士族的支持。如琅琊王刚到江左,"吴人不附"、"士庶不至",其声望还远不如王氏等世家大族时,所以反而需要王导、王敦安排南下高族特地"骑从"簇拥,从而赢得了本地士族对琅琊王的"惊惧"和敬畏,那时并不是王氏特别需要王公的提携,而是王公特别需要王氏的提携。

另一方面,名也需要权,士族也需要通过担任官职,尤其是要职来为个人和家族扬名;通过首先获得权力,然后再为个人和家族获得财富、教育等其他资源。像前面所说的王敦、王导,其拥戴琅琊王或也可说是一种政治投资,即预估到琅琊王将可能登上帝位,在江左延续晋祚。还有如谢安在谢万等担任要职的兄弟去世之后,就面临一种形势,如果他再不出山,这个家族就可能很快衰落,所以不得不出。所以,出山固然有为国的考虑,而也有为家的考虑,不仅是不出"如苍生何?",还有不出"如谢氏何?"。这样,上下协力,个人与制度共进,渐渐就形成了一条权名之间的比较稳定的通道。个人的名望也带来和壮大家族的名望,其子弟就可以由有名而任官、由任官而益名。

当时的名望是非常有用甚至有威慑力的,《世说新语》记载了这样一个故事:

> 褚太傅初渡江,尝入东,至金昌亭,吴中豪右,燕集亭中。褚公虽素有重名,于时造次不相识别。敕左右多与茗汁,少着粽,汁尽辄

益,使终不得食。褚公饮讫,徐举手云:"褚季野。"于是四坐惊散,无不狼狈。(轻诋 26.7)

但扬名也须经高名之士,且使名望上达中央,这倒早已是如此:

> 左太冲作三都赋初成,时人互有讥訾,思意不惬。后示张公,张曰:"此二京可三。然君文未重于世,宜以经高名之士。"思乃询求于皇甫谧,谧见之嗟叹,遂为作叙。于是先相非贰者,莫不敛衽赞述焉。(文学 4.68)

所以,为了让儿子京城扬名,陶侃的母亲倾家为厨招待名士,陶自己也相送百里:

> 陶公少有大志,家酷贫,与母湛氏同居。同郡范逵素知名,举孝廉,投侃宿。于时冰雪积日,侃室如悬磬,而逵马仆甚多。侃母语侃曰:"汝但出外留客,吾自为计。"湛头发委地,下为二髢。卖得数斛米,斫诸屋柱,悉割半为薪,剉诸荐以为马草。日夕,遂设精食,从者无所乏。逵既叹其才辩,又深愧其厚意。明旦去,侃追送不已,且百里许。逵曰:"路已远,君宜还。"侃犹不返。逵曰:"卿可去矣。至洛阳,当相为美谈。"侃乃返。逵及洛,遂称之于羊晫、顾荣诸人,大获美誉。(贤媛 19.19)

而正如上节所分析的,其时名望多由文学言语,所以,获得名望往往又是通过文字或清谈,下面是由文字和清谈得官的两例:

张凭举孝廉,出都,负其才气,谓必参时彦。欲诣刘尹,乡里及同举者共笑之。张遂诣刘,刘洗涤料事,处之下坐,唯通寒暑,神意不接。张欲自发无端。顷之,长史诸贤来清言,客主有不通处,张乃遥于末坐判之,言约旨远,足畅彼我之怀,一座皆惊。真长延之上坐,清言弥日,因留宿至晓。张退,刘曰:"卿且去,正当取卿共诣抚军。"张还船,同侣问何处宿,张笑而不答。须臾,真长遣传教觅张孝廉船,同侣惋愕。即同载诣抚军。至门,刘前进谓抚军曰:"下官今日为公得一太常博士妙选。"既前,抚军与之话言,咨嗟称善,曰:"张凭勃窣为理窟。"即用为太常博士。(文学 4.53)

桓玄下都,羊孚时为兖州别驾,从京来诣门,笺曰:"自顷世故睽离,心事沦蕴。明公启晨光于积晦,澄百流以一源。"桓见笺,驰唤前,云:"子道,子道,来何迟!"即用为记室参军。(文学 4.104)

而一个较早但很著名的由一句话即得官的例子是:

阮宣子有令闻。太尉王夷甫见而问曰:"老庄与圣教同异?"对曰:"将无同?"太尉善其言,辟之为掾。世谓"三语掾"。(文学 4.18)[1]

应该说,开始还是个人的名望,后来就是家族的名望。社会经历了一个由个人名望到家族门望的过程。但不仅一个家族初起时必须要有一个

---

[1] 《晋书》阮籍等传所载的事类似,但问答的人都不同,那里是说阮瞻见司徒王戎,"戎问曰:'圣人贵名教,老庄明自然,其旨同异?'瞻曰:'将无同。'戎咨嗟良久,即命辟之。时人谓之'三语掾'"。

或几个特立独秀的个人为之奠基创业，在一个家族的名望兴起且稳定之后，固然常常能给其家族的个人增加名望，但如果这个家族不能继续出现杰出人才，声望也会慢慢衰落。所以，说九品中正制究竟主要是根据个人才能还是家族门望，倒也不是只有一种回答，其初意应是主要看个人才能的，但是，如果要在一种制度中追求一种方便易行的客观化标准，希望降低评价的成本、尽量避免争议且不致名实过分乖离（就像今天有的用人单位至少在海量的初选阶段时只看名牌大学的文凭），且在社会上士族势力越来越强大的情况下，政治制度大概也就会去迁就社会，由主要看重才能转向主要根据门第，这固然阻挡了许多寒人上升的道路，但如果同意唐长孺所说，中正主要还是根据当朝显贵而非"冢中枯骨"来定品，那么，就还是没有杜绝寒素隽才通过个人努力来改变命运的可能。

由文化名望得官，乃至高官显职主要是来自文化士人，这一直是汉以降中国政治制度和社会结构的一个鲜明特色。而魏晋时期的一个更特异之处在于，它还走向了一个主要根据"族"的名望来任用个人的道路。在入仕的道路上，家族名望占据了很重的分量，尽管这一由门第得官的道路有碍政治上的机会平等，但它至少也还有两点意义：

第一，它对最高权力（君权）是一种制衡。这一点主要是由门阀权力之大决定的，甚至在东晋造成了一种"王与马，共天下"的局面。而且，获得官职者会认为其权力的来源主要是来自自家的名望而非君主的恩赐，有相当的独立性，自然也无形中削弱了君权。的确，在东晋以至六朝时期，没有后世那种君极尊臣极卑的局面。

这里有一个有趣的问题是：像东晋几个曾与君王"共天下"的头等士族，虽然政治名分不及君主，但在掌握了超过君主的实力，甚至在出过像王敦、桓温这样确曾有过不臣之想且有很高的政治和军事能力的权臣的情况下，为什么最终却还是没有夺取最高权力、自立为君、开启新朝?[1] 后来南朝的几个开国君主,也都不是来自高等士族,而是来自次等士族或者就是武夫。这在外部的原因,可能有当时东晋与北方的关系还是处在一旦内乱将面临集体覆亡的危险,所以一般不敢轻举妄动;而几个头等士族也最为引人注目,它们的关系处在一种互相牵制的均势之中,哪个士族一旦过于出头,就可能被其他几个士族联合击败;而在其内部的原因,则还可能有高等士族的文化和名望本身就限制了它,如果在手段上完全无所顾忌,甚至得不到本家族的全力支持,即以琅琊王氏为例,它是很可以夺取帝位的,王敦也是一个比较狠的角色,但其族看来和他并不"同心同德"。这样,夺取帝位者就往往是来自它们的后面,来自寒微或低等士族,他们有相当出众的政治权谋和军事才能,而且有冒险家的野心、胆量和狠心。他们是不太起眼的角色,但却是狠角色,他们没有很大的既得利益和较厚的家学门风的限制,就容易肆无忌惮、无所不为。如此,就可以说,这种文化名望这时就起了一种弱化权力欲望的作用,高门士人平时所习的人生哲学、清谈就还是发生了影响,诸如"知足"等观念也起了作用,他们更愿意保守已经得到的,而不冒险篡夺自己还没有的。这后面或者还有一种对士族前途的考虑,君权固然最高,但是也容易被推翻。而我们也的确看到,一些东晋南朝的主要士族大族往往比王族、皇朝延续得长久。即便渐渐衰落,也不会一下覆灭。

第二,这种文化名望及其与政治的关系对官员权力也是一种淡化。这一点是由这种名望的性质所决定的,即官职不是由武力而来,也不是由一种看重官场的文化而来,甚至可以说是由一种看清官场,更崇尚清高的文化而来。或者说,这种名望更崇拜自身,是把自己看作目的。多数士人更愿意过的生活不是一种官员的政治生活,而是一种名士的风雅生活。政

---

[1] 东晋末年的桓玄或是个例外。

治更多的是被看作一种手段，而不是目的。士人在被征辟和察举时多有不应不就，在升迁时也有反复固辞，这对其中有些人来说或许是因为有另外的考虑，甚至也是一种"养名"的手段。但即便就是一种"养名"的手段，有这样一种"不就"、"皆不就"的名声，这种名声得到赞许，也可能有助于淡化官本位。而对其中另一些人来说，"不应""不就"而另有自己的追求，未曾不是他们的真心愿望。

五、士族的延续

以上我们在叙述了一般士族的兴起及概念之后，讨论了士族之"士"——文化名望的分析；讨论了士族之"仕"——权力与名望的关系。现在我们想接着讨论士族之"族"——即具体士族的兴起与延续。

具体说来，究竟是一些什么样的家族有可能出头，它们可以主要借助于一些什么样的手段或资源呢？西方显贵家族的兴起多与武力和财富有关，而中国士族的兴起则看来主要和文化名望和担任官职有关，甚至在动乱年代也是如此。从汉末到东晋初年，我们看到单纯武夫和地方豪族的家族多已不存，留存下来的家族往往是由文化起家而政治兴家，先名望主导而后政治主导的士族。在这个时期，军事力量带来的利益并没有走向封建领主制，而是大得大失，暴起暴落，带有冒险和偶然的性质。而东晋一朝也显示了，原在江南占据土地和财富较多的本地士族并不在王朝占据主导地位，而反而是失去土地、北来渡江的士族在引导朝政，并上演了士族社会的辉煌。财富与武力自然仍是重要的因素，武力可以先声夺人，财富可以交换延续。甚至在遭受政治的严重打击之后，如还有一定的人和财力的维系，就还可能东山再起。但它们不是最重要的因素，不如政治和文化的因素那样重要。从东晋到南朝的高门士族，并不以富饶骄人，且除了早期的一些人物表现出杰出的军事能力,后来大都不再有人将兵,但仍然在政治和社会上持续占据高位。

一个家族发达绵延有些一般的基本条件,首先自然要男丁兴旺,个人有令誉而无后让人嗟叹,[1] 而家族人丁兴旺则感到骄傲,哪怕尚不富裕。这种观念在中国也早已是源远流长。我们试看下面一幅浩浩荡荡的出行和接客情景的描写:

> 陈太丘诣荀朗陵,贫俭无仆役,乃使元方将车,季方持杖后从,长文尚小,载着车中。既至,荀使叔慈应门,慈明行酒,余六龙下食,文若亦小,坐着膝前。于时太史奏:"真人东行。"(德行 1.6)

这是一幅多么使己骄傲和让人艳羡的情景,尽管是"贫俭"到自为仆役。而荀爽还谈道:"且不爱其亲而爱他人者,不为悖德乎?"(言语 2.7)但又不仅要人丁多,还要孝顺,要优秀。谢安曾问诸子侄:"'子弟亦何预人事,而正欲使其佳?'诸人莫有言者,车骑答曰:'譬如芝兰玉树,欲使其生于阶庭耳。'"(言语 2.92)。

下面我们就来选择东晋五家多"芝兰玉树"、曾执掌国柄、与皇帝共天下的士族来观察。按其先后次序,这就是琅邪王氏、颍川庾氏、谯国桓氏、陈郡谢氏和太原王氏五族。其中王氏最早作为门阀政治的代表兴起,整个家族的历史最为显赫,人才最旺,绵延也最为久远;所以,我们以它为主要代表,溯其源头,察其兴起,兼及其他四族以资比较,围绕这五大高门士族如何兴族保家及权名关系、相互关系展开。

---

[1] 例如《世说新语》载:"羊秉为抚军参军,少亡,有令誉,夏侯孝若为之叙,极相赞悼。羊权为黄门侍郎,侍简文坐。帝问曰:'夏侯湛作羊秉叙,绝可想。是卿何物?有后不?'权潸然对曰:'亡伯令问夙彰,而无有继嗣;虽名播天听,然胤绝圣世。'帝嗟慨久之。"(言语 2.65)

1. 琅琊王氏

对琅琊王氏想约略分为三个阶段叙述：一曰追溯，二曰鼎盛，三曰绵延。

一曰追溯。一个世家，如果没有长期的兴盛辉煌，一般也就缺乏文献乃至兴趣去追溯久远。而对于一个兴盛数百年、跨越多个朝代的世家大族——王氏来说自然不是这样。其实有些世系"线索"不是当时，而是后来兴盛时追溯甚或附会出来的。据《新唐书·宰相世系表》，王氏本出姬姓，家族可以追溯到周灵王太子，见下表（仅列主要人物和事件，其中后代直接相连的用实线，并非直接相连的用虚线）：

周灵王太子晋之子宗敬为司徒，时人号以"王家"，因以为氏……八世孙错，为魏将军……王翦及其子贲、离，均曾为秦大将军，灭六国时有赫赫战功——离子元，避秦乱，迁于琅琊……四世孙吉，字子阳，官至汉谏议大夫，汉书有传——子骏，御史大夫——骏子崇，王莽时曾官至大司空……（直至东汉末，再无正史有传者）

世系家谱或易附会远古名人而文献难征，但至少王吉的史料还是可靠的，我们可以由此观王氏祖先及家风的一些特点，因不仅血统可以有遗传或隔代遗传的因素、甚至文化也有积淀的传承。《汉书》列传第四十二载："王吉字子阳，琅琊皋虞人也。少好学明经，以郡吏举孝廉为郎，补若卢右丞，迁云阳令。举贤良为昌邑中尉。"王吉时在汉昭帝，如果说其祖先真为赫赫将军，此时殆早已偃武修文，且家族也早已不显贵，否则也不会只是为郡小吏。而他看来得益于汉武帝时才开始施行的察举制度非浅，这一制度为他依靠个人才德而非家世的仕途打开了道路：他一举于

"孝廉"，二举于"贤良"，终于从郡吏步步上升。

但是，王吉所担任的昌邑中尉其时也是个凶险的职位：昌邑王好游猎，动作无节，他多次犯颜直谏。而不久昭帝崩，无后，大将军霍光秉政，迎昌邑王为帝，即位二十余日又以"行淫乱"被废。昌邑群臣坐罪，皆下狱诛。"唯吉与郎中令龚遂以忠直数谏正得减死"，但也是"髡为城旦"。故后来王吉有一家训："戒子孙毋为王国吏。"这次经历对其家的确是够凶险的，先是直谏昌邑王有险，后是昌邑王被废后朝廷怪罪下来有险。但王吉看来还是秉德而行，以后数进数退，也都有礼有节。他后来又谏宣帝不必事必躬亲、重刑法和能吏，认为"可谓至恩，未可谓本务也。"并说："民者，弱而不可胜，愚而不可欺也。"这是一个颇值得重视的思想。但"上以其言迂阔，不甚宠异也。吉遂谢病归琅琊"。

大要言之，王吉起家主要靠个人的努力，这一方面是"学"，另一方面是"德"，且在学问德行两方面都开始有了一种家风家传。"学"的方面，他不仅自己"兼通五经"，且以授子，使其子以后也得察举而任官。"德"的方面，他以清廉著称。据说，在其少时求学居长安时，东家有一棵大枣树，"垂吉庭中，吉妇取枣以啖吉。吉后知之，乃去妇。东家闻而欲伐其树，邻里共止之，因固请吉令还妇。里中为之语曰：'东家有树，王阳妇去；东家枣完，去妇复还。'其励志如此。"[1]也就是说在他入仕之前，德行方面既已有称，且已有了一种社会声誉。而自吉至其孙崇，三代为官都"世名清廉，皆好车马衣服，其自奉养极为鲜明，而亡金银锦绣之物。及迁徙去处，所载不过囊衣，不蓄积余财。去位家居，亦布衣疏食"。这似也说明，在获取权名、兴族保家方面，财富的积聚并不是很重要的因素和手段，所以，他们大概也是有钱就花，并不节俭守财。的确，不仅在非世

---

[1] 《汉书》卷七十二，列传第四十二。

袭社会,甚至在世袭社会,最初兴起的世家大族,其创业者往往也是要靠最初创业者个人的才能或功德。而王吉三代为官以后又不显,不仅是由于当时朝代更替,似还说明西汉之后的社会并非像东汉之后的社会一样在走向一个世袭的士族社会。王吉的三代已经相当地具有了"士族"的一些重要特征了:如重视文化、重视家风家教;但当时的社会并非一个"士族社会"。王氏的真正辉煌还要等到两百多年之后。

二曰鼎盛。王氏再度兴起之后,不久之后就达到巅峰。我们也列一表说明,后面都是代代相续的实线,但分两条线索:

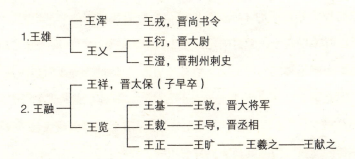

先说王融一支。王祥、王览兄弟可以说是最早以"德望"奠定了王氏作为六朝望族基础的人,尤其是王祥。王祥父融虽为汉处士,但祖仁是青州刺史,还不是完全布衣而有一定家望。他"早丧亲,继母朱氏不慈,数谮之,由是失爱于父",但其"性至孝",故有了"卧冰求鲤"、"黄雀入幕"、"抱树而泣"等有的后来入了"二十四孝图"的佳话。而其后来的尊荣也可以说是无意得之而非有意求之,汉末大乱,他曾"扶母携弟览避地庐江,隐居三十余年,不应州郡之命"。动乱年代,保家或可尽量远离政治舞台和战争之地避居,虽然也有无法避居不得不进取的时候,另外也不管如何动乱,总是会有有意进取的人。但王祥显然不是这种进取类型的人格和处境,其后来显身不是因其特别能战斗,倒不如说是因其特别能忍让。在家如此,在国亦然。

王祥在母死后出来入仕已是六十多岁了,被"举秀才,除温令,累迁大司农。高贵乡公即位,与定策功,封关内侯,拜光禄勋,转司隶校尉"。而因其年高,倒也得年高之利之尊,作为代表享有他这一代人的尊荣,乃至受君王之礼,"天子幸太学,命祥为三老。祥南面几杖,以师道自居,天子北面乞言,祥陈明王圣帝君臣政化之要以训之,闻者莫不砥砺。"[1]

王祥主要以德显、以德名,他自认自己一生没有大的功业。但他也并非没有政治和言语的才能。他曾被徐州刺史吕虔力邀为别驾,"于时寇盗充斥,祥率励兵士,频讨破之。州界清静,政化大行。时人歌之曰:'海沂之康,实赖王祥。邦国不空,别驾之功。'"他的族孙王戎也说:"祥在正始,不在能言之流。及与之言,理致清远,将非以德掩其言乎!"后来高贵乡公被弑,"祥号哭曰'老臣无状',涕泪交流,众有愧色。"这里有自然感情的流露,而当其他大臣拜晋王时,王祥独不拜而只是长揖,这是气节的表现,但也需非常小心地拿捏好分寸且须有恰当的说辞,王祥的说法是:如果他也拜,将"损魏朝之望,亏晋王之德"。

但王祥的确主要还是靠德立身齐家,而且更多的是天性纯朴之德。他死后门无杂吊之宾,家人甚贫俭,被赞为"清达"。他孝顺、节俭、清廉,而又非少年得志,入仕前多有历练,入仕后位达人臣之极,官至太保,说其为琅琊王氏创下了数百年的道德基业亦不为过。他享有古人罕有的高寿——八十五岁,逝世前遗训子孙节葬节哀,而尤其是阐明道德家传:"夫言行可覆,信之至也;推美引过,德之至也;扬名显亲,孝之至

---

[1] 《晋书》卷三十三,列传第三。

也；兄弟怡怡，宗族欣欣，悌之至也；临财莫过乎让。此五者，立身之本。……其子皆奉而行之。"但是，他自己的儿子多早卒，有些甚至先他而去，其他的也不显。将王氏一族发扬光大的还是他的同父异母弟王览的子孙。

早年王祥以"孝"闻名，王览则以"悌"著称。他比王祥小二十余岁，但特别护着兄长。而王览亲母硃氏亦是一绝，就像是锻炼别人德性的砥砺之石，仅其一人甚恶，其继子、亲子，甚至两子的妻子，都德行高尚。比如她"虐使祥妻，览妻亦趋而共之"。王览更是与兄同情共命，"览年数岁，见祥被楚挞，辄涕泣抱持。至于成童，每谏其母，其母少止凶虐。硃屡以非理使祥，览辄与祥俱。"又惧母鸩祥，"硃赐祥馔，览辄先尝"。他看来也是以德立身兴家，仅官至太中大夫，但其后人源远流长，位尊声隆。

现再说王雄一支。这一支有几个赫赫有名的人物：王戎、王衍和王澄。他们父祖为一方重镇，自己则取得了全国性的名望，这种名望不是道德的名望，而是才华的名望，尤其是言语风仪的名望。或者即便说这种才华也是一种个人的优雅品格之"德"，却毕竟不是与人相与之"德"。但他们都由这种名望获得了很大的政治权力，王戎为尚书令，王衍为太尉，王澄也任过荆州刺史。然而，在一个瞬息万变的政治阴谋和战乱之世中，却无力应付自如，更难克敌制胜，王戎已说不上成功，后两人更是身败名裂，后人均无传。下面主要想观察一下他们借以获得权力的名望究竟为何，以及保身家之法。

王戎"幼而颖悟，神采秀彻"，有两件事很能表现他的智慧和镇定，一是观戏时猛兽突然"在槛中虓吼震地，众皆奔走，戎独立不动，神色自若"。一是"与群儿嬉于道侧，见李树多实，等辈竞趣之，戎独不往"。这两件事都特别地表现出他的"与众不同"：前者是面对危险，后者是面对利益。前者表现出一种勇敢，但是一种镇定的勇敢，而非冲锋陷阵的勇敢。而后者也是一种镇定。镇定可以说是贵族的一个相当具有共性的特点。另外，这两件事其实又还表现出一种智慧，即前者其实是意识到猛兽还在笼中，而后者也是基于一种明智的判断："树在道边而多子，必苦李也。"但这种智慧和明智需要以一种镇定为前提，需要不慌神，不趋同，不受别人影响而做出自己独立的判断。

王戎这种面对危险的镇定可以说保持终生，他晚年依然"在危难之间，亲接锋刃，谈笑自若，未尝有惧容"。但是，他不怕死，却趋利。面对利诱，他前后判若两人。早年，其父卒于凉州，"故吏赙赠数百万，戎辞而不受，由是显名。"而在他任荆州刺史时，则"坐遣吏修园宅，应免官，诏以赎论"。做侍中时又有官员"赂戎筒中细布五十端，为司隶所纠"。晚年"性好兴利，广收八方园田水碓，周遍天下。积实聚钱，不知纪极，每自执牙筹，昼夜算计，恒若不足"。且不仅贪婪，还吝啬到了奇怪的地步，甚至对自己对亲人也是如此："不自奉养，天下人谓之膏肓之疾。女适裴頠，贷钱数万，久而未还。女后归宁，戎色不悦，女遽还直，然后乃欢。从子将婚，戎遗其一单衣，婚讫而更责取。"其在乱世，命且难保，而斤斤于琐细积财，常人理性殊难理解，只能说是一种"疾"了。

王戎为保身家，有很明智的时候，也有很狼狈的时候。前者如："初孙秀为琅琊郡吏，求品于乡议。戎从弟衍将不许，戎劝品之。及秀得志，朝士有宿怨者皆被诛，而戎、衍获济焉。"又："族弟敦有高名，戎恶之。敦每候戎，辄托疾不见。敦后果为逆乱。"后者如他劝入洛阳的齐王冏面对大兵压境时回故第以求安，被齐王谋臣怒斥曰："汉魏以来，王公就第，宁有得保妻子乎！议者可斩。"王戎所说的确是傻话，"于是百官震悚，戎伪药发堕厕，得不及祸。"

作为一代名士，虽然其时名与权之间相通甚捷，王戎之志大概并不在政治，他"尝经黄公酒垆下过，顾谓后车客曰：'吾昔与嵇叔夜、阮嗣宗酣畅于此，竹林之游亦预其末。自嵇、阮云亡，吾便为时之所羁绁。今日视之虽近，邈若山河！'。"这是他的衷心感叹，"竹林之游"才是他真正喜欢的，可惜他已生不逢时。他已见动乱，而且可能是太明白了这天下还将大乱，且认为大乱无可预防，于是有些随波逐流，[1]甚至不再识大而是识小，不再劳神而是玩物，乃至为此蒙"贪鄙"之名也无所谓。

王衍比王戎名声更大，且更尚清谈，而又逢更为动荡的年代，被委以更重要的政治责任，结果自己不得善终，还贻误天下。王戎"为人短小，任率不修威仪"，而王衍"神情明秀，风姿详雅"，"有盛才美貌，明悟若神"，"声名藉甚，倾动当世"，一时"后进之士，莫不景慕放效，选举登朝，皆以为称首。矜高浮诞，遂成风俗焉"。他们的政治才能看来都不是很突出，但在平时看来也能过得去，"戎在职虽无殊能，而庶绩修理"。王衍"终日清谈，而县务亦理"。但到要真正当大任，尤其是军事重任的时候就不行了："衍以太尉为太傅军司。及越薨，众共推为元帅。衍以贼寇锋起，惧不敢当。辞曰：'吾少无宦情，随牒推移，遂至于此。今日之事，安可以非才处之。'俄而举军为石勒所破。"

和王戎相反，王衍不贪钱，却怕死。其为自保身家也是颇不易，其女"为愍怀太子妃，太子为贾后所诬，衍惧祸，自表离婚"。而在贾后既废之后，又曾被罚"禁锢终身"。衍又素轻赵王伦之为人，及伦篡位，衍不得不"佯狂斫婢以自免"。又衍在为东海王越宰辅时，说王以其弟王澄为荆州刺史，其族弟王敦为青州刺史。"因谓澄、敦曰：'荆州有江、汉之固，青州有负海之险，卿二人在外，而吾留此，足以为三窟矣。'识者鄙之。"后被石勒俘虏后，自说少不豫事，欲求自免，因劝勒称尊号，最后

---

[1] 《晋书本传》："以王政将圮，苟媚取容，属愍怀太子之废，竟无一言匡谏。"又"戎以晋室方乱，慕蘧伯玉之为人，与时舒卷，无蹇谔之节。自经典选，未尝进寒素，退虚名，但与时浮沈，户调门选而已。"

附录 权与名 253

反被轻视而杀。王衍处大乱之世，又反复居中枢要位，早得大名，人称其才，无处可逃，也是大不易，避祸人情难免，但到必当尽责任处却不能尽责，必须安心俟命时却不能安心俟命，也是一大耻。两王如此，王澄更不足论。最后他们的子孙亦不显。他们若生在和平之世，或可留下一段历史的文化佳话，却生在战乱之世且当要冲，终酿成历史的悲剧。

后来大大光耀王氏门楣，确立了王氏此后数朝数百年显赫基石的还是王导一支。陈寅恪曾述王导在政治上的功业，认为他笼络江东士族，统一内部，结合南人北人两种势力以抵御外侮，民族因得以独立，文化因得以延续，可称为民族大功臣，"其子孙亦得与东晋南朝三百年之世局同其兴废，岂偶然哉！"[1] 我这里想主要叙述王导在延家旺族上对于王氏的直接贡献。

在某种意义上，王导者，导王也。如田余庆言："洛阳司马越、王衍的组合，掌握实权的是司马越；而徐州下邳司马睿、王导的组合，王导却起着主导作用。"[2] 前面王衍为家族谋划的"狡兔三窟"并未实现，后面的江左王马相安却终成正果。王导与司马睿相交，不在其称帝之后，而在其创业之初，地位也自然不一样，甚至可说是一种"布衣之交"。那时的形势也主要不是君王要扶助王氏，而是王氏要扶助君王。而王导显示出自己是一位政治的平衡大师，他不仅善于协调平衡南北士族利益，也善于协调君主与士族之间的微妙平衡，协调几家侨姓大族之间的力量均势，乃至善于协调本族内部的各种关系。他为政务在清静、宽简、包容，不为察察、激切之政，曾劝庾亮包容苏峻等人。他"善于因事，虽无日用之益，而岁计有余"。"镇之以静，群情自安。"他自己颇爱玄学清谈，但却上疏建议兴太学以明人伦。他固然不是完人，但的确是"善处兴废"，被推崇

---

[1] 陈寅恪：《金明馆丛稿初编》，上海古籍出版社 1980 年版，第 54 页。

[2] 田余庆：《东晋门阀政治》，北京大学出版社 1989 年版，第 11—12 页。

备至时不僭越自傲,被冷落一边时也能淡然处之。他如此做自然表现出一种政治智慧和士之雅量,表现出对于自家本族最大最长远利益的考虑,但也有对晋朝社稷、其他士族的顾及,以致对天下生灵的顾及。[1] 他曾两次处在非常凶险、本族存亡系于一线的关头,一次是叔兄王敦举兵犯阙,一是苏峻之乱。前一次刘隗劝元帝悉诛王氏,他带领自己的子侄二十多人每天早晨一起"诣台待罪",而在王敦入都后,"敦惮帝贤明,欲更议所立,导固争乃止。"后一次他面对刀刃护卫幼主,"路永、匡术、贾宁并说峻,令杀导",他毕竟没有屈服。他与族人得全固然不能说是他料定必然如此,但在此时也只能仗义而行,死生由天。而如果得活,则以德行功业奠定了日后本族兴旺之基业。而王敦之反叛看似为了本族利益,却是将全族推到了"覆族"的边缘。王敦自己无子,以其兄弟王含之子王应为嗣,但在他死后,王含王应也一起被沉,而王导一支则在此后数百年间不仅不绝,而且是"赫矣门族,重光斯盛"。

现再说王正一支。他自己和儿子王旷都不显赫或有名,但王旷的儿子王羲之及其子王献之可以说达到了王氏家族文化艺术造诣的巅峰。王羲之"幼讷于言,人未之奇"。后因"东床坦腹"的从容成为太尉郗鉴的女婿。他仕途不是太顺,或者说他政治上的雅量还是不够,和早年与之齐名的太原王氏的王述不合,但对方仕途比他顺,后竟成为他的上级。结果王羲之在父母墓前自誓此后绝不再仕进,从而流连唱和于会稽山水,优游于诸子幼孙之间,而这的确也是他最喜欢的生活。他曾在永和九年与友人有一"兰亭雅集",写下了文字俱佳、千古传诵的《兰亭集序》。他的书法绝精,尤善隶书,当时就被誉为"古今之冠","论者称其笔势,以为飘若浮云,矫若惊龙",被后人称为"书圣"。

---

[1] 我们从《世说新语》中的记载:他为了不让石崇杀死劝酒者而勉强自己喝酒可以看出他的怜悯心。

由名望可仕进担当要职扬宗显族,但也可就停留或回到名望上而仍然给家族带来巨大的声势以致影响力,尤其从长远来看,对后人的影响来说是这样。从这方面看,王羲之对其本族的贡献就还是超过比他官职高的王述对他本族的贡献了。王羲之有七子,最有名者是王徽之和王献之。王徽之就是那位著名的管马曹,但不问马,不知马之生死的人物,他尝寄居空宅,便令种竹,说:"何可一日无此君邪!"又月色雪夜去看朋友,经宿方至,造门兴尽不前而反。但性放诞,好声色,"时人皆钦其才而秽其行。"王献之则是"少有盛名,而高迈不羁,虽闲居终日,容止不怠,风流为一时之冠"。他后来在书法上的造诣也是几与其父王羲之齐名。他们都官做得不高,但都享有长久不衰的巨大名望。

三曰绵延。王氏作为高门士族、高官世族的绵延是非常长久的,东晋以后虽非巅峰,也还是相当的显赫,而且主要的是王导一支。史传所载的琅琊王氏有四支比较显赫,王雄、王乂的一支延至西晋的尚书令王戎、太尉王衍、荆州刺史王澄就到了顶峰,但很快后裔就不显。王览以下的三支:王基的一支到了东晋的大将军王敦、光禄勋王含也就到顶了,而且戛然中止。王正的一支到了王羲之和王献之父子,是达到了一个文化艺术的顶峰,后代虽然依旧出了一些杰出人物,但不如王导的一支最为流长和显贵人物最多。

王导的子辈不显,但到孙辈又出了担任晋尚书令的王珣、担任司徒的王谧、担任中书令的王珉。他们的下辈就进入刘宋时代了,其中有高登宋太保之位的王弘等,他们的再下一辈有任齐待中的王僧虔等。之后,担任梁朝高官的有尚书令王莹等,担任陈代高官的有王冲、王通等。这期间王朝更迭多次,而王氏始终不衰,且往往充当从上一朝代转到下一朝代的执礼人。所以,颇有些人其实是两朝高官。王氏有多支,故往往是此伏彼起,且常常是隔代光耀。还有一位是在南齐时北逃的王肃,后在北周担任尚书令,又繁衍出一个显赫的家族来。而梁末时又有王褒被掳到北方,担任过北周的司徒,其后裔在唐代还出过三位宰相,还有王猛的后代也在唐朝出过一位宰相。但是,总的说,到了隋唐,还留在江南的、五朝都赫赫有名的琅琊王氏门第,基本上就没再出什么著名人物了。

无论如何,琅琊王氏可说是六朝第一士族、第一官族。据毛汉光统计,从汉末到唐末的七百多年里,在史传碑志有记载的二十三世、六百七十六人中,共出过三品以上高官128人,其中一品10人,二品19人。其中还有诗人、书法家等许多文化名人。这后面的原因自然有门第的荫庇,但也有家风家学的传承和陶冶。我们从王氏传人的一些诫子书或可一窥这个绵延久远的家族的一二秘密。如王僧虔宋世尝有书诫子曰:

> 曼倩有云:"谈何容易。"见诸玄,志为之逸,肠为之抽,专一书,转诵数十家注,自少至老,手不释卷,尚未敢轻言。汝开《老子》卷头五尺许,未知辅嗣何所道,平叔何所说,马、郑何所异,《指例》何所明,而便盛于麈尾,自呼谈士,此最险事。设令袁令命汝言《易》,谢中书挑汝言《庄》,张吴兴叩汝言《老》,端可复言未尝看邪?……就如张衡思侔造化,郭象言类悬河,不自劳苦,何由至此?……吾在世,虽乏德素,要复推排人间数十许年,故是一旧物,人或以比数汝等耳。即化之后,若自无调度,谁复知汝事者?舍中亦有少负令誉弱冠越超清级者,于时王家门中,优者则龙凤,劣者犹虎豹,失荫之后,岂龙虎之议?况吾不能为汝荫,政应各自努力耳。或有身经三公,蔑尔无闻;布衣寒素,卿相屈体。或父子贵贱殊,兄弟声名异。何也?体尽读数百卷书耳。[1]

---

[1] 《南齐书》卷三十三,列传第十五。

这里对无根的清谈有很严厉的批评。由此也可知，王氏之盛并非是专由请谈而来，也非专持才气，而还是要以苦学为根基。又有王褒著《幼训》，以诫诸子。其本传所载一章有云：

> 儒家则尊卑等差，吉凶降杀。君南面而臣北面，天地之义也；鼎俎奇而笾豆偶，阴阳之义也。道家则堕支体，黜聪明，弃义绝仁，离形去智。释氏之义，见苦断习，证灭循道，明因辨果，偶凡成圣，斯虽为教等差，而义归汲引。吾始乎幼学，及于知命，既崇周、孔之教，兼循老、释之谈，江左以来，斯业不坠，汝能修之，吾之志也。[1]

除了苦学，则还要儒道双修、玄礼并持。然而，一个世家大族，绵延再久，也还是会有尽时。王羲之在《兰亭集序》中已经表达了这样一种对于好时光也终有尽头的深刻感觉，他注意到人的气质和追求是多种多样的，"趣舍万殊，静躁不同"，人的"相与"和"俯仰一世"也是多种多样的，"或取诸怀抱，悟言一室之内，或因寄所托，放浪形骸之外"。但是，只要"当其欣于所遇，暂得于己"，就能"快然自足，不知老之将至"。但这快乐的确就是快乐，它很快就过去了，人生也是苦短。但长又怎样？还是要"终期于尽"。世世代代都是如此，不能不让人感慨系之。他本来是要为一个纪念雅集快乐的集子作序，却写成了一篇极其伤感之作。但我们或还是可以说，这快乐还是快乐，这兴盛还是兴盛，它们不仅真实地存在过，还给后人留下了其中精彩人物及其悲哀欢欣的永久记忆。

我们再看其他四族：

---

[1] 《梁书》卷四十一，列传第三十五。

2. 颍川庾氏

庾氏在东汉末桓帝时，先祖庾乘还只是太学生的佣人，后濡染至能够讲经，为襄城令。但到其子、孙就开始担任高官了。所以还是可以说以学起家，或者说知识改变命运。后来也顺应时风，由儒入玄，但还不是高门士族。获得后来在江左的高门和大权的原因，主要还是因为与帝室的联姻和庾亮的个人才能。据其晋书本传，庾亮"美姿容，善谈论，性好庄老"，但又有儒家的风度："风格峻整，动由礼节，闺门之内，不肃而成。"还有法家的严峻："时人皆惮其方俨，莫敢造之。"但其重法又似未到申韩的地步，他曾谏帝说："申韩刻薄伤化。"后来他的行事可能有些激切，殆是性格使然。他在早期在中枢时曾反对朝廷用刘隗等人打压琅琊王氏，又曾抗宗室以维持士族地位和门阀政治。这时他对琅琊王氏等高门士族是相当维护的。但他的执政风格和王导的确不同，"先是，王导辅政，以宽和得众，亮任法裁物，颇以此失人心。"于是激起苏峻之乱，他的遭遇也相当狼狈，平乱后转外镇。晚年的"王导辅政，主幼时艰，务存大纲，不拘细目"，但王导可能也过于宽容，任用的降将等时有不法。"陶侃尝欲起兵废导，而郗鉴不从，乃止。至是，亮又欲率众黜导，又以谘鉴，而鉴又不许。"王导家族之存应当说还是有一种运气，王敦之变时得到如周伯仁等大臣的背后说情；后又得到当时驻兵京口重镇的郗鉴的暗中护佑。但这和王导本人平时对人的宽宏和容忍也不无关系。而庾亮则还是有些激切，不知进退，其弟庾冰亦然，如其传言："初，导辅政，每从宽惠，冰颇任威刑。殷融谏之，冰曰：'前相之贤，犹不堪其弘，况吾者哉！'"[1] 庾氏作为外戚，一度又兄弟多领要职，内外呼应，权势一度超过王氏，且有武人之风，但也非军事天才。结果大起大落，甚至可以说是暴起暴落，再世就

---

[1] 《晋书》卷七十三，列传第四十三。

不仅其优势地位被谯国桓氏取代，作为官族也差不多被桓温修理干净。

3. 谯国桓氏

桓氏虽可追溯到汉，但并不显赫，且可能有难言的隐情，至少到两晋之际已相当窘困，桓温父亲桓彝，"少孤贫，虽箪瓢，处之晏如。性通朗，早获盛名。"渡江后与谢鲲、阮放、阮孚等"散发裸裎，闭室酣饮"，得"八达"之号。但桓彝毕竟不是和他们完全一样的风流名士，而还是相当求进取和立功，所以，还"少与庾亮深交，雅为周顗所重。"先在王敦之变中参谋有功，后又在苏峻之乱中死节，为其家族初步奠定了功业基础。而其家族中最有名和有能的人物是其子桓温。桓温也能清谈，但此的确也非其所最擅长，而是具有杰出的雄豪之气和军事才能，这方面应当说胜过王敦。他刚成年就曾为父复仇而手刃三人，职登方镇重任后先是平蜀，后是两次北伐取胜。他曾"过淮泗，践北境，与诸僚属登平乘楼，眺瞩中原，慨然曰：'遂使神州陆沈，百年丘墟，王夷甫诸人不得不任其责！'"[1]他大概是求名最甚的一个，说："既不能流芳后世，不足复遗臭万载邪！"而这名自然不是文名、言名而是权名、功名，是权臣乃至最高权力之名。第三次北伐枋头之败后，他转而回师江陵，自行废立以立威，取得中枢权力。但其想求九锡乃至逼帝禅让的企图，却在谢安、王坦之等士族的政治力量联合力阻之下没有成功。而我们也要看到，他显然准备好了"鸿门宴"却还是没杀招来的谢安、王坦之两人，以及在回师后还是有所顾忌，没有用他率领的无可阻挡的军队夺取最高权力，亦即他还不是无所不为，还是表现出高门士族文化道德之"名"的约束。而他"欲先立功河朔，还受九锡"的理想的确也是实现不少，立功不小，是东晋在这方面

---

[1] 《晋书》卷九十八，列传第六十八。

进展和功劳最大的。而其幼子桓玄后来在东晋末年僭位代晋为"楚",就只见权力欲的表现了。而且,篡位者失败,一定全覆。桓氏遂灭于东晋末年。不再延续到南朝。

4. 陈郡谢氏

谢氏是从两晋之际名列"竹林七贤"的谢鲲起扬名,但其父谢衡,曾"以儒素显,仕至国子祭酒"。也是以学起家,由儒入玄。谢鲲渡江后又列"八达"之名,在有异心的王敦属下任职,应当说是一个不易的差事。于此时他"优游寄遇,不屑政事",但还是有言规劝,并曾任豫章太守,为政清肃。其子谢尚则担任江州、豫州刺史,后其弟谢奕、谢万又继任刺史,故谢氏已经培植了相当势位可庇佑家族,从而使更喜欢优游于山间林下的谢安能够得以晚出。而这期间谢安在社会的名气实际已相当大了,且越拒绝出山名气就越大。而到谢万被黜废,谢安为门户计,已不能不出,遂到桓温府为司马,这时他已经四十来岁了。后又任吴兴太守。"在官无当时誉,去后为人所思。"此评其实可以说妙极:任官时使人不觉其有官,离去后使人们怀念,也是做官一境界,今日不易得也。后到中枢任户部尚书,当桓温北伐回师,欲"诛王谢,移晋鼎",要王坦之、谢安来营中。此时,"坦之甚惧,问计于安。安神色不变,曰:'晋祚存亡,在此一行。'既见温,坦之流汗沾衣,倒执手版。安从容就席,坐定,谓温曰:'安闻诸侯有道,守在四邻,明公何须壁后置人邪?'温笑曰:'正自不能不尔耳。'及温病笃,讽朝廷加九锡,使袁宏具草。安见,辄改之,由是历旬不就。会温薨,锡命遂寝。"[1] 谢安又迫使桓冲让出扬州刺史,终于解除了桓氏对朝廷的威胁,实现了"荆杨相衡,上下相安"的局面。这样,他

---

[1] 《晋书》卷七十九,列传第四十九。

在五十六岁的时候，总揽朝政，而这时来自北方的威胁又日渐加强，他积极备战，组建北府兵，终于在淝水之战中主要以谢氏率领的军队打败符坚。这时他的确可以说是功高盖主，但他以及谢玄等也能及时身退，而不久也就去世。虽然辉煌好像只闪耀了一时，但却光耀久远，其子孙虽然再未位居士族第一，但是却代代占据显位，一直延续到南朝结束。

谢安为政的风格是"镇以和靖，御以长算。德政既行，文武用命，不存小察，弘以大纲，威怀外著，人皆比之王导，谓文雅过之"。而其人格的最鲜明特点是其雅量。他能根据才能不避举亲（如举谢玄为刺史以练兵），也能顾全大局、照顾各个士族之间的平衡（如仍将荆州予桓氏）。他极其镇定，当苻坚数十万大军南下时，朝野震惊，他"夷然无惧色"，而当战事安排既定，淝水捷报至，他正在"对客围棋，看书既竟，便摄放床上，了无喜色，棋如故。客问之，徐答云：'小儿辈遂已破贼。'既罢，还内，过户限，心喜甚，不觉屐齿之折。"[1] 即便说这种镇静是意志力使为，也是非常可观。他的"东山"隐逸之志应该说"始末不渝"，但又能承担重大的政治责任，且功成身退。谢氏虽以"素退为业"，后世却反而长盛不衰。

5. 太原王氏

东晋偕"王"而起，也偕"王"而终。最后与东晋共亡的也是王氏——只不过不是琅琊王氏，而是太原王氏。太原王氏在东晋末年的士族中占据了政治优势，但却与东晋王朝偕亡。太原王氏可溯至东汉末年旧族，但地位不显。而其在东晋早期的人物已呈精彩，如王承，避难南下后，豫迎大驾，赐爵蓝田县侯。他曾敕其子毗曰："夫学之所益者浅，体之所安者深。

---

[1]《晋书》卷七十九，列传第四十九。

闲习礼度，不如式瞻仪形；讽味遗言，不若亲承音旨。王参军人伦之表，汝其师之。"后"迁东海太守，政尚清净，不为细察"。例如，"有犯夜者，为吏所拘，承问其故，答曰：'从师受书，不觉日暮。'承曰：'鞭挞宁越以立威名，非政化之本。'使吏送，令归家。其从容宽恕若此。""承少有重誉，而推诚接物，尽弘恕之理，故众咸亲爱焉。渡江名臣王导、卫玠、周𫖮、庾亮之徒皆出其下，为中兴第一。"[1] 后其子王述曾官至扬州刺史重镇。王述子即为王坦之，因有感于当时"时俗放荡，不敦儒教"，著有《废庄论》。后与谢安共掌朝政，同拒桓温，建树颇多。但到其子王国宝，却是"少无士操，不修廉隅"。后来王国宝缘其从妹为会稽王道子妃，与后来的执政者司马道子关系密切，弄权其间，反复无常，紊乱政纲，遭太原王氏的另一支后裔王恭举兵征讨，结果被司马道子抛出来抵罪而被杀于市。而不久王恭亦败，太原王氏即此湮没。

总之，到东晋结束，上述五家此朝最显赫的士族中，庾氏、桓氏、太原王氏都已消亡。只剩琅琊王氏和陈郡谢氏还延续到南朝。而比较此两家之"延"和前三家之"断"，除了王、谢两家的家风更有雅量，更能包容，更知进退、更有学识之外，最重要的看来还是其家族有杰出的或适当的人物。唐长儒谈到过士族更依赖于"当朝显贵"而非"冢中枯骨"，田余庆也曾谈到东晋门阀政治重门第兼重人物。"当权门户如无适当人物为代表以握权柄，其门户统治地位也就无法继续，不得不由其他门户取而代之。王导死，琅邪王氏浸衰；庾翼死，颍川庾氏几灭；桓温死，陈郡谢氏代兴。凡此都是人物存亡影响士族门户地位升降之例。所以当轴士族在择定其门户的继承人时，往往是兼重人才而不专重嫡嗣，宁重长弟而不特重诸子。王导兄弟辈几乎都居重任，庾亮死而弟庾冰、庾翼相继握权，桓温临

---

[1]《晋书》卷七十五，列传第四十五。

死不以世子而以弟桓冲代领其众,谢安继诸兄弟之后始出仕而又于宗门中特重其侄谢玄。这些都是士族慎择人物以图光大门第之例。"[1] 如果一定要在两者中分出轻重,我们或可以说,与其说人物更多地依赖于门第,可能更多的还是门第要依赖于人物。这不仅是事实上的,也是价值观上的。在某种意义上,士族门第的兴起正是由追求和看重优秀人物而起。

六、六朝社会的性质

写这一节开始时是犹豫的,我不敢肯定是否一定能,甚至也一定要解释这样的问题,但我想借助这样的问题将六朝社会不同于西方和日本的社会特征显示出来。所以,我试着从区别开始。

首先,我们说六朝社会看来是世袭社会的回归,但它即便是世袭社会,也还是相当不同于西方意义上的"封建社会"。这还不像西周至春秋的上古世袭社会与西方的中古封建社会有许多相似之处。在上世纪绵延数十年的中国五阶段论的古代史分期讨论中,有一说是"魏晋封建说",尽管我认为,并不占优势的这一说,相对于一些其他时期的封建说来(比如"战国封建说")也许更有道理,但由于它还是在一种"五阶段论"的框架内,我觉得还是难以让我完全信服。我进一步认为,自西方舶来的"封建社会"这一名称,并不适用于在社会形态上描述中国历史上的六朝社会乃至中古社会,即便是在布洛赫的意义上。

布洛赫在其名著《封建社会》中谈到了西方的贵族制度。他指出:贵族观念与封建制度似乎密不可分,但这是一种错误的观念联想。"贵族"必须兼备两个特点:第一,必须拥有肯定自身优越性的法律地位。第二,

---

[1] 田余庆:《东晋门阀政治》,北京大学出版社 1989 年版,第 261 页。

这一地位必须是世袭的,且这种世袭继承权也必须得到法律的承认。[1]贵族首先是一个庄园主,但他以全副身心来承担的特殊职责是武士的事业。封建时代"贵族"的自豪感首先是其作为武士的自豪感。战斗是其生活的全部目的。"封建社会最显著的特点之一,是首领等级与职业武士等级事实上的一致性。"[2]

布洛赫上面描述的西方封建贵族的特性自然和中国士族的特性相当不同,中国的士族是相当轻视武力和军人的,经济富裕的关键也主要是靠政治权力,靠首先在政治上获得官职,获得官俸,以及获得某些财富来源和经济特权,建立自己的庄园。而其"优雅"之风及名望也不像西方封建时代的贵族在武力成就贵族之后的文雅化,而是在成为士族之前就已经相当优雅。中国士族的"优雅"首先是个人的,往往是以此获得名望之后才渐渐和其他条件配合而形成士族,且其优雅的表现也不是在女性的沙龙或宫廷,而是在同性、同道或同好的聚会。西方的贵族是明确地与法律联系,特权有法律的明文规定和保障;而中国的士族则是与官职联系,其特权并无明文的法律条文规定,但也是一种坚实的习惯,体现在与门第乡品相连的联姻和起家官职等方面。布洛赫上述对西方贵族的有些描述更接近于像中国的"豪族",但"豪族"在中国基本没有形成气候,更勿论法律和风俗的有力保障。

其次,六朝社会倒是比较接近于日本学者描述的"贵族社会"。日本京都学派的创始人内藤湖南认为中国的中古社会是一个贵族社会,从六朝开始到唐朝中期是贵族政治的全盛时期。而且他敏感地意识到这种贵族政治与以日本和西方以武人为中心的封建政治迥异。它不是在制度上,由天

---

[1] 布洛赫:《封建社会》,张绪山译,商务印书馆2007年版,第283页。

[2] 同上书,第701页。

子授予领土与人口,而是由于其门第,作为地方名门望族在长期延续相承的关系中自然而然地形成的,也是基于历来世代为官所致。

我认为这一观点是比较接近历史事实的,但内藤湖南认为在贵族政治的时代,天子也不过是贵族的一员,"政治为贵族全体所专有","君主只不过处在贵族代表者的位置之上","政治乃君主与贵族之共议体"等,这似乎低估了皇权的地位。而另一方面,一些京都学派的传人又有将六朝贵族——我更愿意称之为"士族"——地方化、下层化、经济化、民众化的特点,有时甚至将士族混同于"豪族",如宫崎市定说:"本来,贵族和豪族没有本质上的区别。"[1] 从而低估了他们作为文化精英、他们的名望往往是在一个很小的文化政治精英的圈子中获得,并终究要在中央取得名望和官职的特点。

例如,川胜义雄在他的《六朝贵族制社会研究》中,一方面注意到中国六朝社会适合称之为"贵族社会",但与欧洲与日本的中世封建社会不同,欧、日是掌握着军事力量的武人,以领主制的形式构成贵族阶层,中国的六朝则是作为教养颇深的文人,形成了官僚机构,并且通过垄断这一机构来维护其统治体制。但另一方面他又笼统地说,在六朝政治、经济、文化等几乎所有的社会领域内,占据领导的地位的是被称作贵族或豪族的社会阶层。他说之所以中国的六朝没有向封建领主化转变,发展成典型的中世封建社会,是因为领主化倾向受到了共同体社会中小农民阶层的抵抗,结果迫使豪族朝具有"民望"的共同体代表者方向转化,进而在民众的支持下"豪族逐渐获得名士的地位,最终根据九品中正制成为有教养的文人贵族,也就是具有公共精神的官僚,由此形成的社会结构及其体制,

---

[1] 宫崎市定:《九品官人法研究》,韩昇、刘建英译,中华书局2008年版,第4页。

即是贵族制社会"。[1] 但在我看来,"名望"还非"民望",甚至只是一种"士望",那时广大的民众对文化名望的形成及其官位的获得基本上还无与焉,名士的活动和名望的形成基本上和民众没有太多关系。

六朝社会也许可以最直接地称之为一个"士族社会",但是,如果联系于我以前提出的"世袭社会"和"选举社会"的概念,从中国数千年历史的整体观察,六朝社会在社会结构上最适宜被描述为一个什么样的社会?

我上面谈到过,我采纳的划分社会形态的标准是看三种主要的社会资源——政治权力、经济财富和文化名望是如何分配的以及三者是处在一种什么样的关系之中。换言之,这也涉及一个社会的统治阶级是如何再生产的,或者说个人是如何在社会等级结构中上升的。正是根据这一标准,我认为战国之前的西周社会是一个"世袭社会",即三种主要资源是主要根据血统或世袭的原则来分配的,而秦汉以后,虽然仍是政治权力占据关键地位,尤其是秦始皇还建立了一种官僚制度,获得官职就是获得财富的关键一步,但要获得它,必须是通过一种文化名望——开始在推荐的"察举时代"是学术和德行兼顾,但由于客观化的要求,越来越变得更重视学术文章了,尤其是到了考选的科举时代。在察举时代是先有名望而后被荐选任官,在科举时代则是先参加考选而后获得名望和官职。这两个时代在某种意义上又可以说都是"名而优则仕",这期间的社会故而或也可称之为"权名社会",但是是"选举的权名社会",而六朝却是一个"世袭的权名社会"。而如果将其与西周至春秋的"上古世袭社会"比较,或又可称之为"中古世袭社会"。

具体说来,我们说最初的文化名望都是属于个人的,都是由个人而

---

[1] 川胜义雄:《六朝贵族制社会研究》,上海古籍出版社 2007 年版,第 312 页。

起的。而且，在两汉察举时代与唐宋至明清的科举时代，它必须一代代、一个个去重新获得名声，去重新争取官职。但在魏晋南北朝期间，个人的名望还变成了一种门第的名望，士人变成了士族，推荐被淡化，而方便地代之以门第的拣选。社会看来又回到了一个世袭社会，但是，和西周社会又不一样，权钱名的最初来源不是来自天子分封或大夫自建，而是来自一种文化能力，来自政治权力对文化能力的承认。这似乎对我的"从世袭社会到选举社会"的社会演变解释框架是一个挑战。我必须解释这一中断或这一曲折。单独地观察，从官员，尤其是高官的出身看，从士族对政治以及社会的影响看，六朝社会看来都像是一个世袭社会；而联系其前后的发展趋势看，或者从中国的整个历史看，它又像是一段回波，甚至是一段曲折，历史出现了一种断裂性，它并不是连续的。但我们也许本来就不需要追求一种社会形态历史的连续性，尤其是一种直线性。

六朝社会——或者更广义地说魏晋南北朝社会，但我这里只是观察了六朝士族——与西周世袭社会的差异我们也许可以举出：六朝社会仍然有较之春秋时代更强大的皇权；是相对统一的大国（即便在分裂时代，也有相对较大的大国和对统一大国的强势记忆）；有稳固的官僚制度（统一帝国和官僚制度都是秦汉留下来的政治遗产）；其贵族（士族）和土地、武力结合不紧，它们的上升和稳定更多地依赖于文化、政治官职而非武力、家臣；人身依附关系不明显等等。而两者的相同点我们则可以举出：都是世家大族在社会上占据主导，社会的主要资源（权钱名）主要是通过世袭的渠道分配的，个人也主要是通过世族而跻身统治阶层；个人轻于家族（但家族的兴盛常常仰仗于其内部是否能够出优秀的个人）；政治统治层的成员主要来自世家大族，尤其高官多是来自世族，政治上王权也得相当倚仗世家大族，甚至可说是"共治天下"，社会上也尊重世家大族等等。

总之，虽然已经有了强大的皇权制和官僚制，以及统一的帝国或其记忆，但如果按照我采取的按三种主要社会资源的分配来划分社会形态的标准，尤其是权力分配的标准，魏晋南北朝的社会还是可以被称之为"世袭社会"，或"世袭社会"的另一种形态。而从这一历史时期之前和之后的社会历史看，此前的秦汉社会并非一个世袭社会，而是已经走向了一个"选举社会"，从唐以后的历史看，更是形成了一个稳定的"选举社会"。这样就有了一种在两个"选举社会"之间夹持一个"世袭社会"的情况，出现了一种回潮或曲折，似乎不符合社会的发展规律，但事实就是如此。也许，不仅历史没有直线性，也本来就没有绝对单纯的某一形态的社会。单纯划一的社会形态只在理论上存在，或者只是贴切地适应于某一地域的某一时代，就比如布洛赫给"封建社会"下的一个即便是相当广泛的、罗列式的定义，也还是不能完全地适应于日本的或中国的封建社会。

然而，我们还是可以、也应当找出一些主要的特征来在一种"后见之明"中概括一种社会形态或社会的演变趋势。在同一个概括范畴之下，至少有一些基本的因素还是共同的，有一种可辨认的共性。人们寻找这类概念或范畴的尝试也就代表着人们寻求一种历史差异中的共性的努力，同时也是代表着一种寻求历史长程的可理解性的努力。

索 引

B

贝尔 2

布迪 80, 81

布罗代尔 68, 166

布洛赫 6, 68, 264

C

财富 3, 22, 23, 28, 140, 144, 208, 209, 212, 216, 217, 219, 225, 240, 245

曹元首 25, 26

陈郡谢氏 246, 261, 263

陈荣捷 194

陈寅恪 217, 254

陈韵 116

程发轫 116, 125, 137

川胜义雄 220, 266

春秋封建说 56

D

党锢 215, 233-236

等级 3, 8, 22, 28, 29, 42, 67, 75, 79, 86, 89, 101, 175, 176, 184, 186, 199, 202, 204, 212, 214, 265, 267

迪韦尔热 168

地位 3, 4, 24, 43, 51, 64, 66, 67, 82, 86, 89, 91, 93, 98, 170, 175, 186, 197, 208, 210, 214, 254, 259, 263, 265, 266

董仲舒 189

杜正胜 14, 113

E

恩格斯 2, 6, 44, 60, 61, 63, 65, 66, 67

F

范文澜 43, 47, 56, 59, 60, 61, 201

费正清 81, 82, 203

封建地主 43, 62, 76, 81

封建割据 28, 51

封建社会 51-53, 55, 56, 58-69, 71-84, 110, 173, 182, 183, 202, 211, 264-266, 269

封建时代 32, 36, 37, 39, 40, 51, 69, 81, 175, 176, 265

封建制度 13, 18, 19, 22, 41, 42, 45, 49-51, 66, 68, 70, 71, 73-77, 79, 83, 84, 111, 264

封建主义 49, 51, 58, 60, 65, 66, 68, 72-76, 79-84, 176

G

高士奇 130, 135

葛洪 189

公族 111-113, 117, 123-125, 128, 140, 143, 144, 146, 147, 173

宫崎市定 220, 266

谷川道雄 220

顾栋高 19, 21, 116, 123, 130

顾颉刚 13, 23, 96, 164, 189

顾亭林 30, 31, 34, 96, 164, 189

官僚制 74, 78, 136, 212, 268

管东贵 173, 204

管仲 103, 189, 190

郭沫若 40, 44, 45-47, 55, 57, 59, 60, 61, 63, 64, 93, 192, 201

H

寒族 215

韩愈 189

豪族 212, 213, 215-218, 245, 265, 266

何干之 46, 48, 53, 54

何兹全 20, 58-60

侯外庐 58-60, 202

胡宏 29

胡秋原 48, 49

皇权 26, 79, 176, 210, 212, 219, 266, 268

黄留珠 205

J

嵇文甫 45

季孙氏 114, 124-126, 128, 129, 131, 132, 134, 137

九品中正制 37, 210, 240, 243, 266

郡县 1, 9, 20, 24-26, 28, 30-32, 34, 35, 37, 39, 45, 201, 211, 214

K

孔子 8, 28, 38, 93, 97-99, 108, 136, 137, 148, 154, 156, 161, 174, 179-187, 189, 191-198, 211

L

赖德懋 18

琅琊王氏 212, 244, 246, 247, 250, 256, 257, 259, 262, 263

老子 257

李百药 26, 27, 34

李学勤 202

梁启超 37-39, 177, 178, 195, 203

梁漱溟 77-79, 176-180, 199, 203

两汉封建说 58

列宁 60, 67, 202,

柳宗元 17, 27-30

鲁迅 221

陆机 26, 27, 33, 222

吕思勉 24

伦斯基 2

M

马克思 2, 6, 7, 43, 48, 58, 60, 61, 63-65

毛汉光 205, 215, 216, 257

毛泽东 50, 52, 54, 60, 64

梅因 110

门阀政治 26, 210, 216, 219, 246, 259, 263

门望 210, 216, 242, 243, 266

孟子 88, 96, 187, 188, 194

名望 28, 115, 192, 204, 208-212, 217, 219-222, 226, 228, 232, 234, 236, 237, 239-245, 251, 256, 265-268

名望家的统治 220, 221

墨子 38, 187

N

内藤湖南 220, 265, 266

年鉴派 4, 53, 68, 166

P

帕雷托 161

平等 26, 34, 61, 96, 186, 192, 193, 197, 198, 201, 208, 211, 224, 243

Q

钱穆 14, 16, 54, 55, 173, 193, 194, 217

谯国桓氏 246, 260

亲亲 16, 17, 20, 23, 25, 113, 133, 190, 210, 218

瞿同祖 53, 70, 173, 202

权力 21, 23, 25, 26, 28, 31, 32, 34, 37, 41, 42, 51, 66, 67, 70, 72, 75, 84, 88, 94, 103, 106, 114, 115, 124, 128, 132, 136, 140, 142, 143, 166, 175, 176, 192, 208, 209, 211, 212, 216, 219, 221, 225, 226, 230, 234, 236, 237, 240, 243-245, 251, 260, 265-269

权名关系 207, 209, 210, 220, 233, 236,

240, 246

权名社会 209, 210, 221, 267

权钱名 208, 209, 210, 268

S

商鞅 180, 182

社会分层 3, 4, 7, 35, 47, 68, 99, 165, 208, 211

社会结构 2, 3, 7, 68, 99, 166, 168, 169, 173, 182, 191, 205, 208, 209, 243, 266, 267

社会流动 164-166, 205

社会形态 2, 3, 6, 7, 43, 47, 49, 61-64, 70, 206-208, 264, 267, 269

士大夫 29, 41-44, 94, 109, 188, 195, 203, 2132, 215, 218, 234

士族 113, 207, 210-221, 226, 230, 240, 243-246, 249, 254-257, 259, 260, 262-266, 268

世卿 16, 27, 38, 108, 109, 122-124, 130, 166

世袭社会 2, 7, 8, 85, 100, 106, 107, 111, 115, 147, 164, 169, 170, 172, 173, 181, 195, 207, 209, 210, 214, 218, 264, 267, 268, 269

世族 12, 26, 105, 106, 108, 111-124, 128, 131-136, 144, 145, 147, 153, 160, 166-173, 180, 218, 256, 268

司马光 189, 235

斯大林 2, 56, 60, 61, 63, 65

苏东坡 27

孙曜 111

T

太原王氏 246, 255, 262, 263

陶希圣 40-44, 48, 49

特纳 3, 4

田昌五 57, 61, 62, 63

童书业 14, 87, 91, 95, 126, 137, 173, 174

W

王夫之 31, 32, 34

王国维 15-17, 44, 46, 47, 107-109

王礼锡 43, 48, 49, 53

王亚南 48, 56

威廉·罗 83

韦伯 2, 18, 78-80, 174-176, 208

魏晋封建说 47, 56, 58, 63, 264

魏特夫 18, 80

五阶段论 65, 208, 264

X

西周封建说 47, 56, 60, 62, 63

贤贤 16, 107, 189, 193, 194, 218

徐复观 173

许倬云 14, 18, 21, 97, 100, 165, 166, 173, 205

选举社会 207, 209, 211, 267-269

学而优则仕 7, 192, 194, 209

荀子 188, 189, 194, 202

Y

严复 39

阎步克 95

颜师古 26, 27

颜元 30

杨宽 24, 57

姚彦渠 121

颍川庾氏 246, 259, 263

余英时 95, 96, 205, 212, 216, 219

俞正燮 21, 90, 108

Z

曾国藩 189

战国封建说 56, 57, 60-64, 264

张光直 5, 17, 18

张荫麟 75

张载 29

章太炎 33, 34, 177, 201

赵氏 113, 125, 137-140, 143-146

赵翼 198, 199, 216

中央集权 23, 51, 74, 79, 84

周公 11, 13, 14, 16, 21, 107, 108, 177, 189

周瑗 169

朱熹 29, 30

竹林七贤 231, 233, 236, 237, 239, 261

专制主义 49, 51

资本主义社会 2, 3, 19, 41-45, 49, 61, 67, 72, 79

子产 148, 155-158, 189, 191

尊尊 16, 17, 25, 107